{传播大讲

新闻学的学与思

雷跃捷新闻学研究论文集

雷跃捷　著

LEARNING AND THINKING IN JOURNALISM:
COLLECTION OF ESSAYS BY LEI YUEJIE

中国传媒大学出版社
·北京·

图书在版编目(CIP)数据

新闻学的学与思:雷跃捷新闻学研究论文集 / 雷跃捷著. -- 北京:中国传媒大学出版社,2021.12
(传播大讲堂论丛)
ISBN 978-7-5657-3089-4

Ⅰ. ①新… Ⅱ. ①雷… Ⅲ. ①新闻学—文集 Ⅳ. ①G210-53

中国版本图书馆 CIP 数据核字(2021)第 225773 号

新闻学的学与思:雷跃捷新闻学研究论文集

XINWENXUE DE XUE YU SI: LEIYUEJIE XINWENXUE YANJIU LUNWENJI

著　者	雷跃捷		
责任编辑	张继媛		
责任印制	李志鹏		
封面设计	风得信设计·阿东		
出版发行	中国传媒大学出版社		
社　址	北京市朝阳区定福庄东街 1 号	邮　编	100024
电　话	86-10-65450528　65450532	传　真	65779405
网　址	http://cucp.cuc.edu.cn		
经　销	全国新华书店		
印　刷	唐山玺诚印务有限公司		
开　本	710mm×1000mm　1/16		
印　张	21.25		
字　数	337 千字		
版　次	2021 年 12 月第 1 版		
印　次	2021 年 12 月第 1 次印刷		
书　号	ISBN 978-7-5657-3089-4/G·3089	定　价	105.00 元

本社法律顾问:北京李伟斌律师事务所　郭建平

序

我于1985年负笈北上，来到北京广播学院新闻研究所求学，幸运地跟随著名新闻理论专家康荫教授学习和研究新闻学。毕业留校讲授新闻理论30多年，其间有幸在著名新闻理论专家郑保卫教授指导下攻读新闻理论专业的博士研究生。36个春秋寒暑，世事发生了太多的变化，我教过的学生很多已过了天命之年，但我还在讲授和研究我痴迷的新闻学。

初涉新闻学，遇到的第一个问题，即新闻学究竟是一门什么样的学问？这个问题是学习新闻学最原始的问题，但也是最令人费解的问题。从20世纪80年代开始，关于新闻学的学科归属问题，在我国最高教育主管部门的学科分类和设置上，经历过几次调整。最初新闻学归属于文学门类，之后被调整到法学门类（我于1987年在北京广播学院毕业，被授予法学硕士学位，以至于我常常不得不颇费口舌跟那些试图向我寻求法律援助的人解释我为何被授予法学硕士学位）。若干年后，经过学界和教育部门的激烈争论，新闻学又回归到文学门类（其间也有人主张归属社会学门类）。仅从这件事，就可以窥见当年新闻学在学科归属问题上的窘境和学科建设上的艰难。

30多年过去了,新闻学究竟是一门什么样的学问?这个问题彻底解决了吗?实事求是地说,没有。这样就自然而然地引出了第二个问题,为什么没有解决?第二个问题比第一个问题更为复杂。如果说第一个问题涉及新闻学是什么的问题,那么第二个问题涉及的是新闻学干什么的问题。30多年来,我国新闻学研究的发展,经历了从种种疑惑、误解甚至偏见到逐渐明朗、承认和尊重的过程。这个过程是一个由一度甚嚣尘上的“新闻无学”论到逐渐承认新闻学在学科上的合理性和合法性的过程,是一个从“保卫新闻学”走向“发展新闻学”的过程。经历过这个过程的新闻学学习者和思考者,想必都不同程度地经历了许许多多痛苦的过程,在这些痛苦中,有西西弗斯似的痛,有普罗米修斯似的痛,有精卫填海似的痛,更有凤凰涅槃似的痛……在这30多年艰辛探索的历程中,继承与发展、困惑与清晰、坚守与创新、坚持与发展,伴随改革开放的历史洪流,交织起来构成了中国新闻学发展这部恢宏壮丽的交响乐章。

作为一个新闻学理的探究者,我把自己从2004年以来学习和思考新闻学的部分心得和成果结集成册,奉献给读者批评指正。收集在这部文集里的40多篇文稿,虽然粗疏浅陋,但是这些30余万言的文字,是我真诚严肃地学习和思考新闻学的结果。在这些篇目中,有对马克思主义新闻观的学习和思考,有对新闻学基本问题的重新解释,有对国外新闻事业在互联网时代如何生存和发展的观察与借鉴,有对新闻学研究如何联系新闻实践的探索和追求,有对新媒体时代新闻学发展趋势的分析和展望,更有对建设中国特色社会主义新闻学的体悟和憧憬……

我和一些新闻传播学研究者的学术背景有所不同,我本科学习汉语言文学,毕业后在新闻媒体从事过相当长一段时间的新闻报道工作。不同学科背景的学习和探索,让我习惯用一种新奇的眼光来打量和探究新闻学这门既陌生又神奇的学问,让我不经意地以文学和语言学等方面的学问来与新闻学做比较研究。另外,曾经的一段刻骨铭心的新闻实践经历，就像血液一样流淌在我的思想和生命的体验里，所以它浓于墨水，重于书本，它化为我经历了大半辈子新闻学的学与思的信念。这个信念，我在去年出版的《舆论学与新闻教育的学与思——雷跃捷舆论学研究论文集》一书的“序言”中做了表述，这里，我不揣繁复，愿意再次陈述和表白：“舆论学和新闻传播学一样，也是一门应用学科。它的应用性表现为强烈的实践性，这种实践性要求它必须介入实践、干预实践。脱离了实践，新闻传播学和舆论学就失去了本真意义和基本作用，就容易沦为书斋中和研讨会上的空想和空谈。”对于新闻学的学与思，是我学术生涯的生命体验。我坚信，未来新闻实践的生命有多么长久，新闻学的生命就有多么长久；未来新闻实践的生命力有多么旺盛，新闻学的生命力就有多么旺盛。当然，这不是一个机械式的反映，而是一个通过新闻学学者们艰苦实践的能动式的反映，从这个意义上说，我寄希望于下一代、再下一代的新闻学学者们的奋发努力。

是为序。

雷跃捷识

2021 年 12 月 1 日于北京

目　录

> > > CONTENTS

上篇　新闻理论与历史

中篇　新闻实务

下篇 新媒体研究

上篇

新闻理论与历史

“三贴近”是对邓小平新闻思想的继承和发展

新一代党中央领导集体，在宣传思想领域，继承了邓小平新闻宣传思想，又与时俱进地创新和发展了邓小平新闻宣传思想，提出了宣传思想工作的“三贴近”原则。“三贴近”原则是对邓小平新闻宣传思想和“三个代表”重要思想的继承和发展。那么“三贴近”原则是如何继承和发展了邓小平新闻宣传思想的？分析起来，主要表现在以下几个方面。

一、“三贴近”原则继承和发展了邓小平新闻宣传思想中坚持实事求是的理论精髓

坚持实事求是的思想路线，运用辩证唯物主义的思想方法，来揭示新闻宣传的规律，这是邓小平新闻宣传思想最生动、最有普遍指导意义的方面，是邓小平新闻宣传思想揭示社会主义新闻工作普遍规律的科学依据。邓小平同志在他的论述中，反复强调新闻宣传工作“要拿事实来说话”的原则。1941 年他在《一二九师文化工作的方针任务及其努力方向》一文中指出：“要通过文艺作品、报告文学、新闻通讯、摄影、绘画等，把我们真实的战斗生活反映到国际上去，流传到华侨中去，传播到大后方去。”1985 年，针对有人担心中国会变成资本主义，他说：“我们不能拿空话而是拿事实来解除他们的这个忧虑，并且回答那些希望我们变成资本主义的人。我们的报刊、电视和所有的宣传工作都要注意这个问题。”他曾针对夸大成就，报喜不报忧的新闻通病告诫说：“切不可过分夸张自己的成就切不可把我们的事情说得太美满了。说得太美满，看得太简单，这一点反映到了我们的宣传工作上，就

是把我们的国家描绘得如何漂亮，好像现在什么困难也没有了，剩下的就是享福了。”邓小平新闻宣传思想的实事求是的思想精髓，还集中地表现为新闻宣传要讲求实际，他于1950年在西南局的新闻工作会议上指出：“要办好地方报纸。《新华日报》最近有进步。我们的报纸要登中央发的一般消息。但作为地方报纸，新华社总社的广播稿不一定全用，要适当选择改编、压缩、提炼，要考虑对象能不能看那么多，多了懂不懂。有的小报就比大报办得更结合实际，更切合群众需要，更通俗活泼。”邓小平同志坚持新闻宣传要“让事实说话”的观点，反映了他对实事求是这一马克思主义、毛泽东思想精髓的深刻理解和准确把握。他的“解放思想，就是使思想和实际相符合，使主观和客观相符合”的论述是对“要拿事实给人民看”“要拿事实说话”的理论升华。以胡锦涛为总书记的新一代党中央领导集体，继承了邓小平新闻宣传思想的这一理论传统，结合当前全面建设小康社会的伟大实践，把坚持新闻宣传工作“实事求是”的思想精髓化为“贴近实际、贴近生活、贴近群众”的具体表述。李长春同志在阐释“三贴近”的科学内涵时指出：“贴近实际，就是立足于社会主义初级阶段这个最大的实际，始终坚持解放思想、实事求是、与时俱进，紧跟时代步伐，适应现阶段经济、政治、文化发展的实际状况和要求，适应不断发展变化的客观现实，真实反映改革开放和现代化建设的实践，坚持把发展作为第一要务，更好地为党和国家的中心工作服务，为大局服务。贴近生活就是深入到火热的现实生活中去，深入到社会经济、政治、文化生活和人民群众的日常生活中去，反映客观现实，把握社会主流，解决具体矛盾；更好地融入生活、服务生活、引导生活。贴近群众，就是深深扎根于群众之中，想群众之所想，急群众之所急，办群众之所盼，充分体现群众意愿，满足群众需求，把握群众脉搏，说群众想说的话，讲群众能懂的话，为群众提供想看爱看、健康向上的精神文化产品，更好地代表最广大人民群众的根本利益。”在这些论述中，我们可以发现，理论联系实际，新闻宣传要讲求针对性、实效性，就像一根红线，贯穿“三贴近”理论阐述的始终。新一代领导集体不仅仅从理论上继承和发展了邓小平同志关于新闻宣传应遵循“实事求是”的思想精髓，而且在实践上也努力做到了“知行统一”，身体力行。党的十六大召开后，新闻工作又出现了新的思路和新的局面，新闻改革的步伐明显加快。2003年3月28日，胡锦涛同志主持中央政治局会议，讨论并通过了《关于进一步改进会议和领导同志活动新闻报道的意见》。会议指出,各级党委要高度重视这项工作并把它作为一件大事抓实抓好。中央和国家机关要带头,各级领导机关和领导干部要严格自律,自觉支持新闻媒体改革报道工作。新闻单位要坚持正确的舆论导向,大力宣传党的理论路线方针政策,多报道对工作有指导意义、群众关心的内容,力求准确、鲜明、生动,努力使新闻报道贴近实际,贴近群众,贴近生活。

"三贴近"原则的提出,充分体现了新一届中央领导集体理性正视现实,反对形式主义,坚持实事求是的务实态度。胡锦涛总书记上任以来,反复强调"权为民所用,情为民所系,利为民所谋"。把新闻报道中的一个方面的问题摆到政治局来研究,无论在我党的作风建设史上,还是在新中国成立以来的新闻事业史上,都是十分罕见的,这一改革举措继承了邓小平同志提倡的解放思想、实事求是的思想路线,必将促进和带动全党同志特别是各级领导干部改进思想作风、工作作风和领导作风,密切党同人民群众的联系。

二、"三贴近"原则丰富了邓小平新闻宣传思想的科学内涵

邓小平同志曾经多次强调新闻工作必须结合实际、联系群众。在进入新世纪之后,面临着新的国际、国内形势,新一代中央领导集体提出"三贴近"的理论,丰富和发展了邓小平新闻宣传思想的科学内涵。在"三贴近"原则的理论阐述中,除了强调坚持解放思想、实事求是的思想路线外,还有一个突出的特点那就是密切联系人民群众。"三贴近"原则要求新闻宣传不能简单地重复一些政治口号,搞一些空洞无物的东西。而必须确保在导向正确的前提下,改进宣传方法,努力使新闻宣传做到既有舆论声势又有思想深度,既全面准确又生动活泼,既形成合力又各具特色。努力提高新闻宣传的针对性、实效性,增强新闻宣传的吸引力、感染力。

2003 年 9 月李长春同志在同中央党校新闻媒体总编辑、台长培训班学员座谈时强调,正确的舆论导向是新闻工作的生命,"三贴近"原则体现了坚持正确舆论导向的根本要求。用"三个代表"重要思想统领新闻宣传工作必须切实贯彻"三贴近"原则,把体现党的意志与反映人民心声统一起来,有领导有步骤有重点地改进新闻宣传,不断提高舆论引导水平。要牢固树立群

众观点，多报道多反映人民群众创造历史、推进改革发展的伟大实践。要进一步改进会议和领导同志活动的新闻报道，改进和加强突发事件报道，加强和改进舆论监督工作。党报、党刊和各级电台、电视台要把思想性、指导性与可读性、可视性、可听性结合起来办出特色，办出风格，有效引导群众，更好服务群众。这是对我党在新世纪的新闻宣传指导原则的全面而科学的理论表述，进一步拓展了邓小平新闻宣传思想的理论内涵。

三、"三贴近"原则是在新的历史条件下的理论创新

"三贴近"原则的提出既是一项理论创新工程，又是一项体制创新工程，已成为我国新闻传播事业管理体制、经营机制深化改革的行动指南。党的十六大报告明确指出："发展文化产业是市场经济条件下繁荣社会主义文化、满足人民群众精神文化需求的重要途径。"2003 年 8 月胡锦涛总书记在中共中央政治局第七次集体学习时发表重要讲话，强调发展文化事业和文化产业是社会主义文化建设的重要组成部分。这些理论阐述意味着我国新闻宣传战线的管理体制和经营机制的一个重大战略转变，标志着"三贴近"原则已经成为当下我国新闻宣传战线的战略转型、体制创新的指导思想。

十六届三中全会通过了《中共中央关于完善社会主义市场经济体制若干问题的决定》，进一步提出："按照社会主义精神文明建设的特点和规律适应社会主义市场经济发展的要求逐步建立党委领导、政府管理、行业自律、企事业单位依法运营的文化管理体制。转变文化行政管理部门的职能，促进文化事业和文化产业协调发展。……公益性文化事业单位要深化劳动人事、收入分配和社会保障制度改革，加大国家投入，增强活力，改善服务。经营性文化产业单位要创新体制，转换机制，面向市场，壮大实力。""文化产业"与"文化事业"的划分，是新一代党中央领导集体在继承邓小平新闻宣传思想基础上的思维突破、理论创新和体制创新，是解放思想、深化改革的新成果，是适应"三贴近"需要的务实举措。

（本文原载于《中国广播电视学刊》2004 年第 10 期）

论社会变革中大众文化的功能

——以《超级女声》现象为例

经历了20余年的转型之后，我国的政治、经济、社会和文化领域已经发生了全方位、深层次的变迁，文化地图已然重构，大众文化作为一种新兴的文化形态迅速成长、蔓延，已经成为当下市民社会的主要文化实践活动。《超级女声》（以下简称《超女》）可以说是当下中国大众文化的一个典范性样本，它的生产、行销、接受都清晰地呈现在我们面前，表露了大众文化的典型征候，为我们全面审视其肌理提供了便利条件。如何解读《超女》现象所表征的大众文化是检验当前理论研究的一块试金石。本文拟从这一典型个案出发，探讨大众文化与政治、经济和社会变革之间的辩证关系，揭示大众文化在社会变革中的主要功能。

一、《超女》现象折射出的多元效应

《超女》的成功辐射出非常强大的社会影响，它所表征的文化现象、所触发的价值论争以及所引发的传播效应纷繁复杂，凸现了复杂的政治、经济、社会与文化的综合效应。

1.《超女》的文化效应

一个时代的文化主要表征为意识形态、价值观念、偶像认同和经典文本。①

① 孟繁华.众神狂欢：世纪之交的中国文化现象[M].北京：中央编译出版社，2003：17.

作为一个大众文化的经典文本，《超女》折射出大众文化的诸多特征：电视影像的绚烂景观和电视观众的高度移情介入再现了影像文化的魔力；异常火爆的参赛热情、“集体狂欢”的收视盛况表征了娱乐文化的强大社会动员力和感召力；选手们在舞台上千奇百怪的本色演出折射出现代人格的复杂层理，表征了大众对成名的极度渴望；追星族的狂热行径再现了现代明星崇拜的生动画卷；具有“中性美”特质的偶像选手的胜出表征了当下女性审美的惊人变异。隐藏在这些光怪陆离的表象之下的是当下市民阶层的价值观念转型，《超女》折射出大众的价值观和审美观，大众告别了精英美学的艺术性及专业性标准，而找到了大众美学的平民化、情感化的家园；它还表征了“偶像认同”的新格局，“娱乐偶像”“消费偶像”（歌星、球星等）已经取代“生产偶像”（劳模等）的位置，成为融梦幻、欲望、快感为一体的符号资源，成为人们实现“身份认同”和审美移情的主要对象。所有这些都表明了由大众媒介广为传播的流行文化已经占据市民文化地图的核心领地。

2.《超女》的经济效应

《超女》现象还带来了惊人的经济效应，节目生产商通过全面整合企业、电视台、公众等资源，以市场化运作方式，把一档娱乐节目做成了全国知名品牌，打造了一条文化产业链，充分体现了大众文化的商业性特质。首先，《超女》的经济效应直接表征为一系列震撼性的商业指标，据索福瑞（SCM）提供的31个城市的调查资料，《超女》广州淘汰赛的收视份额曾突破创纪录的10%，广告收入也因此创下纪录，一场近3小时的十强赛直播，湖南卫视可获得数百万元广告收入；每场比赛还可为电视台带来100万元左右的短信收入①。此外，节目生产商还成功地实现了与商业公司的联姻，蒙牛集团直接投入1400万元资金购买节目冠名权以及角标、场地广告等，广告投放带来了不菲的经济效益，2005年1月至6月，“蒙牛酸酸乳”在全国的销售额比上年同期增长了2.7倍。其次，由于节目的成功，《超女》成为一个著名品牌，据说品牌价值达到了近20亿元，积累了雄厚的“符号资本”，为后续的商业操作奠定了基础，形成了一条包括电视节目、艺人合约、唱片、图书、网络、电影

---

① 风月斩.超级女声爆出超级管理[N].市场报，2005-08-31(9).

和演唱会等项目的“《超女》文化产业链”。最后,《超女》现象还体现了商业力量对文化生产的渗透力和决定权,清晰地暴露出商业与文化联姻的征候,不仅体现在大量广告插播改变了节目的格局,而且表现在刻意增加比赛场次、拉长节目播出时间方面,可以说《超女》的节目形态是为适应赞助商和广告商需要而定制的。据有关媒体报道,成都之所以成为一个赛区,主要是基于蒙牛集团的商业考虑,即该集团在成都的销售额较低,需要加大市场推广力度,而借力《超女》进行营销是其目标。借助《超女》的成功,湖南卫视、上海天娱文化有限公司、蒙牛集团以及其他合作伙伴已经获得了不俗的经济收益,并且还将凭借《超女》的品牌资源不断地获取新的利润。

3.《超女》的政治效应

《超女》引发的一个尤为奇特的效应就是节目史无前例地被赋予了非常浓厚的政治意味,从网友的自发点评、专家的学理阐释,到《今日美国》《联合早报》《时代》周刊等国外媒体的报道和评论,不少论者在解读《超女》文本的过程中强调节目的成功之处在于它打破了传统的由精英掌控的游戏规则,观众投票成为左右节目走向的关键因素,大众的广泛参与改写了节目的运作程式。《超女》辐射出强大的政治意蕴:“庶民的胜利”“草根精神”“选择的自由”“公民启蒙”“宪政精神”“程序正义”“民意决选”等等,赞扬者们可谓不吝辞藻,这在以前的文化消费中极其罕见。《超女》现象印证了观众解读大众文化文本的主动性,他们通过网络评论形成舆论,约束节目生产商,充分展现了“文化民主”的特征。此外,各种有关《超女》比赛“黑幕”的争议还呼应了当下的政治现实,各种批判“黑幕”的声音实际上表征了民众对商业文化中的权力腐败的高度敏感和极度憎恶,婉转表达了观众内在的政治诉求。网络论坛甚至还出现了另一种政治化的声音:“静观超女评选已经窥测到中国多党选举的弊端”,“超级女声是民主启蒙还是为颜色革命做准备?”①可以说,《超女》现象已经溢出娱乐、审美的领地,而成为一个充满政治性的对话场域。

---

① 拉斯为佳斯.静观超女评选已经窥测到中国多党选举的弊端[EB/OL].http://club.cat898.com/newbbs/dispbbs.asp? BoardID=1&ID=740319;Maoflag.超级女声意欲何为?[EB/OL].http://club.cat898.com/newbbs/dispbbs.asp? BoardID=1&ID=743441.

4.《超女》的社会效应

《超女》掀起的这股“娱乐风暴”成为当代的社会“奇观”,它所表征的豪华场面是“娱乐社会”“消费社会”的符号表象①,它的成功证实了中国正在经历从“生产社会”向“消费社会”的转型。而围绕节目的价值论争则表征了社会的多元化状况,各种矛盾尖锐的解读显示社会已经分化成各种“趣味群体”,因为占用的“社会资本”“文化资本”和“符号资本”②的不同,各个群体的审美趣味差异显著。此外,《超女》的消费主体还表现出明显的世代差异,无论是节目现场狂热的追星族,还是荧屏前忠实的短信发送者,掀起《超女》热潮的主导群体是青少年群体,与上一辈相比,浸淫于大众文化环境的这些“新人类”和“新新人类”身上表现出崭新的人格特质,从参赛选手身上不难察觉他们对明星梦的执着,在追星族的狂热中不难发现他们的偶像崇拜情结。《超女》的成功体现了时尚文化的强大社会动员力,大众文化已经成为一种重要的社会整合机制,明星文化的生产和消费体系在明星与大众之间建构了一种虚拟性社会关系,大众通过移情来实现与明星的“身份认同”,通过认同来确认自己的身份,获取情感满足。

二、《超女》现象表征了文化与经济之间的互渗关系

《超女》的多元复合效应为我们重新审视经济基础与上层建筑、文化与经济之间的关系提供了生动的例证。英国著名文化研究学者约翰·菲斯克提出,文化商品同样具有使用价值和交换价值,大众文化商品流通于两种并存但并不相同的经济系统之中:金融经济和文化经济;在金融经济中流通的是财富,通过文化商品的售卖产生财富价值;而在文化经济中交换和流通的是意义、快感和社会身份,观众通过文化消费生产快感和意义③。《超女》现象充分体现了文化与经济的互渗关系:“文化的商品化”和“商品的文化化”④。

① 凯尔纳.媒体奇观——当代美国社会文化透视[M].史安斌,译.北京:清华大学出版社,2003:2.
② 布尔迪厄,华康德.实践与反思[M].北京:中央编译出版社,1998.
③ 费斯克.大众经济[M]//罗钢,刘象愚.文化研究读本.北京:中国社会科学出版社,2000:272-294.
④ 黄瑞祺.现代与后现代[M].台北:巨流出版公司,2020:114.

1.文化的商品化

“文化的商品化”不仅是指文化产品以商品形式出现在市场上，也是指生产商按照商品生产的法则来“生产”文化产品。首先，文化产品的生产、流通和消费已经成为市场经济的一个重要组成部分。据有关统计资料，2004年，我国城镇居民的文化娱乐消费总量达7000亿元左右，在城镇居民所有消费支出项目中居首位。从总量上看，2003年我国文化产业及相关产业所创造的增加值3577亿元，占GPD的3.1%①。这些数据说明文化产品已经成为市场经济的重要商品类型之一，文化已经成为一个至关重要的国民经济领域。其次，文化的生产、流通和消费遵循市场经济的规则。由于大众文化建立在现代性经济基础上，唯有大规模生产才能保证文化产业的“效益最大化”，也才能满足大规模消费的需要，因此大众文化的生产商总是按照“大数法则”来组织文化生产。而娱乐正是这样一个符合“大数法则”的文化商品类型，因此娱乐成了一种重要的经济类型：“娱乐经济”。再次，“消费者至上”观念是市场经济的金科玉律，文化产品必须符合消费者的审美品位，而在越来越多的同质化产品竞争中，“创意”成为决定文化产品受欢迎程度的关键因素，由此催生了文化产业的“创意经济”（creative economy）体系。无论是“娱乐经济”，还是“创意经济”，无不体现了文化商品化的典型特征。

《超女》现象充分说明了文化的商品化特征，流通于大众市场的《超女》商品体现了极大的商业价值。1400万元的节目冠名收入、7场总决赛近2000万元的广告收入、3000万元的短信收入，湖南电广传媒股价上涨1.24亿元，赞助商蒙牛实现2.5亿元纯利，这些数据表明《超女》成为典型的“娱乐经济”。同时，《超女》的成功还充分展示“创意经济”的特征，在娱乐节目同质化竞争愈演愈烈的情况下，《超女》以其独特的创意而成为收视率大战的大赢家，成为文化市场中的畅销商品。

2.商品的文化化

商品的文化化指的是商品的价值不再仅仅由其物理品质决定，而是负

---

① 张晓明，胡惠林，章建刚.2005年：中国文化产业发展报告[M].北京：社会科学文献出版社，2005.

载了文化的内蕴。生产商通过把商品的物理品质与蕴涵特定价值的符号进行嫁接,彻底改变了商品的价值构成,这种新型的商品应该被称作“符号/商品”(commodity-sign)①,它是由物理的商品和由符号表征的文化内蕴整合而成的一种新型产物。商品的文化化改写了马克思关于商品的使用价值和交换价值的定义,商品的使用价值不再单纯是指满足人类的功能性欲求,而是更加强调通过商品消费而获得意义、快感和身份认同;商品的交换价值不再简单地由“凝结在商品中的无差别的人类劳动”决定,而且还取决于生产商为商品注入了什么样的符号价值,为商品添加了什么文化内蕴。在这种情况下,商品经济已经演化为符号/商品经济②。

《超女》现象形象地表征了商品的文化化,节目赞助商蒙牛集团为这档娱乐节目直接支付了巨额赞助资金,购买了“蒙牛酸酸乳”的冠名权和广告等;借助节目的广告营销,赞助商获得了数倍于此的经济效益。蒙牛集团与《超女》的联姻并未改变“酸酸乳”的物理品质(营养配方、口感),但却赋予它以《超女》的文化内蕴——青春、激情、快乐和个性,为它注入神话的色彩,使之成为名副其实的“符号/商品”。《超女》现象生动再现了商业与文化联姻的消费文化逻辑,观众在文化商品的消费过程中获得了快感和意义,而文化生产商则实现了文化商品的巨大交换价值。

三、透过《超女》现象看大众文化在社会变革中的功能

大众文化与社会变革之间的关系是理论研究始终关注的一个核心议题。社会变革是一个动态的发展进程,中国当代社会变革的实质就是经济的市场化、政治的民主化和社会的多元化。透过《超女》现象的多元效应,我们可以发现它与政治、经济和社会的密切联系,显示了大众文化在社会变革中扮演着至关重要的角色。

1.大众文化反映和引导社会的集体意识

首先,大众文化反映社会的集体意识。在社会转型初期,随着自上而下

---

① 波德里亚.消费社会[M].刘成富,全志钢,译.南京:南京大学出版社,2001:70-76.

② 王宁.消费社会学[M].北京:社科文献出版社,2001:125.

的“思想解放”运动的推进，主体意识开始苏醒，大众产生了个性解放的诉求，这时港台大众文化产品及时填补文化空地，为大众被压抑的世俗化欲望冲动提供了一个宣泄的出口；港台文化的流行实际上反映了转型初期中国市民阶层的集体意识。《超女》现象则全面反映了当下市民社会的集体意识，它的多元效应既反映了市民社会的民主政治诉求，又反映了市场经济的新兴形态——文化经济和创意经济的独特逻辑，还反映了特定社会群体的价值观和审美观，可以说《超女》是当下中国社会的显示器，形象地表征了其内在的征候。

其次，大众文化又是意识扩散的“助推器”。随着市场经济的推进，社会领域必然要酝酿一种新兴的、背离计划经济体制的意识形态，起初这种意识只为少数群体所占有，借助大众文化的启蒙和教化力量，这种意识形态得以向广大的社会群体渗透，成为一种普遍性的社会意识形态。《超女》现象所表征的娱乐经济、创意经济之所以得以成形，乃是建立在20余年来大众文化的意识塑造基础之上的：明星崇拜和娱乐精神的形成不是突然降临于市民社会的，而是由大众文化长期建构而成的。因此，从特定的视角来看，我们可以认为大众文化为市场经济的发展扫清了“奥吉亚斯的牛圈”，它塑造着符合现代性生产关系的意识形态，成为推动生产力发展的动力机制。随着社会由供不应求的“生产社会”向供过于求的“消费社会”的转型，大众文化成为一种至关重要的营销术，通过建构消费主义的意识形态来维系市场经济的运转。

2.大众文化影响和改变人们的生活方式

英国文化研究学者雷蒙德·威廉斯直接将文化定义为一种生活方式①。生活方式是指特定社会条件下人们的物质消费活动方式、精神文化活动方式、家庭生活方式、交往活动方式等；经济基础、社会形态、民族传统、风俗习惯和地理环境等因素对生活方式有着重要影响。马克思、恩格斯认为社会生产方式决定了人们的生活方式，物质资料的生产方式制约着整个社会生活、政治生活和精神生活过程；因为生产力决定了人们能够获得的消费品，

---

①　威廉斯.文化与社会[M].吴松江，张文定，译.北京：北京大学出版社，1991：403.

而生产关系则限定了人们相互间的社会关系①。但是生产方式对生活方式的制约作用需要中介机制，而且它也无法决定生活方式的具体表现形态；大众文化正好扮演这一中介角色，通过塑造人们的价值观影响其消费活动、精神活动和交往活动。

大众文化无所不在地渗透到各个日常生活领域，直接改写了人们的生活方式。例如《超女》可以说直接改写了 2005 年若干青少年群体的生活方式。同时，它还塑造人们的价值观，通过建构以流行、时尚、品位、个性为标榜的消费意识形态和审美意识形态，不仅鼓励大众从消费中获得即时的物质满足，而且可以通过消费来实现身份认同，成为特定的"地位群体"的一员，获得精神满足。大众文化为大众指明了各种满足欲望的途径，引导着人们参与娱乐、休闲、购物、旅游等日常实践。

3.大众文化是社会差异的黏合剂和社会矛盾的解毒剂

大众文化是一种重要的社会整合机制，它通过源源不断地为大众提供及时的审美满足，成为社会差异的黏合剂。从美学视角来看，大众文化的叙事主题和叙述风格都极力迎合大众的审美品位和审美心理，具有世俗化、流行性、标准化的特点，将大众纳入了无所不在、变动不居的时尚文化浪潮。大众文化为最广大的社会群体建构了一个共享的意识形态体系，使他们能够分享相同的故事、思想、情感和爱好，形成趣味相投的"地位群体"。大众文化也是社会矛盾的解毒剂，通过把社会矛盾表现出来，为问题的解决提供了契机；同时它也为宣泄各种社会情感提供了出口，虚拟性地满足了大众的各类诉求。当然，大众文化在为大众提供了审美满足的同时也限制了他们的满足途径和方式。

《超女》现象非常清晰地向我们展示了大众文化的动员力及其感召力，它把充满异质性的上亿人口吸引到同一个活动中来，分享共同的文化经验，弥合了他们因为地域、阶层、文化、教育等不同所形成的社会差异。《超女》现象还表征了各种不同趣味群体之间的认知矛盾，引发了各类群体之间的

---

① 德意志意识形态［M］//马克思恩格斯全集：第 3 卷.北京：人民出版社，1960：24.《政治经济学批判》序言［M］//马克思恩格斯全集：第 13 卷.北京：人民出版社，1965：9.1861—1863 年经济学手稿［M］//马克思恩格斯全集：第 47 卷.北京：人民出版社，1972：510.

对话、论争，提供了社会问题的对话平台，成为一种社会矛盾的解决机制。此外，在不少论者看来，《超女》还虚拟性地满足了大众的政治性诉求，从而平息了他们可能拥有的对现状的不满情绪。

四、结论

综上所述，本文认为大众文化是建立在现代经济基础之上的一种特殊意识形态，大众文化反映了特定社会的经济基础、政治秩序和社会关系，又反作用于它们。《超女》是植根于当代中国政治、经济和社会背景中的一个意识形态产品，表征了当下我国经济、政治、社会领域的规则、矛盾和张力，它的多元复合效应证实了这一点。大众文化本身所表征出来的消极症状实际上是政治、经济和社会等领域存在的不合理因素的集中反映；因此，社会问题根本的解决之道在于我们必须找到人文的核心价值，通过建构人文理想，改造文化版图，来反作用于经济、政治和社会诸领域的变革，从而捍卫整体的社会利益。

（本文由笔者和中国传媒大学副教授刘自雄合作撰写，原载于《冲突·融合：新闻传播与社会发展》，新华出版社 2006 年版）

谁说预见是新闻?

提要:预测性和预告性新闻是以既定事实"预测本身"和"新闻由头"为主体,符合事实在先、新闻在后的原则,与新闻的定义"新闻是新近发生或正在发生的事实的报道"并不矛盾。但是,将"将要发生或预计要发生而未发生的事实"补充进定义,显然是不合逻辑、不科学的。

新闻定义一直是颇有争议的问题,我们仍然认为:陆定一提出的新闻定义"新闻是新近发生的事实的报道",较为科学、准确。

但是,当前广播、电视、网络等电子传播手段的应用,对事实的报道,已不仅仅局限于"新近发生"的时效,而是可以同步地进行现场直播。鉴于这种情况,笔者认为:"新闻是新近或正在发生的事实的报道",可能更完整地揭示出新闻定义的含义。后来,有人在这个基础上,将定义补充为"新闻是新近发生或正在发生或将要发生或预计要发生而未发生的事实的报道"。

所谓定义是指概念对象的固有属性,是一种逻辑方法,要求对事物的规律性做出最简明、最科学的概括。以上被补充过的"新闻"定义显然不符合定义的逻辑要求。

一、两个定义中"事实"的不同含义

陆定一在《我们对于新闻学的基本观点》一文中提出:"新闻的本源是事实,新闻是事实的报道,事实是第一性的,新闻是第二性的,事实在先,新闻在后,这是唯物论者的观点。”“新闻是事实的报道”构筑了新闻本源的根本性框架。新闻的本源是事实,可以理解为新闻的本源是“新近发生或正在发生的事实”。而补充过的定义中“将要发生或预计要发生而未发生的事实”不能是新闻的本源。“事实”是什么呢?事实是“事情的真实情况”,那么“事实”尚未发生,又怎能确定“事情的真实情况”?这样,被补充过的“新闻”定义因为“事实”一词含义的差异,被分成两个部分,表达两个意思,显然,这是不符合逻辑的。

二、预测性新闻和预告性新闻的主体分析

1.预测性和预告性报道的含义

所谓预测,是指对不确定或不知道的事件做出叙述。在多数情况下,这些事件都是未来事件。所谓预测性的报道正是对这种“未来事件”的报道,或者说是依据现在或过去的事实,对事物或事态前景所做的报道。就像新闻是最新发生的事实的反映一样,预测性报道是对新近发生的预测性事件的反映,是对有可能出现的问题情况的一种分析性报道。如果说一般的动态新闻着眼于“现在”,解释性新闻着眼于“过去”,预测性新闻则着眼于“未来”,它包含两层意思:一是对已经发生的事件或问题的前景进行预测,一是对尚未发生的事件本身进行预测。

而预告性新闻是预先报道即将发生的事实,是对人为决定的事物的客观报道。比如,某国领导人将于下周访问中国,演唱会将于某月某日在某地举行……这些预告性报道的事件虽然还没有发生,但已经决定,并且即将发生,带有必然的性质。预告不同于预测,它是对已经决定的事件进行的客观报道。预测性新闻和预告性新闻都是在事件发生前的预先报道,但是它们的报道内容和报道特性各有不同。请看下面几个例子:

例一:【时事社东京10月30日电】日本内阁府30日发表了汇总海外经济状况的“世界经济潮流”报告。该报告提出,以经济变速增长的美国为主导,2004年世界经济恢复步伐将加快。

报告预计,今年下半年美国经济增长率将达到4%左右。随着美国经济

的好转,亚洲和欧洲经济增长率预计也将恢复到过去的平均水平。

例二:【路透社华盛顿 11 月 18 日电】美国将在佛罗里达基地试爆“炸弹之母”。

美国空军今天说,美国计划本周对其武库中威力最强大的常规炸弹“炸弹之母”进行最后一次开发试验。

例三:本报讯 外交部消息,今年上半年,印度将举行下届大选。一般认为,尽管国大党已很难获得半数以上席位,单独执政,但它很可能还会成为第一大党,与其他党联合组成政府。(《文汇报》消息)

例一是预测性新闻,报道了日本内阁对“2004 年全球经济形势”这一客观事物自身发展趋向的预测,它所预测的结果有可能出现,也有可能不出现,含有不确定性。例二是预告性新闻,它预先所报道的“试爆”事件是已经决定并且肯定会发生的,带有必然性。例三是由预告性新闻和预测性新闻组成的报道,虽然在同一稿件中出现预告和预测,但它们的报道内容和任务不同。文中前一句是预告性新闻,它报道“印度下届大选”何时何地举行;后一句则是预测性新闻,是对“举行大选”的信息延伸,着眼于选举的结局和影响。

2.预测性新闻中预测本身是主体

预测性新闻的主要特征是前瞻性和不确定性。预测性新闻是对未来有可能出现的问题、情况的一种推测,从内容上看具有前瞻性,从结果上看具有不确定性。预测性报道绝大部分内容是报道他人的预测,是报道预测性事实。也就是说,有人做出了预测。预测性新闻则反映“有人如此预测”这一事实,即新闻的主体不是所报道的“未发生的事件”,而是预测本身。

新闻必须有已经发生或正在发生的事实后,才可以报道。而预测性报道的内容是着眼于“未来”,报道的并不是客观发生的事实。例如:“据美国社会学家的推测,克隆技术将会给人类带来灾难。”消息的内容是未来未知的,但科学家的预测则是客观发生过的事实。“科学家预测下个月将会有流星雨。”科学家的“预测”也是已经发生的事实,新闻所要报道的,也正是“预测”这个事实。如果说在下个月事实证明没有流星雨或者克隆技术在未来的印证中并没有给人类带来灾难,那么只能说是科学家、社会学家的“预测”

失误，而不能说是新闻失实。

按照新闻学的观点，新闻的“真实”应达到两个条件：一是用来说话的事实的各要素，即什么事、什么人、什么地点和时间、事件的发生及发生的原因，必须是对原生态事件的客观复制；二是对具体事实的说明与解释以及对整体的把握应符合客观事物的本来面目。预测性新闻中，原生态事件的客观复制和客观事物本来面目是预测本身，而所预测的内容只是一种推测，是不确定因素。

3.预告性新闻中新闻由头是主体

新闻由头又称新闻根据、新闻依据，是新闻发布的依据和契机，一般指新闻事件发生的时间或事实的出处，是一个事件能够成为一个事实的依据。在预告性报道中，未发生的事情能否成为新闻，就是由是否构成新闻的依据来决定的。新闻由头在预告新闻中是最重要的事实，是新闻的主体。

请看两则消息：

夏时制 14 日起实行 机关办公时间有变更

本报讯　广东省人民政府办公厅日前发出通知：根据国务院办公厅关于做好今年夏时制准备工作的通知，今年夏时制将于 4 月 14 日（星期日）北京时间 2 时开始，届时将钟表从 2 时拨到 3 时，9 月 15 日（星期日）北京夏令时 2 时结束。结合我省实际情况，省直机关、广州市机关、中央驻穗机关夏时制期间的办公时间定为：上午 9 时至 13 时；下午 15 时 30 分至 18 时 30 分。

省会国庆之夜将有四千枚礼花齐放

本报讯　省会郑州人民将在国庆之夜观赏到“火树银花不夜天”奇观。届时，4000 枚礼花将分别在郑州市体育馆和省工人文化宫两个景点施放。目前，担负礼花施放任务的武警郑州市支队的 80 名官兵正加紧礼花施放训练，为了达到施放礼花“安全、放齐”这个标准，官兵们严格训练，18 门礼花炮 24 名正副炮手，每天坚持 10 个小时以上，重复着跑步、弯腰、取弹、转身到把训练弹填入炮膛的 37 个单调的动作。

这两则消息，都是尚未发生的预告性的，但前者多了一个新闻由头，即“广东省人民政府办公厅日前发出通知”，这样就使将要发生的事有了新闻根据，并且增强了这则预告消息的权威性。事件虽尚未发生，但“广东省人民政府发出通知”这个事实，却是成立的，这就具备了事实第一、新闻第二的原则。后者没有新闻由头，也就没有主体，因此就不能构成新闻，只能说它是一条信息。

再看一则消息：

1976年唐山地震死亡24万多人

新华社大连1979年11月23日电 在1976年7月28日发生的唐山大地震中，总共死亡242000多人，重伤164000多人。这两个数字是唐山、天津、北京地区在那次地震中死伤人数的累计。这是今年11月17日至22日在中国地震学会成立大会上宣布的。

就当时来说，这是一条三年前的消息，之所以成为新闻，一是因为死亡人数为世人瞩目，二是因为有新闻由头：死伤人数是“在中国地震学会成立大会上宣布的”。所以，不管是预告，还是几年前的往事，只要有新闻价值，选择了适当的新闻由头，预告变成了新闻，旧闻也变成了新闻。可见新闻由头在预告性新闻中的地位。

预测性新闻的存在和发展，适应了竞争日益激烈的新闻界，它的作用也日益突显。预测性和预告性新闻是以既定事实“预测本身”和“新闻由头”为主体，符合事实在先、新闻在后的原则，与新闻的定义“新闻是新近发生或正在发生的事实的报道”并不矛盾。但是，将“将要发生或预计要发生而未发生的事实”补充进定义，显然是不合逻辑、不科学的。

（本文由笔者和中国传媒大学硕士生柴玉合作撰写，原载于《新闻与写作》2007年第8期）

改革开放 30 年:中国社会主义新闻学的进展与不足

随着改革开放的不断深化,我国社会主义新闻学研究取得了很大进展,但也仍然存在着一些不足。面对新闻学理论研究的相对滞后,以及加速变换的世界格局、社会格局和新闻传播格局,我国新闻学界必须以大力创新的精神,进一步发展社会主义新闻学。

一

改革开放以来,我国社会主义新闻学研究进入了一个稳步建设和发展的新时期。社会主义新闻学的建设和发展与我国的改革开放事业呈现出同步发展的态势。

首先,表现为党的领导人从改革开放不同阶段的社会现实、新闻传播现实出发,对社会主义新闻工作做了相应阐述。邓小平强调新闻宣传必须服务于社会主义建设,成为"安定团结的思想中心"[①];强调坚持党性原则;强调思想文化战线必须把社会效益放在首位,思想文化战线的战士要做人类灵魂的工程师等。江泽民、胡锦涛分别在改革开放的新阶段继承和发展了邓小平新闻宣传思想。江泽民指出,"历史经验反复证明,舆论导向正确与否,对于我们党的成长与壮大,对于人民政权的建立和巩固,对于人民的团结和国家的繁荣富强,具有重要作用。舆论导向正确,是党和人民之福;舆论导

① 邓小平文选:第二卷[M].北京:人民出版社,1994:255.

向错误,是党和人民之祸”①。胡锦涛要求,新闻宣传要“引导和激励全党全国人民为实现全面建设小康社会的宏伟目标而团结奋斗”②。江泽民就舆论导向问题所提出的“祸福论”,以胡锦涛为总书记的第四代中央领导集体所提出的“三贴近”理论,是中国共产党新闻理论不断发展的重要表现。

其次,是自20世纪80年代以来,我国新闻学界面对改革开放不断深化,新闻传播实践不断面临新情况、新问题的现实展开了积极探索,促成了中国社会主义新闻学的建设和发展。1979年到1984年,新闻学研究也经历了一个拨乱反正过程。新闻学界以马克思主义为指导思想,对新闻观念、报道内容、新闻真实性、新闻价值等开展了正本清源的理论清理:重新肯定了新闻事业是以传播新闻为主的大众传播机构;树立了新闻真实性的权威;重新确认了新闻价值应当作为新闻选择的重要标准;强调了新闻报道内容应当主要面向国家的经济建设。1985年到1989年这一时期,出现了一大批以西方学科视野为参照,反思中国新闻传播现象的研究成果。进入20世纪90年代,特别是邓小平南方谈话和1992年中共“十四大”召开以后,我国新闻事业快速发展,与此相适应,我国新闻学研究自20世纪90年代以来也呈现出多元发展的繁荣局面。

二

改革开放以来,经过我国新闻学研究者们多年的努力,社会主义新闻学理论体系渐趋完整和成熟。

这首先表现在我国新闻学理论体系较好地理解、吸收、阐发了马克思主义新闻学经典作家和党的领导人的观点和论述,坚持和贯彻了马克思主义的基本宗旨和原则。党的新闻工作文件、党的领导人关于新闻工作的论述,以及党的新闻工作的历史经验等,都得到了新闻学界的普遍重视,成为新闻学研究的重要内容。

---

① 江泽民文选:第一卷[M].北京:人民出版社,2006:563.

② 胡锦涛在全国宣传思想工作会议上发表重要讲话强调坚持用“三个代表”重要思想统领宣传思想工作[N].人民日报,2003-12-08.

其次是新闻学界对我国新闻学的主要概念、范畴和命题进行了较为充分而深入的探讨,为中国特色社会主义新闻学研究奠定了学理基础。诸如新闻事业的性质、任务和作用,党报的党性和功能,新闻的真实性,新闻工作的指导性,新闻舆论监督,新闻与宣传的关系,新闻自由,新闻道德,新闻事业改革,新闻定义,新闻价值等重要理论问题都得到了持久的关注和讨论。单就新闻价值这一概念而论,我国当代新闻学界就先后有"素质说""标准说""效果说""功能说"等不同看法。[①] 这些观点试图以马克思主义的认识论和价值论原理作为引导,对新闻价值这一基础性概念进行阐发。

第三是坚持树立理论联系实际的学风,在总结生动鲜活的新闻工作实践和新闻改革经验的基础上,新闻学研究不断向广度延伸和深度开拓。由于广播电视等电子传媒的异军突起,传统的报学理论已难以阐释当代新闻事业发展中出现的新问题、新现象、新趋势,广播电视新闻学、网络传播学、新媒体研究等应运而生,不断丰富了新闻学研究的内容并拓展了新闻学学科体系。

第四是在坚持马克思主义基本原理、宗旨的基础上,当代中国新闻学界勇于借鉴其他人文社会学科成果,极大地开阔和丰富了中国特色社会主义新闻学的研究视野。自 20 世纪 80 年代以来,信息论、控制论、系统论,传播学、社会学、政治学、心理学、文化学、美学、文艺学、经济学等学科的知识和理论被大量引入到新闻学的研究中来。不仅如此,其他相邻学科的引入还使新闻学科派生了一些新的研究领域,如新闻传播心理研究、媒介经济研究、媒介批评研究、新闻叙事研究等。

当前我国社会主义新闻学研究仍然存在着一些问题和缺憾。

一是"新闻无学论"并没有得到根本扭转。"新闻无学论"的流传,既有某些人对新闻学总抱着刻板成见的原因,但也不能不承认与在新闻学界内部个别研究者习惯于轻出断言而轻视学理、论文流于总结经验式的东西而忽视理论反思有很大关系。

二是理论与实践脱节,某些理论不能阐释现实,更不用说指导现实。突出表现是墨守成规、食洋不化的现象在新闻学研究中还表现得特别明显。

---

① 雷跃捷.雷跃捷自选集[M].北京:北京广播学院出版社,2004:49-51.

三是对新闻学研究方法重视不够。我国的新闻学研究缺乏重视研究方法的意识,有相当数量的新闻学论文充斥着经验性描述和主观性判断,缺少合乎逻辑的推理和科学的实证分析。

三

我国改革开放的继续深入是社会主义新闻学创新发展的必然趋势;应对中国社会和新闻传播领域的新形势新问题、提升学科建设新境界是社会主义新闻学创新发展的必然要求。笔者认为进一步发展中国社会主义新闻学应当遵循以下基本原则和方法。

一是必须坚持马克思主义新闻理论的宗旨、原则和方法。中国走的是社会主义道路,以马克思主义为理论指导思想,这一前提决定了学术研究的根本性质。经过历史沉淀留下来的无产阶级新闻工作传统和工作方法,应该继承;马克思主义经典作家们和党的领导人关于新闻工作的论述,应该成为中国特色社会主义新闻学理论建设的重要参照。

二是必须立足于中国社会和新闻传播的现实,响应和回答中国的实际问题。立足于中国的社会和新闻传播现实的最终结果是应当形成以中国实践为基础、以中国话语为主导的新闻学理论体系,形成具有中国作风、中国气派的新闻学学科流派。

新闻工作与社会生活的变革息息相关。例如人民群众的民主意识、权利意识逐渐增强,新闻工作面临如何进一步保障其知情权、参与权、表达权和监督权的问题;再如"人民精神文化需求日趋旺盛,人们思想活动的独立性、选择性、多变性、差异性明显增强,对发展社会主义先进文化提出了更高要求"①,这就对新闻传播的体制、思路、内容和方式等都提出了新的要求。中西文化的冲突和交汇、世界交往的日益紧密也为新闻传播工作带来了挑战。

三是要继续提升新闻学研究的科学性。要突出重视新闻学的学理研

---

① 胡锦涛.高举中国特色社会主义伟大旗帜 为夺取全面建设小康社会新胜利而奋斗[N].人民日报,2007-10-25.

究，以理论本身的逻辑力量去吸引人、说服人。必须重视新闻学方法研究，以遵循科学的研究方法来带动整个新闻学研究的规范化；必须加强新闻学基础理论研究，以对马克思主义新闻学基本概念、范畴和命题的透彻探析为突破口，促进整个学科研究的进一步深化；必须加强新闻学研究的系统性，使中国特色社会主义新闻学理论的各个环节、问题的联系逻辑一贯，观点相互支撑，成为富有生气的有机整体。

四是应注意增强我国社会主义新闻学的人文学科气息。这可以包括三个方面。首先是要加强对新闻宣传工作的人文本质的认识。宣传工作既要以理服人，也要以情动人。社会主义新闻工作者只有真情热爱人民、真正了解人民、真诚理解人民，他们的事业才能得到人民的认可。其次是要提高对新闻宣传工作促进人的全面发展的认识。社会主义新闻事业必须将社会效益放在突出地位，以满足人民日益增长的精神文化需求，促进人的全面发展为首要任务。再次是要强调新闻宣传的民本内容。在新闻宣传内容上，必须充分体现群众意愿，满足群众需求，把握群众脉搏，说群众想说的话，讲群众能懂的话，为群众提供想看爱看、健康向上的精神文化产品，更好地代表群众利益；必须多联系群众身边的事例，多反映群众的切身感受。必须高度重视人民群众多层次、多方面、多样化的精神文化需求。①

（本文由笔者和中国传媒大学博士生李滨合作撰写，原载于《新闻与写作》2008 年第 8 期，人大复印报刊资料《新闻与传播》2008 年第 11 期全文转载）

---

① 李长春.从“三贴近”入手改进加强宣传思想工作[J].求是，2003(10).

提升电视媒体公信力的三部曲

媒体公信力是媒体赢得社会公众信赖的专业素质和能力，存在于媒体与公众的互动关系中。媒体公信力是受众在使用媒体过程中逐渐形成的认识、体验与判断。受众对媒体的信任评价与受众使用媒体的期望的实现程度、需求的满足程度是直接相关的。

作为个体，受众的需求会因为社会结构、社会条件、个人特性的不同而千差万别。但从一个群体看，从受众需求中可以归纳出一些共同要素，包括环境的认识监测、情感与价值的整合、行动的依据与指南。

如果大众媒体能够很好地满足受众这些需求，就会赢得多数受众不同层次的信任。电视媒体作为当今最有影响力的"第一媒体"，成熟的技术条件、广泛的覆盖面、视听兼备的传播方式、规范的运作模式，在满足受众需求方面，具有难以替代的独特优势。

在今年四川汶川大地震的新闻报道中，电视发挥电视传播的优势，展现了前所未有的传播能力和报道水准，充分发挥了沟通、引导作用，充分满足了受众认知、情感和行动的需要，在获得受众的浅度信任的同时，更是获得了受众的深度信任。这成为我国电视媒体提升、深化公信力的标志性案例。下面，对此进行具体阐述，借以说明电视公信力从何而来。

一、第一步：打造受众认知的平台

及时、准确、全面、公正地传递世界的最新变动，尽可能地满足受众获取信息、沟通交流的需求，是电视公信力产生的最基本的源泉，因为传递信息是电视作为大众传媒最基本的功能。所以,电视必须在日常的新闻报道中,以充沛的专业精神追求高品质新闻。

这种持续的追求日积月累,在类似汶川大地震这样的关键事件与关键时刻,电视就会爆发出巨大能量,让电子媒体的信息沟通的作用发挥得淋漓尽致。

在特大的灾害发生之后,观众急需有效的途径来监测事件最新变化,了解事件真相,消除不确定性。汶川地震发生后,电视以其实时、持续、丰富、可观的报道,吸引了大量的观众,为社会各界提供了实时掌握灾情的公共信息平台。

中央电视台在地震发生32分钟后,即5月12日15时发布了汶川地震的消息,随后,在15时12分打开直播窗口,从15时20分起,中央电视台1套、新闻频道并机推出“抗震救灾 众志成城”大型直播节目。接着,中央电视台4套国际频道也开始直播。随后,参与报道的电视台逐渐增多。

现场直播可以实时传递事件现场情况,可以给每一个观众带来身临其境的现场感,更好地满足观众“眼见为实”的收看需求,为观众提供更全面更客观的环境监测方式。在报道初期,地震导致的恶劣传播条件在一定程度上影响了电视优势的发挥,但电视记者深入现场,想尽一切办法,利用各种技术条件,包括公用电话、军用电话、海事卫星等,在第一时间从第一现场发回了大量音频、照片、视频,让电视机前的观众可以实时地了解灾区的最新变动。

随着报道力量的增加、报道条件的改善,电视为观众带来更多现场的报道。前线记者秉承职业精神和道德操守,在艰苦的环境中,冒着危险、克服疲劳、抑制悲痛、顶住心理压力,高强度作业,持续不断发回现场画面,为现场直播提供了最基础也是最重要的素材。而后方工作人员通力协作,编辑、记者、主持人等各个环节人员协调配合,使地震报道有序、平稳地播出。抗震救灾报道成为电视人展示才能的一个有效的窗口,让他们获得了公众的敬佩和同行的赞许。

地震灾情吸引了大量的观众收视。数据显示,在AGB尼尔森可监测的市场范围(11个省及2个省会城市)内,5月12日当天超过5000万观众收看地震专题类新闻节目。而5月13日、14日,每天均有超过2亿的观众收看抗震救灾类新闻节目，并且每人平均收看时间超过 70 分钟。5 月 18 日晚上，中央电视台的现场直播《爱的奉献——2008 宣传文化系统抗震救灾大型募捐活动》，全国收看的观众达到 5.5 亿人。

观众收视行为的变化，意味着灾情牵动人心；另一方面，也说明电视及时反应和丰富报道，成为公众了解灾情的主要渠道。

二、第二步：当好受众认同的中介

基于认知所形成的信任往往是浅层的和脆弱的，一旦有更好更方便的获取信息的途径，公众往往会马上转头离去。而上升到情感与价值认同的信任，则是更为持久、深入和稳固的信任关系。媒体的传播行为如能在一定程度上成为受众情感寄托、价值认同、心灵归依的源泉的话，就会形成受众与媒体间深层的信任连接。

受众对媒体的认同往往并不会一蹴而就，必须在受众长期与媒体接触中慢慢养成。但是汶川大地震具有强烈的情感激荡与价值淘洗力量，让认同在瞬间凝聚。而电视媒体所做的，就是通过报道成为大众集体认同的触媒和中介，对受众的认同进行有机整合。

情感的认同往往是由某种触动心灵的画面、细节、场景、故事、人物等而激发，而电视在传播此类信息时，因为具有可观可感、实时、直接等特点而具有平面媒体与网络所不具有的优势。

在中央电视台“抗震救灾 众志成城”节目的直播中，观众体验到了一种“征服”天灾的勇气和力量，而深化了对民族、国家的认同。通过电视，观众看到，国难当前，从普通民众到党和国家领导人，从民间志愿者组织到政府机构，从灾区人民到海外华侨乃至国际友好，都团结起来，共克时艰。

电视新闻中报道了许多“征服”行动中的英雄：在危难时刻，用身躯保护学生的老师、保护孩子的母亲，让观众体会人性的光辉；被困者不断刷新生存时间纪录，挑战生存极限，让观众认识生命的坚强；救援队伍所历经的艰难险阻，让观众领略了他们的勇敢；志愿者对救灾的积极踊跃参与，让观众感受到心灵的善良；而各地蜂拥而至的捐款与捐物，是“一方有难、八方支援”的最好写照。灾难中挺立的英雄，展示、重现、强化和丰富了民族精神与公民意识，让观众在收视的过程中产生相似感、参与感、整合感，感觉到他们是事件的真实参与者，而不是无关的旁观者。

无疑，电视报道中体现出来的专业、开放、公开、透明的传播态度，关注生命、关注普通人、关注个体的报道理念，镜头向下、深入采访、挖掘多样化的消息来源、及时报道的专业技能和操作手法等等都是提升受众认同的重要条件。

三、第三步：成为社会行动的依据

公众对媒体产生情感认同后，信任程度如再深化发展，往往会促成有效的社会行动。在此次震灾中，电视报道与其他媒体报道一块，在某种程度上，成为社会相关行动的依据，甚至成为一种动员、组织和整合社会各界力量救灾的强力机制。

中央电视台直播的宣传文化系统"爱的奉献"募捐活动，短短 4 小时募集 15 亿多元。到 6 月 1 日，社会各界捐助超过 400 亿元。近 20 万志愿者从全国各地奔赴灾区。国内外捐助的大量食品、药品、帐篷源源不断地送往灾区。可以断定，这些行动当中有相当一部分是由电视传播所促成的。观众在不断获得准确、及时的灾情信息时，其内心的情感认同也会逐渐被激发，最后可能会转化为实际的行动。这也是电视公信力深化的过程。

电视报道直接促成公众行动的现象，并不少见。其内在机理是：受众无论是理性思维还是情感倾向，都被电视报道深深掳获，促成受众的自发行动。这种深入掳获受众的能力，是电视公信力最深层、最稳定、最持久的来源。

（本文由笔者和中国传媒大学副教授刘年辉合作撰写，原载于《新闻与写作》2008 年第 10 期）

审视传媒转型中的中国新闻业

——读《重建美国新闻业》的启示

摘要:2009年10月,哥伦比亚大学新闻学院调研报告《重建美国新闻业》提出,美国政府、国会以及社会组织应该资助处于危机之中的美国新闻业,并强调不论媒体形态如何演变,“最重要的、问题的核心是独立、原创、可信的报道应得以延续”。《重建美国新闻业》可以为中国新闻业发展提供一个镜鉴。媒体既是一个重要的产业,更是一个新闻舆论工具,一项公共事业。在我国新闻出版体制改革过程中,对公共事务和地方新闻的报道不能因这场变革而削弱,而是应当加强。公共新闻的大量出现,将加大新闻政策管理的成本,继而会加大政府的管理成本;公共新闻的良性发展,仍旧需要有像传统媒体那样组织严密、专业精湛、经费充裕的新闻报道组织机构来支撑。

勃兴的新媒体与日趋融合的媒介对当今全球媒体发展与格局产生了革命性影响。从某种意义上说,新闻业正在经历着传媒转型的冲击。在这种背景下,新闻业自身所发生的变革,特别是传媒属性以及新闻内涵的变化很值得审视。

中国传媒业的发展需要合理吸取国外媒体的经验,对中国新闻业的思考同样需要批判地借鉴他山之玉。2009年10月,一份由美国亚利桑那州立大学新闻学教授小伦纳德·唐尼、哥伦比亚大学新闻学院传播学教授迈克尔·舒德森共同完成的调研报告《重建美国新闻业》(*The Reconstruction of American Journalism*)问世,立即引起了国际新闻学界和业界的广泛关注,这份报告问世的背景如何？提到了哪些值得中国新闻业关注和反思的问题？本文试图从解读《重建美国新闻业》的角度，来反观中国新闻业未来发展之路。

一、《重建美国新闻业》的时代背景与主要内容

金融危机影响以及新媒体发展对美国新闻业产生了很大冲击。有关报道称，2009 年前 7 个月，美国已有 105 家报纸倒闭，导致 1 万人失业①；另据统计，金融危机爆发后，美国有 507 家日报的发行量锐减，绝大多数报业公司只能勉强维持运营。面对报业所面临的危机和困境，美国报业同行一方面呼吁政府像拯救美国经济一样出面拯救美国报业，另一方面也在加紧调整经营策略。《华尔街日报》被迫缩减版面，《纽约时报》则不得不放弃近百年传统，在头版辟出大幅广告版面，并抵押总部大楼，寻求 2.25 亿美元融资；而《洛基山新闻报》与《芝加哥太阳时报》的相继倒闭更是给媒体同行敲响了警钟②。

《重建美国新闻业》就是在双重挤压下，美国传统媒体特别是传统报业受到重创、美国传统新闻价值观念以及运作模式受到巨大挑战中问世的。该报告弥漫着浓重的“救市”情怀，强调现在正是一个新闻业受到挑战，以及面临转型的重要抉择关头。

面对挑战，报告认为新闻业出现了新的新闻生态。报纸不会很快从印刷业或互联网消失，但传统的采集新闻的方式已受到冲击。报纸的记者等报道人员将大幅减少。与此同时，互联网使收集和传播新闻的方式得以更新。新闻收集者现在不仅包括编辑部的工作人员，还包括自由职业者、大学教职员、学生、博客作者和携带手机的市民。对新闻报道的财政支持现在不仅来自广告商和订户，还来自基金会、慈善家、大学和市民捐赠者。在此种新出现的新闻生态系统中，新闻的收集和传播要广泛得多，但它仍很脆弱。尤其

---

① 免费报刊能否成为报业增长点广告是命脉[EB/OL].(2009-07-14).http://info.service.hc360.com/2009/07/14095556855.shtml.

② 周玉洁，张莫.金融危机魔掌难避传媒产业面临重组变革[EB/OL].(2009-10-09).http://jckb.xinhuanet.com/gnyw/2009-10/09/content 184023.htm.

是在重建美国新闻业进程中,媒体所应担负的社会责任的缺失问题很严重。

美国传统媒体纷纷倒闭裁员,公共事务和地方新闻乏人问津,传媒格局发生重大变化,而新的传媒格局尚未完全建立,新媒体尽管发展迅速,但尚未完全独自承担起历史赋予的重任,特别是在事关地方公共利益的问题上,出现了传媒真空地带。现在正是一个新闻业面临转型的重要抉择关头,"如果选择正确,将会产生事半功倍的益处"。不论媒体形态如何演变,"最重要的、问题的核心是独立、原创、可信的报道应得以延续"。

报告不仅提出了重建新闻业中媒体责任的重要性,更是指出这种责任需要政府、社区新闻业提供财力支持。行使监督职责的新闻报道尤其需要多样化的新闻来源和可靠的财力支持。如今人们不再指望市场提供这些东西。《重建美国新闻业》认为,对当权者行使监督职责的新闻报道一直是美国民主生活的重要组成部分,但如今新闻业面临风险,而美国社会现在必须为支持新闻报道承担一些集体责任,可通过慈善、补贴和政策扶持的不同方式来给予支持、拯救或提携任何特殊的新闻媒体(包括报纸)可能不是绝对必要的。最重要的是保留独立、原创、可信的报道,无论赢利与否。

社区应有多样化的新闻报道来源。它们应该包括彼此间既竞争又合作的商业和非营利的新闻机构,使传统的新闻形式适应多媒体和数字通信系统的互动能力。报告建议对这种新闻报道模式提供多种公共支持:

> 国内税收署或国会应该明确允许地方新闻机构作为非营利或低利润实体来运营;慈善家和基金会应该大幅提升对地方新闻报道的支持力度;创建一个国家级地方新闻基金会;政府、非营利组织和记者应该充分利用联邦、州及地方政府收集的公共信息,利用数字工具对这些信息进行分析,并在新闻报道中使用这些信息①。

如前所述,《重建美国新闻业》是在金融危机肆虐的情况下问世的,但从根本上看,它是处于转型期的美国新闻业对于当下和未来自身的传统价值

---

① 唐尼,舒德森.找到新闻报道的新模式[N].华盛顿邮报,2009-10-19.美国探寻新闻报道新模式.参考消息,2009-10-21(6).

标准、运作机制和发展前景的忧虑和思考。由于报告内容十分庞杂，提出的问题亦很宏阔，对我国新闻业发展所带来的启示应该是多方面的。以下就报告中所提出的一些问题并结合中国媒体的发展特点，在传媒功能和新闻报道的内涵方面谈谈我们的看法。

二、重新审视传媒的性质和功能

关于传媒的性质，西方学者早已有明确的表述。美国学者勃莱纳在《报纸的特殊地位》一书中说，报纸有两重性：报纸一方面是一种以营利为目的的经济制度下的私营企业，另一方面报纸也是在我们民主社会和政府能够顺利存在下去的情况下必不可少的一种多元性质的事业。另一位美国学者甘塔尔在《新闻学探微》一书中指出，报纸既是一种社会组织，又是一种商业组织。读者希望于它的是为社会服务，股东希望于它的是能够赚钱。还有两个美国作者伯德和梅尔文在《报刊与社会》一书中写到，报纸以及其他大众传媒有两重性：一方面是商业企业，另一方面具有社会职能。报纸必须表明它能够按照资本主义经济的规律来经营，并且仍然能够供给公众以准确可靠的消息和公正的评论。① 但是在金融危机的形势下，报业生存成为首要难题，遑论公共事务？于是上述这些对媒体性质的经典认识，发生了微妙的改写。《重建美国新闻业》在反复强调媒体的社会服务功能和面临金融危机冲击下传媒业经营举步维艰的前提下，提出了媒体是一个公共事业，应当享受和艺术、科学等公益事业一样的社会慈善捐助的待遇，接受不影响其独立、客观、公正前提下的来自政府的支持和保护。这些观点值得我们深思。我们知道，自20世纪以来，美国新闻业的体制主体是典型的商业体制，实行完全的自由市场经济模式，这种状况在20世纪后期的20多年里，由于自里根以来的美国政府奉行新自由主义经济政策，从而达到了运作的顶峰，也造就了美国新闻业表面的繁荣。但是，取代了凯恩斯主义的新自由主义经济理论和实践，在给美英带来产业成功转型、滞涨危机缓解、经济短暂复苏和繁荣的同时，也给金融危机埋下了伏笔。20世纪90年代初出台的"华盛顿

① 童兵.比较新闻传播学[M].北京：中国人民大学出版社，2002：70.

共识”,标志着新自由主义最终蜕变为美国国际金融垄断资本集团的意识形态和政策。而当下肆虐全球的金融危机的根源,就是来自国际金融垄断资本贪婪的基本特征。

面对金融危机,美国政府不得不出面干预,2008年布什政府推出8500亿美元救市国债计划,2009年奥巴马上任后,又推出7870亿美元救市国债计划。正是在这一背景下,《重建美国新闻业》提出了政府和国会应该资助新闻业,特别是资助负有提供地方新闻和公共新闻责任且日益衰退的传统报业,把新闻业当作公益事业甚至是慈善事业来经营。这种对媒体具有社会公益事业性质的强调和对社会、政府、国会资助新闻业的呼吁,细心的读者如果对“报纸必须表明它能够按照资本主义经济的规律来经营”的观点加以比较,会发现其对新闻业的性质和功能的认识和表述,已经发生了微妙的改变。

这场波及全球的金融危机给我国经济也带来了前所未有的困难和挑战,2008年下半年以来,整个经济增长下行的压力明显加大,GDP增速减缓。2009年上半年我国国内GDP增长为7.1%,广告市场增长为13%,广告再次实现两位数增长。根据对CTR上半年的数据分析发现,2009年上半年我国电视、电台、杂志广告总花费额同比均有不同幅度上涨,而报纸广告则比2008年同期出现3%的下滑。① 央视市场研究机构CTR针对2009年全年报业市场的各类监测数据显示,2009年,我国广告市场整体增长率达到13.7%,而报业的增长率为9.4%。有专家预测我国“2010年的报业将会保持增长的态势,但总体上很难与广告市场同步增长。尽管2009年报业广告呈现增长,但从未来趋势看,3年—5年后,报纸广告将进入缓慢增长的周期,并逐渐进入平台期,两位数的年增长率将成为报纸广告的一道槛”②。

可以肯定的是,在金融危机和新媒体双重挤压下,今后中国报业纸质媒体发展会继续呈现增长缓慢,但难改向下的态势,这给我国新闻业提出了严峻的问题,即未来的新闻业究竟走向何方?我们知道,在我国,报纸,特别是

---

① 中国广告协会网.上半年传统媒体广告市场达3651亿[EB/OL].(2009-08-03).http://www.cnadtop.com//news/industryVision/2009/8/3/53b03056-16fd-4949-80a1-9af97f398e8.htm.

② 牛春颖.2009报业广告状况或成今年预演[EB/OL].(2010-02-02).http://www.chinaxwcb.com/2010-02/02/content_188772.htm.

党报，担当着主流媒体的角色和任务，报道新闻、引导舆论，是报纸的主要功能。从经营和技术层面来看，报纸在采写和传播新闻方面所具有的诸种优势，如深厚的新闻意识沉淀、优质的新闻采编队伍、相对低廉的新闻采编成本等等，是报纸担当新闻传播主力军的重要原因，面对报业的衰退，我们应当重新审视媒体的性质和功能，即：在社会主义市场经济形势下，媒体既是一个重要的产业，即传媒产业，但更是一个新闻舆论工具，一项公共事业，它的主要功能是报道新闻，引导舆论。这个表述不只是适用于报纸，也同样适用于广播、电视和新兴的网络与手机等新媒体。如果我们能取得这样的共识，那么"新闻立台""新闻立网"的理念就应该深入人心，那么这种理念就应该切切实实地付诸传媒业的实践。

联系当前我国新闻出版体制改革，90%的报刊都要改制为企业，我们没有理由因美国新闻业的萧条而对我国90%的报纸将被推向市场感到忧虑和恐惧，但《重建美国新闻业》可以为中国报业发展提供一个镜鉴。《重建美国新闻业》指出，"报纸是绝大多数本地新闻的来源"，在报业萧条的大背景下，"这就是为什么本地新闻比全国、国际新闻或者调查报道面临更大危险的原因"。① "即使在他们最好的年份，多数商业电视台的新闻记者数量都远少于当地报纸。"所以"电视和广播不能弥补报纸新闻报道缩减后的空白"。②《重建美国新闻业》报告里反复强调的是如何更多地报道"地方新闻""公共新闻"，"独立、原创、可信的"报道如何得以延续的问题。反观我国这场新闻出版体制改革，我们不仅要关注媒体从事业向企业身份的转变、报业结构的调整以及报纸数量增减的问题，这些问题可能是有形的、显性的，我们还应当关注"公共新闻""地方新闻"的报道趋势问题，既有的、合理的新闻价值观是否得以秉承的问题，这些问题可能短时间内是无形的和隐性的，对公共事务和地方新闻的报道不能因这场变革而削弱，而是应当加强。

确定公益类报刊与经营类报刊两大主体，无疑将促进我国报刊业的进一步发展，不仅可以适应社会发展，而且可以服务社会公益。需要注意的是，公益性报刊，不是分类名称上带"公益"二字就是公益类报刊，而是要真

---

① 唐尼，舒德森.美国新闻业重构[J].杨晓白，译.青年记者，2009(34)：78.

② 唐尼，舒德森.美国新闻业重构[J].杨晓白，译.青年记者，2009(34)：80.

正关注公共问题，服务社会公众，维护公众利益。

公益类报刊不能因有国家政策或财政上的支持，不参与市场竞争，就可以高枕无忧，养尊处优，不思进取，而将服务社会公众的使命置之脑后，忽视办报质量。公益类报刊虽然数量上不占多数，仅有10%左右，但在正确的舆论导向和服务社会公众方面要发挥表率作用。要谨防和杜绝假借“公益”之名，牟取暴利的行为。

经营类报刊在成为真正的市场主体之后，也并非与“公益”无关，也要坚持正确的办报方向，确保新闻报道的优良品质，要谨防和杜绝以牺牲正确的舆论导向或以低俗的内容来换取市场利益的做法。经营类报刊也只有多关注与读者利益密切相关的公共问题，不断提高办报质量，才可能赢得读者的青睐，才可能确立自己在报业市场的权威地位。

总之，无论是公益类报刊还是经营类报刊，都要加强对地方新闻和公共事务的报道，当地方新闻和公共事务报道一旦出现薄弱的情况，无论公益类报刊还是经营类报刊，党委、政府都要根据实际需要，采取必要措施对其予以引导和扶持。

三、重新审视媒介融合背景下新闻报道的内涵和功能

《重建美国新闻业》探讨的问题不仅发生在金融危机的背景下，也发生在新媒体迅速崛起，媒介融合已成传媒业发展的大趋势这一大的背景下。《重建美国新闻业》开篇即写道：“这是一个主流报纸和电视迅速让位于在收集和发布新闻方面更为高效的新媒体的年代……但在可预见的将来，报纸和电视新闻不会消失。但是在迅速变化的数字新闻世界中，它们将会变得较先前弱势，新闻报道的方式正在被重新定义，新闻的属性正在被重构，新闻报道正在被通过更多和更多种的新闻组织——新媒体或传统媒体——发布出去。”①“如今不仅是报纸和商业电视在做新闻，新兴的在线新闻组织、非盈利性的研究项目、公共广播电台、大学里的新闻组织、由市民参与的社区新闻网站、博客也在做这件事情。总之，他们正在创造的不仅是更多样的独

① 唐尼，舒德森.美国新闻业重构[J].杨晓白，译.青年记者，2009(34)：79.

立报道方式，而且是对新闻的不同定义。"[①]上述文字，描述的是媒介融合趋势下新闻报道的新变化。媒介融合的表现特征很多，"从世界范围观察，可以描述为传播工具的泛媒介化，传媒形态的全媒体化，传媒业态的多媒体化，融合取向的新媒体化和运作模式的跨平台化"。[②] 媒介融合所表现出来的这些基本特征，使得一切用来传递、传输信息的工具都在被试图用来介入传播信息，被试图用来充当一种传播工具，这些年来移动通信通过短信和视频的方式介入新闻传播领域，其影响之大和占有受众市场之迅速，完全超出了人们的想象。在媒介融合的背景下，传统媒体开始接纳所谓的网上传播的草根个性。由 Web2.0 带来的信息传播变革，改写了传统的传受分离的二元传播模式，放大了博客、微博客等新的传播形式的草根个性，新闻报道的定义被重新改写，新闻报道的内涵和外延在不断地丰富和扩大。从 20 世纪 90 年代兴起，到 21 世纪繁盛的民生新闻，就是新闻媒体扩大新闻报道内涵和外延的生动表现。随着新媒体广泛地运用于新闻报道领域，新的新闻报道理念和方式会不断出现。新媒体所具有的双向性、便携性、海量传播、草根民主等特点，无疑会催生包括网民在内的广大用户的自主意识，而这种自主意识的唤醒会逐渐带来公众对于公共事务的关注和参与。在这个意义上产生的公共新闻，将会以一种新的新闻报道理念和方式发展成为一种新的新闻报道领域。这种新的新闻报道"对于社会就像干净的空气、安全的街道、好的学校和公众健康一样重要"。[③]

问题是，这种公共新闻报道，假若能在我国获得取代日渐式微的民生新闻的地位的话，将不可避免地会遇到下列问题：

1.公共新闻的大量出现，将加大新闻政策管理的成本，继而会加大政府的管理成本

把握正确的舆论导向，是党和政府要求我国新闻传播事业的一项最重要的任务，它以新闻工作要坚持党性原则，服务人民，服务于社会主义事业，服务于党和国家的工作大局的基本方针作为基本要求。而对于网络媒体的

---

① 唐尼，舒德森.美国新闻业重构[J].杨晓白，译.青年记者，2009(34)：77.

② 陆小华.媒介融合背景下的新闻报道研讨会发言[EB/OL].(2009-12-07).http://blog.sina.com.cn.

③ 唐尼，舒德森.美国新闻业重构[J].杨晓白，译.青年记者，2009(34)：78.

舆论导向管理，其难点在于，既不能完全采取简单的封堵措施，也不能任由其自然发展，这种管理需要针对新媒体环境的特点，采取迅速、正确的应对与引导措施。我们不难发现：近年来网络媒体在对一些带有公共新闻性质的事件的传播中，表现出了问题的两面性。从正面的角度来看，网络媒体对孙志刚事件、“周老虎”事件、“躲猫猫”事件等的揭露和报道，树立了社会正气，有力地发挥了舆论监督的作用，为相关法规的废立提供了舆论先导。而从负面的角度来看，网络和手机媒体在监管方面的不力和薄弱，也导致一些网民和用户利用网络和手机短信传播一些不负责任的信息甚至违反法律的言论。互联网络的强大搜索功能，使得“人肉搜索”大行其道，侵犯公民隐私权利，以诽谤、诬陷、造谣等手段形成的“网络暴力”，也以极端的方式在培养着“网络暴民”意识。一些网民的非理性言行和网络“把关人”缺位或应对不当，是造成网络、手机新闻报道公信力薄弱的主要原因。新媒体是报道公共新闻的主要传播渠道之一，如果监管、引导不力，将有碍于公共新闻在我国的良性发展，加强对网络、手机媒体的监管和引导，新闻管理部门和政府有关部门的管理成本无疑会加大。

2.公共新闻的良性发展，仍旧需要有像传统媒体那样组织严密、专业精湛、经费充裕的新闻报道组织机构来支撑

这是因为，“在互联网时代，每个市民都能够收集信息、提供调查和分析。即使传统的新闻组织一起消失，信息、调查、分析和社区内的沟通交流也不会消失。但我们必须意识到，我们需要的不仅是信息，还有新闻对于公众议程和普通受众的判断趋向的引导。很多报道、分析和调查都必须由具备稳固的组织支持，包括资金、后勤和法律服务作为强大的后援的有经验的专业记者才能完成，只有他们才能把高质量的报道成果展示给大众”①。新技术革命，使得新闻信息传播越来越便捷，传播范围越来越广泛，可以说传播新闻信息，已不是难题，关键是如何传播的问题，同样一条新闻信息，可以有多种表达方式和传播途径，但传播的品质与效果会有差异，新闻传播也会直接或间接地传达一定的价值观念，正是这样，组织严密的新闻报道组织和

---

① 唐尼，舒德森.美国新闻业重构[J].杨晓白，译.青年记者，2009(34)：78.

专业的新闻工作者,在媒介融合的新形势下,同样是不能被忽视的。上述的孙志刚事件等都是在报刊、广播、电视等传统媒体的介入下,才获得社会和政府相关部门的关注和解决的效果。而长期以来传统媒体对于公共新闻的忌讳或回避,是造成公共新闻没有获得顺利发展的一个重要原因。

综上所述,无论如何,新媒体的发展步伐不仅势不可挡,而且愈来愈快,媒介融合已经从理论探讨变成媒介的实践,由新媒体催生的受众参与新闻传播的热情,由新的新闻传播理念、渠道和方式催生的草根意识、民主意识,都在孕育着公共新闻的诞生和壮大,都在孕育和催生着新闻报道的变革。问题是在当下我国处于社会转型时期的新闻媒体、政府和社会是否意识到了这场变革？如何应对这场变革？

四、结语

细读《重建美国新闻业》,它给我们所带来的,远远不止上述两点启示,它带给我们的不是隔岸观火的侥幸,也不是兔死狐悲的同情,更不是妄自尊大的盲目,它带给我们的是忧患,是机遇,是挑战。在全球化的浪潮面前,任何一个国家、一个社会、一个行业、一个组织,甚至一个个人,都会面临着来自政治、经济、文化、传播等方方面面的变革,顺势而动,与时俱进,这是以胡锦涛为总书记的党中央面对急剧变革的世界局势,提出的建设中国特色社会主义事业的基本策略。面对《重建美国新闻业》所描述的美国传媒业的危机和挑战,我们应引以警觉,作为借鉴。而对于由社会制度和传媒体制的不同所引发的不同情况和后果,我们也要有清醒的认识。对于美国重建新闻业的努力,我们也要根据我国的实际情况,加以学习借鉴,其目的是促进具有中国特色社会主义新闻事业的健康发展。

(本文由笔者和吉林大学文学院副教授严俊合作撰写,原载于《新闻与传播研究》2010 年第 4 期,人大复印报刊资料《新闻与传播》2010 年第 8 期全文转载)

金融危机背景下美国媒介批评新动向研究

摘要:2008 年发生的金融危机对美国经济、政治和社会产生了巨大的影响。近期,美国两党债务谈判和主权信用评级下调更是成为全球舆论焦点。在此背景下,美国媒介批评出现了新的动向:在高度关注金融危机背景下美国媒体报道的价值取向的同时,媒介批评充满政治和党派争论,密切关注美国经济和社会未来的走向,针对现实问题展开批评,反映出当前美国的社会思潮。美国媒介批评之所以具有上述特点和优势,是由其民主政治体制所决定的,媒介批评对金融危机背景下的美国传媒业有着强大的制约力。

关键词:美国;金融危机;媒介批评

媒介批评是根据一定社会和阶级的利益与理想,并按照一定的标准,对大众传播活动所做的价值判断和理论鉴别。近年来,媒介批评日益受到学界和业界的关注,相关著作和论文也日渐增多。如刘建明的《媒介批评通论》(中国人民大学出版社 2001 年版)、王君超的《媒介批评的现状、机遇与挑战》(《今传媒》2005 年第 10 期)、谢静的《美国的新闻媒介批评》(中国人民大学出版社 2011 年版)等,目前的研究成果多见于新闻传播学、文艺学和社会学领域。而媒介批评对经济、政治的密切关注,决定了它在学术上的交叉性和复杂性。因此,本文意在从经济、政治这两个制约媒介批评发展的基本因素出发,通过对金融危机现实背景下美国经济政治生态变化的分析,对美国媒介批评新动向进行研究,以案例的形式分析美国媒介批评方式和价值取向、媒介党派争论及其所反映的美国当前社会思潮,并借此探究金融危机期间美国媒介批评更趋活跃的原因和对转型中的中国社会开展媒介批评的借鉴意义。

一、金融危机对美国政治生态产生深刻影响

2008 年,美国发生了由次贷危机引发的金融危机。这场被视为 20 世纪 30 年代美国经济大萧条之后最为严重的金融危机,其“深层次和长期的影响是它对美国和全球实体经济的冲击”①。它不仅给美国经济带来了巨大的破坏,而且引起了世界范围内的经济动荡。近期,为缓解金融危机和财政赤字而大举借债的美国债务危机白热化。美国两党债务谈判、债务上限法案通过以及主权信用评级下调更是成为波及全球经济问题的舆论焦点。金融危机及其不停息的“余震”,对美国的政治生态产生了深刻影响。

1.提倡政府干预的救市“新政”得以实施,“驴象之争”因金融危机而更加尖锐

在美国,国家经济状况一向是影响政治生态和总统选举的主要原因之一。使美国经济得到持续繁荣以获得连任的克林顿就是最好的例子。在 2008 年的美国总统选举中,金融危机极大地冲击了大选选情。民主党和共和党激烈政治角逐中的竞争焦点,就是如何应对金融危机,以及未来在美国实行什么样的经济政策。新自由主义经济理论指导下的美国资本主义市场经济,在里根执政时期得以极大自由地发挥。里根主义认为:经济应该相对独立于政治,经济领域发生的问题主要应该由市场自身调节,政府不应该有过多的干预。然而,金融危机产生的严峻局势和负面影响改变了美国人的想法。“从政治意识形态上说,罗斯福主义或将重新替代流行已久的里根主义……危机的总爆发,让美国民众和精英开始认真反思市场原教旨主义的弊端,政府的必要作用将得到积极认可。特别是在危机之下,政府动用资源的能力对市场进行监管的能力,都会得到非常大的提升。”②由于布什政府接连推出救市措施但收效甚微,选民将金融危机归咎于布什政府错误的内外政策,共和党总统候选人麦凯恩的选情也因此大受影响,民主党总统候选人

---

① 刘昊虹.金融危机对美国对外贸易的影响及其传导[J].当代财经,2009(2).

② 宋国友.美国金融危机的政治后果[J].党政论坛(干部文摘),2008(11).

奥巴马持续拉大领先优势。① 2009年，奥巴马当选总统，民主党所强调的政府干预与“新政”的影响力日益成为主流。

2.当选后的奥巴马政府备受诟病，新一轮政治斗争愈演愈烈

面对金融危机与美国经济的持续低迷，奥巴马政府采取了一系列挽救经济的措施，包括7000亿美元救市计划，对华尔街进行监督和整治，打击垄断集团，提出医疗改革，等等。然而，这些举措没能使美国经济从金融危机的阴影中走出来，主张政府在经济生活中角色最小化，让市场自身调节经济，并最大限度保护个人自由的保守派甚至指出，奥巴马政府的这些举措是在搞“社会主义”。由于对金融危机的挽救不力等多种因素，奥巴马在美国国内的支持率不断下降。在2010年的美国中期选举中，共和党赢得了众议院控制权，而民主党仅以微弱优势保住了参议院控制权。同时，靠不断借入外债缓解经济危机的举措，终于导致今年爆发了严重的债务危机。虽然陷入僵局的美国两党债务谈判以债务上限法案的通过告终，然而一些媒体和专家认为，法案的通过对于两党而言“没有赢家”，标准普尔随即下调了美国主权信用评级。民主党执政时期的经济和政治动荡，使得美国未来的政治局势扑朔迷离，两党内的不同派别所持的政治观点日趋多元化，各种论争相互交织，美国政治呈现出更加复杂的局面。

二、金融危机背景下美国的媒介批评出现新动向

金融危机和美国政治生态的改变，带来了美国社会热点问题的转变，新闻报道和媒介批评也随之出现了新的动向。本文以美国媒介批评机构——“公正和精确报道组织”(Fairness & Accuracy in Reporting，FAIR)的网站内容为例，探讨金融危机背景下美国媒介批评出现的一些新现象。

“公正和精确报道组织”总部位于美国纽约，成立于1986年，是一个全国性的媒介监督组织。它的主要工作是针对媒介的偏差现象及审查制度提供有具体资料作为根据的批评。通过批评那些置大众的利益、少数的、不同

---

① 陈向阳.美国金融危机的战略影响[EB/OL].(2008-10-20).http://www.people.com.cn.

的意见于不顾的媒介行为，彰显美国宪法第一修正案的精神，它的基本立场是相信独立、批判的媒介是发展民主的必要条件。①

FAIR 的网站（http://www.fair.org）作为非政府组织（NGO）性质的行业外媒介批评网站，通过电子杂志（*Extral*）、在线广播（CounterSpin）以及与媒介工作者的接触和对话等一系列方式展开对媒介的监督和批评，影响力巨大。2008 年 9 月，FAIR 网站开通博客（FAIR Blog），聚焦于新近的网络新闻事件和评论，致力于第一时间发布有影响力的评论文章。在网络时代，FAIR Blog 显示出时效性更强、覆盖面更广、参与的媒体工作人员更多、观点更加多元等特点，已经成为 FAIR 最重要的栏目之一。在金融危机爆发之后，美国媒体及时就金融危机中的美国经济、政治局势和所受影响进行了一系列的报道，以 FAIR 为代表的媒介批评组织和机构，也展开了对金融危机背景下的美国媒体关于经济和社会发展报道的持续批评和反思，具体表现为以下几个方面。

1.高度关注金融危机背景下媒体的报道方式和价值取向

媒介批评的一大职能就是监督媒体在传播行为中的偏见，保证新闻报道的客观公正性。2011 年 9 月 19 日，奥巴马公布了所谓的“巴菲特规则”（Buffett Rule），其内容是提高针对年收入超过 100 万美元的美国家庭的税收。9 月 26 日，FAIR 在《奥巴马的计划等于阶层战争？——NBC 对一位亿万富翁的访谈》一文②中，对近来被热烈论辩的税收问题在美国媒体报道中的表现进行了分析。文章认为，NBC 在其节目中单一地从纽约市长（同时也是大富翁，他在访谈中表示，税收的对象——中产阶级、富有、贫穷是“很难定义的”）获取观点的这种报道方式不可取，如果媒体真的参与对问题的谈论，至少也应该邀请其他阶层的代表发言。

税收作为金融危机背景下的全民性的敏感问题，近来在美国媒体报道中被反复提及。身处政府和纳税人之间，媒体在对于税收和相关阶层问题的报道中，只有真实客观地传播信息和观点，才可能会对经济不景气情况下

---

① 雷跃捷.媒介批评[M].北京:北京大学出版社,2007:98-99.

② 哈特・奥巴马的计划等于阶层战争？——NBC 对一位亿万富翁的访谈[EB/OL].(2011-09-26).FAIRblog.

政策的制定起到积极影响。作为主流媒体的NBC对采访对象的选取过于单一这种隐性且极富有偏向性的行为，实际上间接地支持了这场论辩中的一部分人。因此，文章尖锐地指出了这种不妥的报道方式和明显带有偏向性的媒体行为。

除此之外，金融危机背景下，社会敏感事件中美国媒体的“沉默”也是媒介批评的对象。当地时间9月17日，上千名示威者在美国华尔街金融区参与了“占领华尔街”的行动，表达对美国金融体系的不满，以此反对美国政治的权钱交易以及金融寡头对美国政治、经济的垄断支配，掀起了纽约近年来规模最大的一次游行示威活动。在这场被预计将有两万人参加的“愤怒日”示威活动中，针对美国主流媒体的“沉默”，FAIR在其“媒介警示行动”(Action Alert)的《假如茶党占领华尔街？——媒体在“反企业”抗议中的缺席》[①]文章中写道，示威者在金融区的自由街安营扎寨数日，但我们却没有在一些媒体或其他渠道中看到这些报道。在ABC、CBS和NBC的网络新闻资料库中，我们什么都搜索不到。

在金融危机、经济衰退、社会问题和矛盾不断滋生的大环境中，美国的主要新闻媒体比其他媒体更具影响力。因此，对新闻事件的报道中，合理进行议程设置不仅是其日常工作，更是其非常重要的社会监督和舆论引导行为。通过对消息来源和报道题材的取舍选择，引导、转移公众对特定议题的关注，实际上反映的是媒体自身的价值取向。而在“占领华尔街”事件中，主流新闻媒体的“沉默”，与其背后政治、经济利益的操控密切相关。

2.媒介批评充满政治和党派争论，在批判现实的同时密切关注美国经济和社会未来的走向

2009年，面对金融危机对美国经济的巨大冲击，民主党奥巴马当选美国总统后采取了一系列刺激美国经济发展的改革举措。然而，美国经济并没有像他竞选时承诺的那样获得明显的好转，美国民众对政府的不满情绪日渐上升，对奥巴马政府及其政治观点的批评声也越来越响。关于美国未来的发展之路怎么走，民主党和共和党之间历经多次谈判，但存在着巨大的分歧。

---

① 假如茶党占领华尔街？——媒体在“反企业”抗议中的缺席[EB/OL].(2011-09-23).FAIRblog.

民主党和共和党的争论激发了美国媒体对于当前美国经济、政治和社会问题的大讨论，关于什么才是美国社会当前的最重要问题，以及如何解决经济衰退和社会问题，媒体各界人士众说纷纭，莫衷一是。2010 年 11 月 24 日，FAIR 特约评论员皮特·哈特在《马特·白：自由派亦知自由主义的失败》[①]一文中，引用民主党民意测验专家斯坦格林伯格关于美国未来自由运动的调查结果，驳斥了纽约时报记者马特·白认为财政赤字是当前美国最重要社会问题的看法。他指出，马特·白单单就一项调查的一个数据引申出赤字削减、政府开支和税收问题是当前美国社会的主要问题，这个结论不仅和其他调查结果相矛盾，而且是错误的。如果仔细分析就会发现，财政赤字虽然是一个重要的问题，但"在问及轻重缓急时，赤字显然并不是选民最关心的问题"，"选民对基础设施重建的关心远远胜过了削减赤字"，"美国复兴需要一个能够提供良好工作机会和教育的政府，从而为中产阶级服务"。这篇文章指向明确，批评性强，丝毫不回避当前美国社会的焦点和敏感问题，运用调查结果和数据说话，反映出美国民主党和共和党的"大政府""小政府"之争在金融危机影响下对美国经济、政治和选民观点的影响。

文中提到的财政赤字、失业人数众多以及政府开支巨大等问题，正是一直以来民主党和共和党争论不断的核心问题。民主党认为，美国金融危机是经济过度虚拟化和自由化后果的集中反映。放任的资本主义经济导致了严重的贫富不均、高失业率等一系列其他问题，美国社会不平等现象都是这种市场原教旨主义思想产生的恶果。在金融危机的背景下，这一系列的不合理与不公平被严重激化，导致了国内社会矛盾升级，极大地影响了社会稳定和经济发展。因此，美国社会的急迫问题不仅仅是解决财政赤字，更需要经过一系列的经济刺激计划，全面解决经济衰退和社会不平等。而这些问题在当前美国已经达到了非常严重的程度，远不是市场自身所能调节的。因此，政府必须出面，以"大政府"式的改革措施，通过运用行政权力干预经济走向，才是解决全国性问题的根本途径。

而奉行"小政府"主义的媒介批评人士严厉斥责了这种论调，他们认为，奥巴马无限扩大政府权力，使得美国的现实状况是：政府机构臃肿、效率低

---

① 哈特.马特·白：自由派亦知自由主义的失败[EB/OL].(2010-11-24).FAIRblog.

下、开支巨大，国家财政赤字严重，类似“机场摸身安检”之类的政策严重伤害公民的个体自由。如果按照民主党的“大政府”思路指导美国社会，实行诸如全国医疗改革这样的政策，将财政预算投入在错误的地方，根本无益于解决美国当前的问题，只会让国家经济状况更加糟糕，使未来的美国陷入困境。

3.对金融危机背景下的美国社会各方面现实问题展开批评和反思，反映了美国当前的社会思潮

2008 年美国金融危机爆发之后，FAIR 大量发布了关于金融危机的媒介批评文章。在此背景下，伊拉克战争、环境污染等原热点问题退居次要，对海外问题的关注度有所降低。在 FAIR 的主页上，媒介批评指向金融危机、财政赤字及其引发的美国经济衰退和政治、社会等多方面的现实问题。

美国《纽约时报》和哥伦比亚广播公司新闻频道 9 月 16 日公布的联合民意调查显示，奥巴马的工作认可度支持率再度下滑，跌至 43%；不支持率继续上升至 50%；就奥巴马提振经济的总体表现，40%的调查对象表示认可，但反对者达到 53%；调查对象中，认为眼下美国经济“比较差”的比例占 39%，“非常差”的比例达 47%。后一个数字是 2009 年 4 月以来同一民调项目的最高值。72%的美国人支持“国家正运行在错误轨道上”的观点。[①]

民意调查数据反映出当前美国社会舆论的总体特点，即金融危机引发的诸多全国性问题持续发酵，最终酿成了当前美国社会民众高涨的不满情绪。这反映出的是复苏经济成为美国全国的中心议题，以及政治保守主义思潮的回暖。这些思潮在媒体批评中，表现为大量文章开始反思金融危机和美国的经济和政治政策。

对于金融危机和经济政策的批评与反思是大量媒介批评的首要议题。美国 ABC 电视台在今年 2 月 28 日开始播出一个“美国制造”的专题节目，主要内容是寻找美国人日常生活中的“美国制造”，并鼓励美国人购买本土生产的商品以创造更多的就业机会。为了缓解金融危机造成的高失业率，过去几年内美国一直严格控制其进口量，以创造更多的工作机会。ABC 的报

---

① 奥巴马支持率再下滑[EB/OL].(2011-09-18).http://www.people.com.cn.

道称，现在美国一半以上的产品依赖进口。如果一个美国人一天花费 18 美分在美国制造的产品上，这样就能创造出 20 万个工作机会。3 月 2 号，FAIR 发起一项“媒介警示行动”（Action Alert），题为《ABC 近期的系列节目“美国制造”是“虚伪的”》。[①] FAIR 称：“昨晚，美国广播公司主播黛安·索耶就“美国制造”系列节目至今收到的反馈意见向观众表示感谢。这表示 ABC 对观众的言论和意见非常感兴趣。请在评论中留下你给 ABC 的留言，或对这次媒介警示行动的想法。”在网友们的留言中，对于“美国制造”是否能起到复苏经济的作用存在着多元的看法。有网友认为这种呼吁有利于改变人们的购买方式，对于创造就业机会有益；更多的网友表示，ABC 的东家迪斯尼集团本来就是跨国大公司，在今天经济全球化的大背景下，购买美国产品不是解决困境的出路；还有网友认为，媒体单纯谈论公民在经济复苏中的个体作用，闭口不谈政府的责任，根本没有抓住问题的要害。

而政治保守主义思潮的逐渐回暖也成为媒介批评的重要议题。2011 年 FAIR 第一期电子杂志 *Extra!* 的专题文章包括：《奥巴马会不会走克林顿的老路》《民主党在媒体的“赤字测验”中落败》《〈今日美国〉把矛头指向政府公务员》等。从这些文章的标题可见，FAIR 近期的关注焦点集中在金融危机影响下美国财政赤字严重、民主党中期选举惨败后的政党变化、政府机构臃肿办事不力等议题。其中，封面故事《奥巴马会不会走克林顿的老路》恰恰是在美国中期选举过后，针对民主党的政治困境，探讨奥巴马是否会走上克林顿的老路，寻求与共和党温和派达成妥协，并以一种渐进的方式推行各项改革的可能性。

三、金融危机期间美国媒介批评更趋活跃的原因

美国媒介批评之所以具有上述特点和优势，是由其民主政治体制所决定的。媒介批评对金融危机背景下的美国传媒业具有强大的制约力。

在华盛顿的美国新闻博物馆墙壁上，镌刻着美国宪法第一修正案的全文。1791 年颁布的美国宪法第一修正案规定：“国会不准制定有关下列事项

---

① ABC 近期的系列节目“美国制造”是“虚伪的”[EB/OL].(2011-03-02).FAIRblog.

的法律,即确立一种宗教或者禁止信仰自由;限制言论自由或出版自由;或限制人民和平集会的权利以及向政府请愿的权利。”①美国新闻理论和实践的基石是宪法第一修正案,核心是言论出版自由,新闻自由是美国民主的基石。在这种法制和理念指导下的媒介批评自由而开放,是新闻自由理念在此领域的反映。因此,美国媒介批评发挥着对“第四权力”的监督作用。作为新闻传播活动非常重要的组成部分,以 FAIR 为代表的媒介批评组织不仅力争言论的自由和丰富,纠正新闻传播实践中的消极负面现象,保证新闻专业主义精神得以弘扬,而且作为维护民主体制的重要途径,通过对社会发展中各种思潮和各类问题的批评,实现自身的价值。

美国的民主政治体制造成了媒介批评的繁荣,反之,媒介批评的兴盛又监督和守望着媒体,让媒体向着更为健康、公平、正义的方向发展。如果说媒体是社会前进的守望者和历史草稿的书写者,那么媒介批评在社会发展中所起的作用,就不仅仅是书写和守望,更是发展中的反思者和媒体自身的观察员。FAIR 的宗旨是与媒介偏见和审查制度进行斗争。面对金融危机给美国经济、政治和社会带来的影响,FAIR 一方面秉承着独立、自由的媒介批评立场,不受经济利益和政党权力的控制,全面、平等地展开新闻、观点、意见的传播;另一方面,作为一个开放、批判的平台,FAIR 对于各党派、各方面的意见和观点兼收并蓄,将各领域专家、学者和媒介一线工作者的工作成果进行展示,通过多种渠道汇集新闻和评论,在金融危机的大背景下,形成对于美国未来走向的积极、开放的讨论与多元、深入的思考。

四、结语

西方传播学者十分重视大众传媒的功能。他们把大众传媒的功能归纳为监测环境、协调社会、传递文化遗产等。媒介批评,作为监测媒体的力量和手段,往往监测媒体是否发挥了这些功能并督促其履行社会责任。美国媒介批评在金融危机背景下所产生的新动向,是媒介批评作为监督媒介的“第四种”力量的最及时、最直接、最真实也是最鲜活的表现。媒介批评的有

---

① 雷跃捷.媒介批评[M].北京:北京大学出版社,2007:99.

力介入,使得本来就自由多元的新闻媒体报道,又增添了更为浓厚的批判色彩。我国目前正处于社会转型期,在取得经济和社会巨大进步的同时,社会热点和焦点事件也层出不穷。另外,经济全球化给我国经济和社会发展既带来机遇,同时也带来挑战,无疑,我国经济和社会发展已进入高风险的阶段。面对这样的情势,媒体如何有效发挥监测、协调沟通的功能,这是新闻媒体面临的艰难课题,也是政府和公众对媒体的期望。开展健康有效的媒介批评,动员公众介入对媒体的观察和监督,并在网络新媒体时代,通过自主地开展媒介批评,建立一个能反映媒体报道民意的公共平台,这对于匡正媒体的偏失,开展正确的舆论引导,提高公众的媒介素养,进而培育国民的公民意识,都是大有裨益的。正是从这个意义上讲,美国的媒介批评的表现,给我们提供了一面可供借鉴的镜子。当然,由于美国和中国的政治制度不同,意识形态不同,因此,两国的新闻报道体制也就有着很大的差异。反映在媒介批评领域,也就存在着认识和实践的不同。但是,从观察和研究美国媒介批评的最新动向中,我们可以得到许多可资借鉴的思想和经验。

(本文由笔者和中国传媒大学博士生薛宝琴合作撰写,原载于《江西财经大学学报》2012年第1期)

我国广播电视媒体公信力的受众认知调查与研究

摘要:广播电视媒体是主流媒体,代表当前我国社会的主流声音。广播电视媒体的公信力情况既是公众眼中的媒体形象,也反映出公众对媒体乃至政府的信任程度。本文以最新的数据调查结果为依据,从媒体属性、信息渠道和信息内容三个方面的媒体可信度情况,对当前我国广播电视媒体公信力的受众认知进行分析和研究,并提出对现实中存在问题的建议和对策。

关键词:广播电视媒体公信力;受众;认知

当今社会,媒体在信息传播和社会发展中所起的作用越来越重要,对于具有重要政治和社会意义的媒体公信力的关注,近年来也持续升温。目前,学界关于媒体公信力的定义尚不统一。本文认为,媒体公信力是媒体赢得社会公众信赖的专业素质和能力,存在于媒体与公众的互动关系中。具体说,从客观层面上看,媒体公信力是媒体自身具有的素质;从主观层面上看,媒体公信力是受众在使用媒体过程中逐渐形成的认识、体验与判断。因此,媒体公信力具有一定的稳定性,反映出媒体在公众心目中的地位,是媒体塑造品牌和影响力的核心因素,也是媒体生存发展的基础。

广播电视媒体作为我国的主流媒体,承载着重要的社会责任,其公信力往往是政府公信力的反映,代表了社会的主流声音。当前,由于国内外大环境和广播电视媒体内部自身因素的原因,我国广播电视媒体的公信力受到一定程度的影响。广播电视媒体想要提高自身的公信力进而提高自身媒体竞争力,就必须准确了解媒体公信力的评价主体——受众对于广播电视媒体的公信力的认知和评价情况,从而获得分析、判断乃至改进的依据。中国传媒大学以雷跃捷教授为课题负责人所承接的教育部人文社科重点研究基地重大项目——“我国广播电视传媒公信力研究”,于2009年6月至2010年8月,通过问卷调查、访谈调查等方法,选取具有代表性的区域和城市,进行了一次对我国广播电视公信力现状的调查。本项目的问卷调查采用配额抽样,根据性别和年龄(18~65岁)进行配额。经过访员的问卷发放,最后共回收问卷1341份,其中有效问卷1317份,占98.2%。课题组按照问卷中问题的逻辑结构,将调查结果分为我国受众对广播电视媒体的接触使用情况、广播电视媒体公信力认知、广播电视媒体公信力评价、重大事件的媒介公信力影响四个部分,分析了25道具体调研问题,进行了统计分析和分项研究。本文即是在抽取第二部分调查数据的基础上,对我国广播电视媒体公信力的受众认知情况所作的研究报告。

为便于广播电视公信力的量化调查,本部分的调查问卷使用了“媒介可信度”作为受众认知广播电视媒体公信力的核心概念。媒体可信度是新闻媒体及其传播的信息被受众所信任的程度,是判断媒体公信力的最重要依据。“公信力”与“可信度”这两个概念均来源于英文的“credibility”,从词源使用来看,“媒体公信力”或“媒体可信度”都可以对应“media credibility”这个英文表述。不过,媒体公信力和媒体可信度在中文使用中,含义和适用语境有细微的差别,目前研究者的使用情况都不尽一致。总体上,媒体公信力适用于宏观层面的意义,更强调媒体的权威性、影响力和美誉度;媒体可信度则强调新闻传播中,受众对媒体和信息信赖程度的认知和评价。一般情况下,媒介可信度与媒体公信力成正比关系。本文将媒体可信度和媒体公信力的关系界定为:媒体可信度是媒体公信力的量化和具体表现,以媒体可信度调查数据统计结果作为评判媒体公信力的量化指标。

媒体可信度可以从以下三个方面来考察:媒体属性、信息渠道和信息内容。本项调查对于广播电视媒体的可信度问题,即是从上述三个方面进行了总体指标和分项指标相结合的调查,既在总体上获得了被访者对广播电视媒体可信度的认知评价,又针对各类媒体在公信力核心问题,如时效性、客观性等方面的表现,分别对各级广播电视,各种类、各级别媒体,不同频道(频率),以及有代表性的栏目和节目进行了可信度的调查,由此勾勒出一幅当前我国广播电视受众对广播电视媒体公信力的认知图像。

一、当前我国广播电视媒体的可信度

媒体的可信度在一定程度上是以受众对于媒体的整体印象呈现出来的,它也以受众对媒体信赖程度的一种量化测量来表现。本文从受众的总体认知情况、各级媒体的可信度认知和媒体具体表现三个方面来分析当前我国广播、电视媒体的可信度。

1.总体认知

调查结果显示,不同的被访者虽然对当前我国广播电视媒体的可信度认知存在差异,但总体上,受众对当前我国广播、电视公信力的可信度比较满意,评价较高,广播媒体的可信度总体平均得分为7.00分(满分为10分),电视媒体的可信度平均得分为7.39分,电视媒体的可信度要高于广播媒体。

受众对广播和电视这两种媒体的认知上,对电视媒体的可信度评价更高,一方面取决于受众对电视媒体的依赖性更强,接触更为频繁。长期接触和使用在一定程度上培养了受众对媒体的忠诚度,虽然广播媒体也拥有自己的忠诚受众,但从总体趋势看,广播受众数量有所减少。对于大部分受众来讲,电视媒体不仅接触频繁,信息量也更大,总体上可以说,受众对电视公信力的认同度更高。

2.各级广播电视媒体的可信度

依据行政级别、覆盖范围和隶属关系,我国的广播电视媒体分为中央级、省级、地市级和境外四级。当前,中央级广播电视媒体的可信度在受众中具有普遍的高认同度,省级和地市级广播电视媒体的认知度相对较低,而境外广播电视媒体可信度评价普遍偏低。

中央级别的广播电视公信力普遍被受众认同,这与这些媒体在媒介市场中所具有的高收视(听)份额和多年积累的品牌效应等诸多因素相关,省级和地市级媒体在这些方面存在先天劣势。而境外媒体可信度低可能主要与被访者总体上对境外媒体的接触和使用较少有关。

3.受众对各级广播电视媒体可信度的具体评价

评价广播电视媒体可信度，具体可以从报道迅速及时、报道真实准确、报道全面完整、评论客观公正、信息量大、品位格调高、反映群众意见充分、有良好的监督功能这八个方面的表现来进行。对参与调查的被访者进行频数分析结果发现，中央级别的广播电视媒体在上述八个方面综合评价较高，省级广播电视媒体次之，地市级媒体在信息量、品位格调方面评价最低，境外媒体的统计缺失值较多，高认同人数相对较少（见表1）。

表1　各级广播电视媒体可信度综合表现评价得分频数表

	中央级广播电视	省级广播电视	地市级广播电视	境外广播电视
报道迅速及时	1061	822	561	507
报道真实准确	1028	771	542	387
报道全面完整	920	673	450	391
评论客观公正	872	633	413	315
信息量大	982	641	389	474
品位格调高	958	544	337	358
反映群众意见充分	714	558	426	282
有良好的监督功能	791	528	378	330

这说明，总体上广播电视媒体的行政等级与其新闻信息的生产、把关质量成正比。目前我国地市级媒体在竞争中由于生存压力等原因，虚假广告和媚俗节目给观众留下了负面印象，且原创新闻节目不足，导致总体评价较低，这是地市级媒体亟待改进的问题。不可否认，在广电媒介竞争的过程中，地市级广电媒体与中央级和省级广电媒体相比，行政级别低，资源少，风险大，新闻节目投入和产出比偏低。因此，选择综艺节目和大量播出电视剧成为很多地市级媒体规避风险、填充时段的共同做法。但事实上，地市级媒体自身的区位特点，使得它在获得地域新闻并进行深度信息挖掘和加工方面又具备独特的优势，比如，在对地区新闻的及时报道和对地区文化的解读以及独家专题的制作等方面，地市级广电媒体具有塑造独特媒体风格和打造特有节目文化符号的潜能。因此，摒弃盲目跟风、逐热式的抄袭模仿高收

视(听)率节目,将单纯的眼球经济思维和大而化之的媒体定位转换为进行对其自身媒体优势的深挖和发掘,从节目内容和节目形式两个方面做出特色,才能打造出地市级广电媒体不可替代的媒体名片,继而通过媒体品牌辐射其影响力,在竞争激烈的媒介市场中获得一席之地。

二、当前我国广播电视媒体的信息渠道可信度

按照不同的信息渠道划分,调查受众信息来源主要包括报纸、电视、广播、杂志、互联网、手机、朋友家人、单位同事、街头传闻等。受众获取信息的渠道不同,会造成受众对信息或新闻信任程度的差别。

1.受众最为信任的信息渠道

调查表明,当受众获得的某一新闻或信息来源在不同信息渠道中有所区别,甚至在大众媒体的报道中也存在不一致的情况时,受众对不同的信息渠道可信度的认知也就会有差别:受众最信任的信息渠道为电视,其次为互联网、报纸和其他媒体(见图1)。

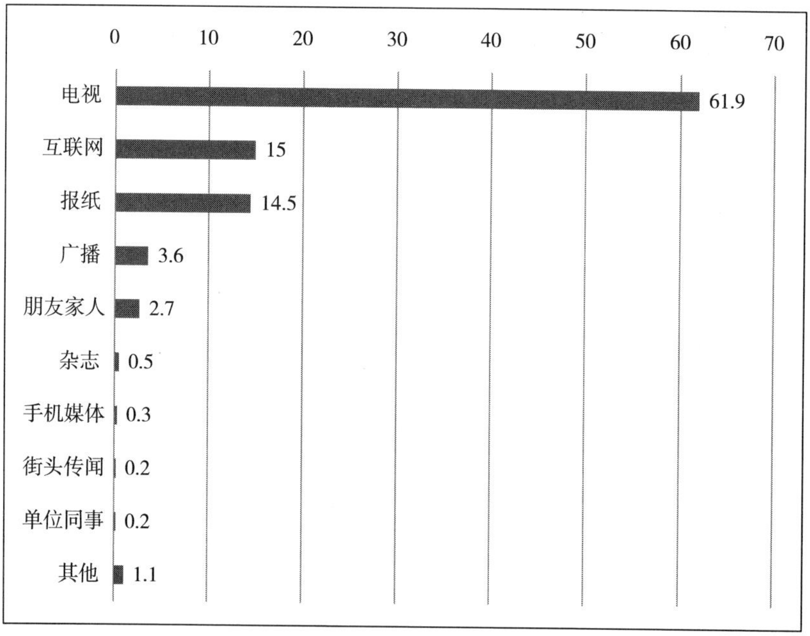

图1　同一新闻报道不一致时受众最为信任的信息渠道

受众最信任的渠道为电视，这与电视在大众传播中的强势地位不无关系，且电视节目的严格把关程序让受众更相信其信息的真实性，其公信力优势地位在所有媒体中名列前茅。互联网的可信度已经超过报纸、杂志，这说明受众已经不倾向于选择出版周期长、时效性较差的方式来获得新闻，这也在一定程度上反映了新媒体的迅速崛起和传统媒体的相对式微。互联网具有信息传播速度快、广度深和使用便捷等优势，加上拥有众多用户，近年来网络飞速发展和不断完善，使得互联网逐渐开始从海量的信息使用平台转变为一种可被信任的新闻媒体。主流网站、商业门户、社交网络等网络传播媒介突出的信息聚合能力、交互性和话题性，从不同方面满足了受众对新闻和信息的需求，日益成为受众获得新闻信息的重要媒体之一。互联网已然成为具有特殊媒体功能和发挥巨大社会作用的新媒体，它的影响力也不断渗透到传统媒体和我们社会生活的各个方面。

2.验证信息和新闻可信度的渠道

当受众获得某个信息和新闻后需要验证信息可信度时，选择什么渠道来验证信息的真实性，或希望更深一步地了解信息内容，是受众对不同信息渠道的信任程度的二次反映。调查表明，受众最希望验证信息或新闻的信息渠道首选还是电视，其次是互联网、报纸和其他媒体（见表2）。

表2　验证信息的渠道百分比表

第一信息和新闻来源	验证信息和新闻来源									
	报纸（%）	电视（%）	广播（%）	杂志（%）	互联网（%）	手机媒体（%）	朋友家人（%）	单位同事（%）	街头传闻（%）	视情况而定（%）
报纸	8.20	60.60	2.20	0.30	20.80	1.10	2.30	0.40	0.30	3.70
电视	30.20	21.90	5.30	1.10	31.40	0.50	4.10	0.90	0.20	4.40
广播	12.70	50.90	2.70	1.40	22.10	0.80	2.00	1.10	0.50	5.80
杂志	11.90	40.50	2.70	2.10	30.40	0.70	2.00	1.80	0.10	7.90
互联网	13.80	51.70	2.20	1.00	14.90	1.40	4.10	1.40	0.40	9.10
手机媒体	9.50	41.90	2.40	0.90	29.60	2.00	3.60	1.40	0.40	8.40
朋友家人	9.50	42.10	2.20	0.20	23.60	0.90	6.80	3.40	1.00	10.50
单位同事	11.00	37.20	2.20	0.30	24.70	0.70	5.50	4.80	0.60	12.90
街头传闻	11.50	36.00	2.20	0.10	23.00	0.60	4.90	1.60	1.70	18.30

图例： 百分比>35%　　百分比>20%　　百分比<1%

作为信息和新闻的验证渠道，电视仍然最受受众信任，互联网也已位居第二。在互联网不断增长、迅猛发展，网民规模日趋庞大的今天，网络作为一种媒体成为越来越多人的主要信息渠道和验证信息渠道。从媒体特点看，传统媒体是一对多的传播，且信息相对单一化，而互联网更易于展现多元化的声音和观点，受众能够从多方面去求证自己得到的信息。位于第三位的报纸，由于其信息和新闻的采编过程都需要经过层层把关，报纸作为传统媒体也积累了受众的忠诚度和信任度，特别是在一些重大突发新闻中，报纸的报道深度和严肃性仍然能够被受众认可。街头传闻、单位同事等人际传播方式在验证信息时排在靠后位置，这说明受众对权威信息渠道的信任，另一方面也说明在大众传播迅速发展的当下，人际传播处于相对的弱势地位。手机媒体排名同样靠后，这表明手机媒体尽管随着 3G 技术的发展已经成为广受关注的移动新媒体，但它的媒体功能和作用还处于摸索阶段，公信力相对处于弱势。

三、当前我国广播电视发布新闻和信息的可信度

媒体发布的新闻和信息的可信度是衡量媒体公信力在内容层面的指标，是媒体公信力最为基本的表现。媒体通过长期发布优质的新闻和信息，能够培育起公众的信任，即使是新闻和信息的偶然失真，也可能会对媒体公信力带来严重的损害。

1.总体认知

广播和电视这两种媒体发布的新闻和信息的可信度调查结果说明，不同性别、年龄、职业、婚姻状况等因素有一定的影响，被访者的评价存在差异，但总体上，广播新闻和信息可信度平均得分为 7.14 分（满分为 10 分），电视新闻和信息可信度平均得分 7.76 分（满分为 10 分），电视新闻和信息可信度更高。

受众对媒体发布新闻和信息可信度的认知差异，凸显出电视媒体在新闻报道和信息传播中的优势，即节目内容声画结合、现场感强。受众更相信“眼见为真”的直观表现形式，这种形式更容易给受众带来信任感。

2.分类新闻和信息的可信度

当前广播电视媒体上的各种新闻和信息，大致可分为政治新闻、财经新闻、法制新闻、文教新闻、科技新闻、体育新闻、社会新闻、民生新闻、娱乐新闻、生活信息、广告信息、港澳新闻、台湾新闻和国际新闻等 14 类。调查显示，除广告信息和娱乐新闻之外，其余类型的新闻和信息可信度评价得分都在 7 分以上（满分为 10 分），其中可信度最高的为体育新闻，平均得分 8.59 分；排名第二的是科技新闻，平均得分 8.22 分；第三是法制新闻，平均得分 8.04 分。可信度最低的类型是广告信息，平均得分只有 5.21 分；其次是娱乐新闻和台湾新闻，分别得分 6.60 分、7.00 分（见图 2）。

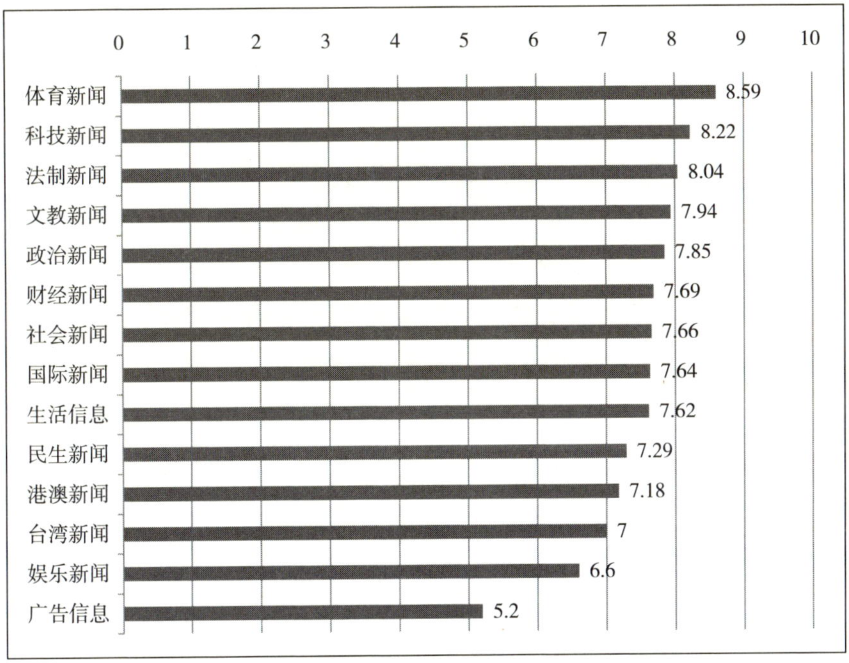

图 2　各类新闻和信息的可信度得分

从受众评价看，当前我国广播电视的新闻类信息总体被受众肯定。其中，法制新闻、财经新闻、文教新闻、科技新闻、政治新闻和体育新闻可信度评价较高。对这些相对较为正统的新闻类型，即传统意义上的“硬新闻”的评价，可称之为“硬可信度”；比较而言，对台湾新闻、港澳新闻和国际新闻可信度的评价，可称之为“涉外可信度”；对娱乐新闻、广告信息和生活信息可信度的评价，反映了社会新闻和民生新闻的评价，则可称之为“软可信度”。我国广播电视上的新闻和信息在“硬可信度”上最高，而在“涉外可信度”和“软可信度”上较低。“软可信度”的相对较低评价，与我国广播电视媒体的产业化转型的背景有一定的关系。近年来，广播中的医药广告、低俗的谈话类节目等现象已经成为听众不满的重要原因；电视的娱乐节目、插播广告、植入式广告、电视购物和泛娱乐化也成为观众批评的主要对象。媒体是广告的载体，如果媒体传播的广告内容时段过长，或者方式和内容不当，不仅仅是对传播资源的巨大浪费，也是对社会公众利益的一种损害，势必会造成媒体形象和声誉的损害。因此，广播电视的发展不能按照纯粹的商业化思维操作，必须把公信力作为广播电视媒介产品优质与否的一个极为重要的评估指标，贯穿广播电视节目“生产”的过程。

四、广播电视典型媒体、频道和典型节目的可信度

1.我国几个典型的广播电视媒体和频道的可信度

在我国的广播电台和电视台中，中央电视台综合频道、新闻频道、经济频道、国际频道，凤凰卫视中文台（资讯台）和中央人民广播电台在媒体属性和特点上具有一定的典型性和代表性。对它们的可信度调查结果表明，受众评价的平均得分均在8.0以上（满分为10分），说明这些媒体在受众可信度评价中都很高，特别是中央电视台综合频道和中央电视台新闻频道排名最为靠前（见图3）。

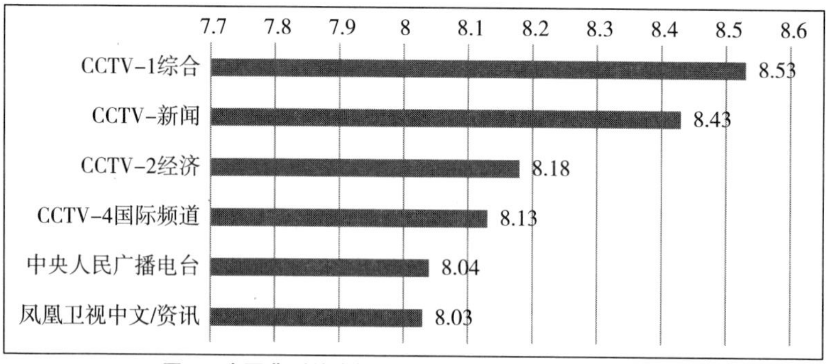

图3　我国典型的广播电视媒体和频道的可信度得分

中央电视台强大的人力、财力、技术等媒体资源和品牌效应使其在媒体可信度方面独占鳌头。中央人民广播电台作为中央级广播媒体,覆盖范围和品牌效应良好,也受到调查者较高的可信度评价。这种可信度在一定程度上与它们作为中央级媒体在国家时政新闻、重大突发新闻事件、舆论监督报道、国际新闻报道等方面具有的报道行政垄断地位或许有一定的密切关系。但值得注意的是,近年来凤凰卫视的知名度和收视率都在逐步提高,获得了受众良好的媒体公信力评价,虽然可能它的覆盖率仍然低于"国家队"央视媒体,在评价所列媒体中排名靠后,但凤凰卫视的新闻和专题节目表现出的深度、观点、人文、互动等理念,却是值得中央级广播和电视媒体借鉴的。

2.我国广播电视的几个典型节目的可信度

中央电视台的《新闻联播》《焦点访谈》《新闻调查》《新闻 30 分》《天气预报》《晚间新闻》和中央人民广播电台的《新闻纵横》《新闻联播》《新闻与报纸摘要》是我国电视台和广播电台中既有广泛覆盖范围,又具有深刻影响的几个主要节目。对它们的调查结果显示:这九个节目的可信度评价平均得分均高于 8.0(满分为 10 分),其中评价最高的是中央电视台的《新闻联播》,评价分数较低的是中央人民广播电台的《新闻纵横》(见图 4)。

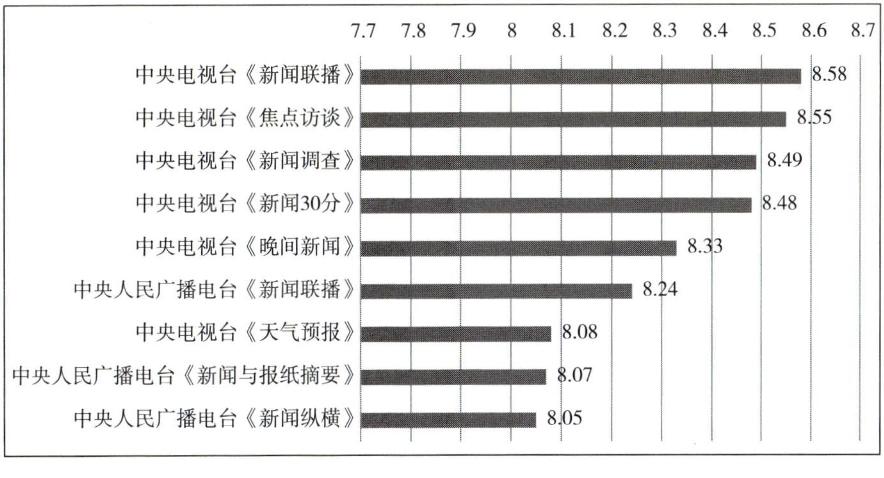

图 4　我国典型的广播电视节目可信度得分

受众对我国广播电视媒体和主要节目的可信度评价都比较高,这表明这些媒体和栏目虽然有传播方式上的一定差异,但在我国都还有着很高的公信力,在大多数被调查的受众心中还是树立了“权威媒体”的形象。

五、结语

当前,针对媒体如何提升公信力,在业界和学界都有诸多讨论。从研究的角度来看,对媒体的一定的认知程度是受众能够评价、信任和参与媒体互动等态度、行为的前提。准确把握受众对当前我国广播电视媒体公信力的认知现状,是广播电视媒体在发展中不断调整自我定位,制定提高公信力措施的基础。

本文的调查数据结果及其分析表明,受众对于我国广播电视公信力的评价上总体持肯定态度,但也存在很多的问题。电视媒体的公信力表现出多方面的优势,这不仅取决于电视媒体声画结合的媒介优势,也取决于电视媒体严格把关的审查程序,和其多年来积累的主流、权威媒体的地位与品牌效应。

值得注意的是,网络作为新兴媒体,由于其信息的丰富性、及时性、多元性和草根性这些重要的特点,已经成为获得新闻信息和验证新闻信息可信度的主要媒体之一,地位甚至超过了报纸。一些权威的新闻网站由于在新闻报道中的快速、多媒体综合呈现和强大的专题汇总能力,极好地充当了复杂新闻报道中各要素的解释和验证平台。广播和电视媒体与网络媒体开展积极的互动、合作、信息共享,并借鉴其多元化的信息表达方式,有助于更好地塑造自身的公信力。

中央级广播电视媒体在各方面得到高认可度,无疑与中央级媒体在媒介市场和行政级别中的垄断地位相关,也和其强大的资源优势有关,还和其品牌效应以及广大的忠诚受众群密不可分。在维持和提升公信力方面,中央级的广电媒体除了进一步延续优势,还要格外注意在重大突发新闻的报道中发挥强势作用,并在新闻报道中杜绝假新闻现象。

地市级广播电视媒体受众认同度较低是我国广播电视媒体公信力调查中的一个突出现象,主要问题表现在节目品位、格调不高。这在一定程度上反映出地市级广播电视在媒介竞争中，由于体制、政策、资金等方面的限制，转而采取了过度的市场化取向。尤其是这两年来为吸引受众而大量播放的相亲、游戏等娱乐节目，在初期虽能取得高收视率，但其中一些虚假、过激、拜金、低俗等节目内容带来的负面效应，不仅被受众诟病，也对媒体本身的公信力产生了负面影响。而在追求收视（听）率的刺激下，对轰动性、趣味性进行人为制造，在新闻节目中不能被受众所容忍的假新闻近年来不断出现。需要注意的是，真实性是新闻的生命，媒体始终应该将社会效益放在首位。面对市场化的生存考验，省、地市级媒体在节目制作中应该充分发挥自身先天的地域性优势，凸显自身的风格特色和区域特征，提高地方新闻的报道质量，强化对地方新闻民生意识、贴近性和人文关怀的定位，从而获得本地区受众的认同。这是地市级广播电视媒体与中央级媒体进行差异化竞争的根本策略和持续发展的核心竞争力。

本文对于我国广播电视公信力的受众认知调查和研究结果，是当前受众对我国广播电视公信力的认知和判断，反映出公众对广播和电视媒体的期待。党的十七届六中全会强调，要大力发展公益性文化事业，完善覆盖城乡、结构合理、功能健全、实用高效的公共文化服务体系。广播电视作为我国重要的宣传思想文化阵地，只有不断提高媒体公信力，才能在媒体改革中更好地生存与发展，在社会转型的历史时期承担起主流媒体的责任。

（本文由笔者和中国传媒大学教授沈浩、博士生薛宝琴合作撰写，原载于《现代传播》2012 年第 5 期）

科学认识和把握新闻宣传工作的几个重大关系

党的十八大报告和新修订的《中国共产党章程》，把科学发展观同马克思列宁主义、毛泽东思想、邓小平理论、“三个代表”重要思想一道确立为党的行动指南，具有重大现实意义和深远历史意义。党的十八大报告，对科学发展观内涵做了系统的阐释，即“经济社会发展”是科学发展观的“第一要义”，“以人为本”是科学发展观的“核心立场”，“全面协调可持续”是科学发展观的“基本要求”，“统筹兼顾”是科学发展观的“根本方法”。

学习十八大报告对科学发展观的阐释，我们可以看到，科学发展观为建设中国特色社会主义事业的各项工作，提供了理论指导和行动指南。新闻宣传工作担负着为建设中国特色社会主义事业提供舆论支持的重要任务。在全面建成小康社会和富强、民主、文明、和谐的社会主义现代化国家的伟大目标的征程中，要更好地履行新闻宣传工作为这一伟大目标营造良好社会舆论环境的职责，就必须以科学发展观为指导，不断丰富和发展中国特色社会主义新闻理论与实践。

如何丰富和发展中国特色社会主义的新闻理论与实践？就是要按照科学发展观的“第一要义”“核心立场”“基本要求”和“根本方法”，来统筹我国的新闻宣传工作，总结改革开放三十多年的新闻宣传实践经验和教训，审视三十多年初步形成的中国特色社会主义新闻理论，科学地认识和把握新闻宣传工作的几个重大关系。

一、坚持人民主体地位与坚持新闻工作党性原则的关系

党性原则是社会主义新闻工作的根本原则，是马克思主义新闻观的精髓。中国特色社会主义新闻工作，必须毫不动摇地坚持党性原则。当今世界范围，新闻工作的党性是一种普遍存在的社会现象，新闻事业具有阶级性和党性，是客观存在的事实，社会主义的新闻事业和资本主义的新闻事业概莫能外。区别的是，只有马克思主义政党才敢公开承认并执着坚持新闻事业的党性，只有社会主义新闻工作公开承认并坚持党性原则。这既反映了无产阶级政党实事求是的科学态度，同时也说明无产阶级政党以解放全人类，实现共产主义为最高纲领的崇高理想和无私品质。

中国共产党领导全国人民开展中国特色社会主义建设事业，以邓小平理论、“三个代表”重要思想、科学发展观为理论指导和行动指南，“中国共产党代表全体中国人民的根本利益”，“以人为本”是科学发展观的“核心立场”，这些至关重要的思想理念，是对马克思主义关于共产党人致力于人的全面解放和发展的崇高目标在当代的阐释。《共产党宣言》指出：“代替那存在着阶级和阶级对立的资产阶级旧社会的，将是这样一个联合体，在那里，每个人的自由发展是一切人的自由发展的条件。”中国特色社会主义理论明确指出中国现阶段尚处于社会主义的初期阶段，在这个阶段，阶级对立尚没有消失，马克思、恩格斯在《共产党宣言》中提出的共产主义社会关于人的全面解放和发展，从现阶段来看，还只是一个抽象的真理和崇高的理想。中国共产党人为争取实现这一崇高理想，把党的性质界定为“是中国工人阶级的先锋队，同时是中国人民和中华民族的先锋队”，把“代表中国最广大人民的根本利益”作为自己的宗旨，这是党在社会主义初期阶段对自身宗旨和任务的科学表述，是党把当前的任务、纲领和奋斗目标同最高纲领有机结合的科学表述。

党的十八大报告把“必须坚持人民主体地位”放在全党、全国各族人民的共同信念的首位，体现了党在社会主义初级阶段的宗旨，表达了人民的意愿，阐明了科学发展观的要义，指出了中国特色社会主义道路的出发点和目的地，是对“三个代表”重要思想的落实和发展。

坚持人民主体地位,就是要坚持人民建设国家,依法管理国家的主人翁地位。落实在新闻宣传方面,就是要坚持“三贴近”,运用新闻手段,充分反映人民群众在建设国家、管理国家事务和社会公共事务的伟大实践中焕发出来的巨大热情和取得的巨大成就。

坚持人民主体地位,还必须坚持依法保障人民的权益,依法保障人民的主体地位。落实在新闻宣传方面,就是要运用舆论引导和舆论监督的方式,引导人民群众认识自己的权益,依法保护自己的权益,监察损害人民权益的行为,督促纠正和惩办损害人民权益的行为。

综上所述,中国共产党代表全体中国人民的根本利益,中国共产党除了人民的利益,没有自己的私利。因此,党敢于将坚持人民主体地位当作全党和全国人民的共同信念写进自己的纲领性文件中。坚持人民主体地位是中国共产党党性的表现,也是坚持中国特色社会主义新闻工作党性原则的表现。

二、坚持把社会效益放在首位与讲求社会效益与经济效益有机统一的关系

坚持以社会效益为最高准则,讲求社会效益与经济效益的有机统一,这是邓小平同志关于中国特色社会主义新闻宣传思想的一个重要观点。自这一观点提出的三十多年来,我国的新闻、文化事业发生了巨大的变化。随着全球性的经济增长方式的转型,许多发达国家、新兴市场国家把文化产业当作支柱性产业来发展。为抢抓机遇,实行我国经济增长方式转型,更为重要的是,为了满足人民群众日益增长的文化需求,党的十七届六中全会做出了《关于“深化文化体制改革推动我国社会主义文化大繁荣大发展”的决定》。传媒业是文化产业的一个重要部类,我国实行社会主义市场经济体制以来,传媒业走向市场,参与国际传媒市场的竞争,二十多年来,不断发展壮大。现在,传媒业已成为继加工制造业、信息通信业、旅游业之后的第四大产业。以广播电视产业为例,2011 年,全国广播电视总收入为 2717.32 亿元(含财政补助收入 300 多亿元),同比增长 18.05%;创收收入为 2371.18 亿元,同比增长 18.39%。和五年前的 2007 年总收入 1316.4 亿元相比,增加了两倍。文化产业的迅猛发展,为我国文化事业的繁荣发展打下了坚实的物质基础。

总的看来,我国的文化事业呈现出良好的发展状态和趋势。但是在文化大繁荣大发展的同时,也出现了一些不和谐甚至不健康的现象。一些文化生产企业,一味追求经济效益,罔顾社会责任。表现在传媒业,就是媒体的低俗之风难以遏制。一些新闻媒体和传媒从业人员,置媒体和新闻工作者职业道德于不顾,传播虚假新闻、虚假广告,有的甚至铤而走险,传播有违法律法规的黄色内容的信息,以追求所谓的眼球经济效益。这些不良乃至违法的行为或现象,引起了党和政府的高度重视、广大人民群众的监督和抵制。党的十七届六中全会《决定》明确规定:“坚持把社会效益放在首位,坚持社会效益和经济效益有机统一。”党的十八大报告又再次强调:“要坚持把社会效益放在首位、社会效益和经济效益相统一,推动文化事业全面繁荣、文化产业快速发展。”就是强调要科学地、正确地认识和妥善处理文化大繁荣、大发展过程中社会效益和经济效益的关系,无论在何种情况下,文化市场,尤其是新闻媒体必须始终坚持把社会效益放在首位,注重文化产品的社会效果,力求把最美好的精神食粮奉献给人民群众。

三、坚持正确的舆论引导与正确开展舆论监督的关系

舆论引导是指新闻媒体依据一定的思想和立场,运用新闻手段引导社会舆论的传播活动。坚持正确的舆论引导,是社会主义新闻事业的一项重要任务。新闻媒体必须把坚持正确的舆论引导摆在突出位置。

舆论监督是人民群众通过新闻媒体等多种渠道和手段对国家和社会公共事务进行的监督。加强新闻舆论监督与发扬社会主义民主密切相关,是尊重人民群众主体地位、保障人民群众政治权利的体现。

在我国,坚持正确的舆论引导与坚持正确开展舆论监督,是“两位一体”的关系。从广义上说,坚持正确的舆论引导,就包括坚持正确开展舆论监督。江泽民同志关于判断正确的舆论导向的“五个有利于”中,就有“有利于人们分清是非、坚持真善美,抵制假恶丑的舆论”的表述。

在当前我国经济和社会处于转型时期,新媒体给传播生态带来巨大变化的新形势下,如何正确开展舆论监督？我们遇到了新情况,碰到了新问题。

微博等社交网络的兴起,正在改变舆论场中力量的角逐。面对当前社

会转型期各种利益格局调整所引起的社会矛盾和问题，互联网已成为网民发表意见、关注社会现象、参与公共事务的重要渠道。网络等新媒体给新闻舆论监督带来了以下一些变化。

第一，随着网络媒体的不断出现和网络民意的巨大威力，传统的舆论管控模式和手段已不适应转型期的社会环境和新媒体环境，以网络媒体为传播手段的舆论监督呈现快（时效快）、新（手段新、领域新）、强（监督力度强）、变（变数大）、多（数量多）、难（引导管控难）等六大趋势。

第二，微博等社交网络的自媒体性质，给网民关注和讨论公共议题提供了平台。从这个意义上讲，公民真正成为新闻舆论监督的主体，新闻舆论监督也成为真正意义上的舆论监督，而不仅仅是媒介监督。

第三，网络新媒体信息传播的不确定性，给网络媒体开展舆论监督增加了风险系数。网络上的失实报道、网络诽谤、网络谣言层出不穷，给新闻舆论监督带来了极大的损害。

第四，社会转型期所蕴含的社会矛盾和危机，经过互联网等新媒体的聚焦和扩散，形成互动的态势，这就打破了以往传统社会相对稳定的金字塔式的结构和传统媒体“以正面宣传为主”的格局，社会危机由此变得常态化，与社会危机互动的网络媒介事件也变得常态化。新闻舆论监督在操作中稍有不慎，就有可能引起或演化为一个网络媒介事件，进而引起或演化为一场社会危机。

第五，和风起云涌般的网络舆论监督状态相比较，广播、电视、报刊等传统媒体，受传统思维定式的禁锢、利害关系的权衡等诸种因素的掣肘，呈现出明显的疲软、滞后的状态。这不仅影响了传统媒体的权威性，也在一定程度上损伤了传统媒体的公信力。

和以上网络新闻舆论监督出现的新情况相对应，网络新闻舆论引导和网络舆论监督面临着矛盾和博弈的问题。

如前所述，从理论上说，舆论引导和舆论监督不仅不矛盾，而且以坚持真、善、美，抵制假、丑、恶为职志的舆论监督，本身就是在实施正确的舆论引导。但是在现实中，往往出现理论和实践相脱离甚至悖离的情况。近年来，由于网络热点、焦点事件层出不穷，为应对这些突发事件，网络舆情研究如雨后春笋般涌现。一些网络舆论监测机构，以“维稳”为借口，以所谓的“危机公关术”为手段，将大量具有网络舆论监督性质的舆情，扼杀在萌芽之中。另一种情况是：一些不良媒体和新闻工作者，受利益驱动，打着“舆论监督”的旗号，实施“新闻讹诈”，败坏了新闻媒体的声誉。网上的一些爆料、揭黑的东西，充斥着虚假、恐吓的信息，形成“网络暴力”，影响甚至误导社会舆论，致使正确的舆论引导难以开展。舆论引导和舆论监督本来是属种关系，即舆论引导包括舆论监督，但在网络传播的现实中，这两者却变异为两股博弈的力量，此消彼长，相互对立，使得网络舆情呈现出波谲云诡、扑朔迷离的景象。

党的十八大报告重申要“牢牢掌握意识形态工作领导权和主导权，坚持正确导向，提高引导能力，壮大主流思想舆论”，“加强党内监督、民主监督、法律监督、舆论监督”。正确认识和处理舆论引导与舆论监督的关系，就需要我们运用科学发展观，统筹协调两者的关系。坚持正确舆论引导的原则不动摇，牢牢把握舆论发展的正确方向，以此为前提，推动舆论监督健康地向前发展。

四、坚持统筹国内与国际新闻传播两个大局的关系

胡锦涛同志在《人民日报》社考察工作时曾提出，要从战略高度，以更广阔的全球视野来统筹国内国际两个方面来办报。在一个信息传播日益全球化的时代，中国与世界的互动性越来越强，关联度越来越高。在人类信息跨国界的频繁流动下，世界对中国的影响不断加深，中国对世界的影响也不断增强。当代中国的前途命运日益紧密地同世界的前途命运联系在一起。信息传播的国内、国际一体化趋势及其效应要求我们统筹、协调好国内与国际新闻传播两个大局。

如何来统筹国内与国际新闻传播两个大局？就是要从战略的高度，从长远出发来全盘考虑和整体谋划新闻传播的全局。首先，基于国内舆论日益国际化，国际舆论日益国内化，国内舆论与国际舆论已经连成一体，相互渗透、影响和作用，我们就要同时做好国内国际舆情的汇集、监测和分析，展开国内与国际两方面的舆论引导及其相互引导。舆论是由新闻报道来引导的，这就要求我们统筹好国内国际两方面的新闻报道，正确把握对内和对外

新闻报道的舆论导向。一方面，要搞好对内报道，加强对国内舆论的调控和管理，以国内舆论引导国际舆论。为此，要遵循贴近实际、贴近生活、贴近群众的“三贴近”原则，切实把传达党的意志、主张和反映人民心声与诉求统一起来，积极发挥新闻媒体在下情上传和上情下达的信息沟通方面的重要作用。同时，要特别注意对社会热点问题和敏感事件的有效引导，充分发挥新闻媒体澄清事实、疏导情绪、稳定人心和凝聚共识的作用。其中的核心是要牢牢把握话语权，即在第一时间、第一现场首发报道，从而在信息外溢之前就确立起对国内事件的绝对定义权。另一方面，要搞好对外报道，善于影响和引导国际舆论，以国际舆论引导国内舆论。为此，要加强国际新闻报道议程(议题)的设置，提高国际新闻报道的质量。要提高涉外媒体的公信力，多利用意见领袖发言，充分挖掘既有中国特色又具全球关注特点的议题，并讲究对外报道的策略和技巧，善于用事实、数据和实例说话。同时，在对外传播渠道上，要加大海外落地和入户的力度和覆盖面，在发挥传统媒体优势的同时，充分调动互联网、手机新媒体等一切对外传播资源。要坚持贴近世界发展的实际，贴近国外受众对中国信息的需求，贴近国外受众的思维方式、价值取向、心理诉求乃至信息接收习惯，有针对性地展开对外传播，从而显著地改善国际传播效果。

更进一步说，统筹国内、国际新闻传播两个大局，还需要体现在新闻传播实践中。在国内问题和话题日益国际化、国际问题和话题日益国内化的全球传播情境下，传统意义上的国内新闻与国际新闻、对内宣传与对外宣传之间相互区隔的状况不复存在，取而代之的是国内、国际新闻报道相互参照、双向流动的一体化报道模式。这就决定了无论是国内新闻报道还是国际新闻报道，都要兼顾中国和世界两大视域、两大语境，既要从中国和世界的双重视角来理解和分析中国，又要从世界和中国的双重视角来观照和考量世界。也就是说，报道国内事件时要有世界眼光，报道国际事件时要有中国本土意识，从而做到国内新闻报道与国际新闻报道在中国和世界两个维度上都恰当有效。国内新闻报道与国际新闻报道合二为一的一体化报道模式是统筹国内、国际新闻传播两个大局的更高追求。

（本文原载于《中国广播电视学刊》2013年第1期）

改革是党报创新的不竭动力

摘要：当前党报的发展，面临着严峻的挑战。"走转改"是党报深化改革的重要举措之一，正在成为我国新闻界的积极行动。这表明党报在长期的新闻实践中所形成的实事求是、深入群众、调查研究等优良传统，在新世纪得到继承和发扬。更值得称道的是：当下的"走转改"活动，不仅仅继承过去的优良传统，而且在新形势下，与时俱进，又有发展和创新。

关键词：党报；"走转改"；改革；创新

党的十八大政治报告指出："必须坚持推进改革开放。改革开放是坚持和发展中国特色社会主义的必由之路。要始终把改革创新精神贯彻到治国理政各个环节。不断推进理论创新、制度创新、科技创新、文化创新以及其他各方面的创新。"这表明：改革是发展的动力，中国特色社会主义新闻事业是中国特色社会主义事业的一个重要的组成部分，担负着为中国特色社会主义建设事业保驾护航的重要使命。党报是中国特色社会主义新闻事业的核心，对我国的新闻事业乃至思想文化建设，具有示范和引领的作用。办好党报，对于实现党的目标和任务，有着极其重要的意义。

一、党报面临的挑战

我们应该看到，当前党报的发展，面临着严峻的挑战。这种挑战，一是一些非主流意识形态通过网络等不断扩大其影响，二是来自传媒生态环境。

当前我国进入社会转型期，随着利益分配的分层、价值取向的多元、社会矛盾的增加,我国社会发展也进入高风险时期。这期间,一些非主流的意识形态通过网络、手机等媒体,不断扩大其影响。反观我们的以党报为核心的主流媒体,在开展主流意识形态的传播中,在相当长一段时间里,有的媒体存在着故步自封、脱离实际、脱离群众的问题,导致一些主流意识形态有被弱化,甚至边缘化的危险。

二、深化党报等主流媒体的改革

如何改变这种局面?唯一的途径,就是改革,只有深化党报等主流媒体的改革,才能促使其转变观念,跟上时代的节拍,转变作风,跟上人民群众的需求,跟上社会发展的趋势。

这个判断是有党报发展的历史和现实的经验教训作为依据的。

党的新闻工作全面转作风、改文风的实践,源于延安整风运动时期的《解放日报》改版,这是一次马克思主义新闻观的洗礼,经过清除教条主义、宗派主义和党八股对党的新闻事业的影响,确立了"实事求是"的思想路线,从此,"全党办报,群众办报"的党报思想得以确立,党报和人民群众建立了密切的联系。从此,党的新闻事业成为第二条战线,为配合军事斗争,夺取抗日战争和解放战争的胜利做出了巨大的贡献。

新中国成立以来,党的新闻事业取得了巨大的成就,也发生过巨大的失误,走过了一条曲折的道路。党的十一届三中全会,确立了"实践是检验真理的唯一标准",新闻界拨乱反正,党报的优良传统又得到继承和发扬。经过"文革"的浩劫,我国新闻工作者倍加珍惜来之不易的改革开放的大好局面。他们伴随着春天的脚步,深入农村、工厂、学校、哨所,热情讴歌亿万人民群众在改革开放的宏伟时代里焕发出来的建设激情,讴歌伟大时代中的伟大实践。但是,随着社会主义市场经济体制的逐步建立,随着物质财富的日益丰富,随着对外开放的进一步扩大,西方一些不健康的思想意识也进入我国,利益至上、享乐主义、商品拜物主义的思潮,使一些人的价值取向发生了极大的变化。曾几何时,一些曾经被社会推崇的理想、信仰,开始被多元的价值观影响。这种变化也反映在新闻工作者身上。于是,20 世纪 90 年代以来,新闻界的一些不良习气开始出现,一些新闻工作者不愿下基层,热衷于拿请柬、跑宾馆、泡会议，有的新闻记者不愿做深入的调查研究，靠文件、总结和公关材料写新闻，有些新闻工作者甚至搞“有偿新闻”，“有偿不闻”，败坏了新闻工作的名声。社会上流行的“防火防盗防记者”，是对此种种不良新闻现象的辛辣讽刺。

为改变新闻界出现的这些不良现象，自2011年下半年以来，中央号召新闻宣传文化战线开展“走基层、转作风、改文风”的活动。此倡议得到新闻界的热烈响应和积极实践。自开展“走转改”活动以来，打开电视和广播，翻开报纸，受众感受到一股清新的文风扑面而来。而在这种新气象里，党报起到了表率的作用。为践行“走转改”，一些党报的社长、总编率先垂范，身体力行。人民日报社社长张研农深入山西省大同煤矿集团四合矿，和普通矿工一起，乘升降罐笼下到150米深的矿井下，深入调研矿工的工作情况和煤矿集团的发展情况。采写的报道《要当五百强，更要五百年——从同煤集团实践看转变发展方式》，以其翔实的材料、生动的语言，获得了读者的好评。光明日报社原总编辑胡占凡为了采写河北霸州的西粉营村发生的变化，和村里的农民同吃同住，采写的通讯《霸州有个西粉营》，以现场访谈和见闻的方式，报道了河北霸州西粉营村的新面貌。这篇通讯有一个打动读者的亮点，那就是记者在西粉营采访的过程中，了解农民在发展经济中遇到的资金、政策和技术等问题的制约时，生发的那一份由衷的关切。这是真正深入到农村、深入到农民朋友中，才能获得的情感。

三、“走转改”的发展和创新

中央五部委倡导的“走转改”，正在成为我国新闻界的积极行动。这表明党报在长期的新闻实践中所形成的实事求是、深入群众、调查研究等优良传统，在新世纪得到继承和发扬。更值得称道的是：当下的“走转改”活动，不仅仅继承过去的优良传统，而且在新形势下，与时俱进，又有发展和创新。

这些发展和创新，首先表现在报道的对象和内容方面：北京日报在开展走、转、改的活动时，注意把握时代发展的趋势，及时发现和捕捉新鲜事物的新苗头、新线索。报道的新闻，清新活泼，有着“小荷才露尖尖角，早有蜻蜓立上头”的意趣。在“喜迎十八大，科学发展北京行”的专题栏目中，北京日报的记者报道了从2004年以来东城区首创社区“网格化管理模式”的新发展。2012年9月14日一版的“走转改”专栏里，刊登了记者采写的《有事儿找格长》的现场新闻特写。这篇报道以建国门街道苏州社区第二网格格长金坤范到社区为居民服务的事迹为跟踪对象，生动地记述了格长金坤范为社区居民服务，受到居民热情赞扬的场景：“‘咱们网格工作者，就是要为格里提供一切的服务和管理，而网格化生活也渐渐成了市民的生活常态’金坤范说着，晃了晃手里的PDA，‘有问题直接上传街道和区里，第一时间解决。’”利用网络和电脑等新媒体，为社会服务和管理注入新的方式，记者走基层所获得的这些新鲜素材，一经报道，给读者留下新鲜时尚的无穷意趣。

“走转改”的发展和创新还表现在新闻传播的形式和方法上：当下新媒体发展势头劲猛，新媒体作为新闻传播的主力军之一，已经发挥越来越重要的作用。“走转改”活动也得到了以互联网媒体为代表的新媒体的积极响应。在北京，以千龙网为代表的重点新闻网站率先在业内建立大型网络专题报道，集中反映北京市各市属媒体在“走转改”活动中涌现出来的新做法、新亮点；“浙江在线”采用多种手段形式，搭建专题、专栏，集纳文字、图片、视频、微博等内容，在首页显著位置强势推送。其中《深入基层进农家 浙江农村面面观》大型民生系列专题调研报道，引起网民的关注，收到很好的效果。

2012年12月4日，习近平总书记主持召开中共中央政治局会议，审议通过了中央政治局关于改进工作作风、密切联系群众的八项规定。为响应这一号召，深化党报的改革，2013年新年伊始，《人民日报》通过改文风，以清新的面貌展现在读者的面前。在报纸的版面上，领导人送往迎来的新闻少了，普通民众的心声多了；长篇大论少了，短文章多了；会议新闻少了，民生新闻多了。更令读者眼前一亮的，是新增了“评论”“民生调查”等专版。其中，评论版以社会热点、焦点事件和问题为评论对象，分为“人民观点”“人民时评”“声音”“来论”等栏目，选材广泛、纵横捭阖、文字犀利，还吸收网评的特点，采用微博回复的方式，颇具时代特色。此外，“美丽中国”的“寻找最美乡村”，也是可读性很强的专栏。这个专栏以乡村的新鲜事、有趣事为题材，文字朴实，内容生动。

新闻报道“接地气”的文风，充分反映出记者们的亲民作风。通过到新闻现场实地调研来了解问题，反映事实，不说空话。此外，在报道中辅以“采访手记”“记者笔记”，使读者从多个方面，用多种形式“深入”新闻。1 月 10 日的《光山之痛——城乡二元分割之痛》，从“新闻的侧面”极富人情味地用事实和细节，折射出转型期中国社会结构变迁中的变化和阵痛。

改革中的人民日报还十分注重对网民意见和智慧的吸取，如通过微博向广大网友征集“你最反感的官话套话”，并选取高票选的官话、套话刊登在报上，引发众多网友的关注。这些“低姿态”，都反映出在新一年，党报用符合新闻传播规律的形式、读者喜闻乐见的语言，回归生活，关注人民的价值取向。

综上所述，深化改革是党报创新的不竭动力，从这个意义上看，新闻界的“走转改”还只是个开头，这是新闻事业发展创新的源头活水，更是党报发展跟上时代发展节拍的动力，“走转改”是党报深化改革的具体途径和要求，党报践行“走转改”没有止境。

（本文原载于《新闻与写作》2013 年第 2 期）

论“新闻立台”的本体意义

近年来，“新闻立台”在我国新闻传播的语境中或被作为一项政策性的规定，或被作为地方媒体争夺新闻节目市场份额的手段，或被理解为提升新闻报道水平的参考标准，或被视为广播电视品牌建设和风格塑造的途径。本文认为，“新闻立台”之所以被看作是广播电视媒体的办台理念，这不是出于市场化和专业化导向的考虑，从遵循新闻传播规律的角度来看，讨论“新闻立台”应当摒弃工具理性和功利目的的思维方式，回归到广播电视媒体的本质属性和基本功能方面来。

一、当前关于“新闻立台”的主要观点

目前，学界和业界对“新闻立台”的定义在所指和表述方式上莫衷一是，代表性的观点有：“新闻立台，是指以新闻、新闻节目和正确的舆论、思想、审美、视听市场导向等为广播电视媒体的立身之本，是我国广电媒体作为党的新闻事业重要组成部分必须贯彻始终的办台方针。”①对于电视媒体而言，它主要是指“电视新闻类节目应该成为电视台所有节目特别是主频道的骨干”。② “‘新闻立台’起码包括两层意义，一是指电视台的喉舌功能，二是指其节目的构成和节目的重心。所谓‘新闻立台’，反映在电视节目构成中，就是电视新闻类节目要在电视台所有节目中，特别是主频道中成为节目骨干

---

① 王晓峰.加强新闻立台的制度安排和建设[J].视听纵横，2011(2).

② 徐志东.“新闻立台”：由理念走向实践[J].声屏世界，2005(2).

并形成强势。"[①]换句话说,"电视新闻就是电视台的封面"[②]。

从经济社会学原理入手,那长春提出,"新闻立台"的一些实践理念和践行情况表现出"以新闻立台"的思路,是因为将"新闻"作为"立台"的办法和策略,以产业经营的思路把新闻活动看作一个外在对象;而"新闻立台"应该是"在新闻中立台",是一种"内在的致力于地方电视传媒社会化的立台理念",是"以新闻传播—消费为载体、地方电视与市民互动构成的、非对象化的社会生活经验共同体"[③]。通过对"以新闻立台"还是"在新闻中立台"进行实践理念辨析,他认为,"以"新闻立台只能使媒体"安身",媒体要"立命",则必须"在"新闻中立台,则必须使民生主体始终在场,长期跟踪、警戒地方民生利益的基本建设和维护状况,打造有影响力的深度报道,对市民社会道德示范的自觉呈现和揭露,发挥对生存境遇的主体舆论功能,充分认识民生新闻对于市民社会所具有的复合功能。

总体来看,当前对"新闻立台"的研究在逻辑上呈现为"以新闻立台"和"在新闻中立台"的两种思路,然而,"以新闻立台"或"在新闻中立台"是否正确地揭示出了"新闻立台"的本质内涵?"新闻立台"是否是我国独有的媒体理念和制度安排?基于此,本文将进一步探讨"新闻立台"的内涵,研究其中的核心问题——"新闻立台"的本体意义,以期正确地理解和阐释"新闻立台"。

二、"新闻立台"的本体地位

若将"新闻立台"理解为"以新闻立台",则明显是将新闻传播作为一种工具,抹杀了它在媒体传播活动中的本体意义,这也就造成一些广播电视媒体办台理念的摇摆不定,或挂着"新闻立台"招牌,实则走"娱乐立台"路线的现象。而将"新闻立台"理解为"在新闻中立台",虽然阐明了"新闻立台"的民生理念,但它强调了地方台的生存发展之道,从总体上看,主流广播电视

---

① 谭天,覃晴.新闻立台:回归与选择[J].新闻与写作,2010(2).
② 周绍成.电视新闻传播的价值诉求[J].新闻爱好者,2004(4).
③ 那长春.市民社会:地方电视新闻立台之本[J].视听界,2006(3).

媒体绝非仅是民生新闻和新闻社会化的载体，这一阐述对于“新闻立台”本体的理解同样存在误差，且容易给新闻的客观性带来损害，因此，“在新闻中立台”也未能反映广播电视作为大众传播媒介的本质属性。

“新闻立台”是“以新闻立台”还是“在新闻中立台”？在既有的研究中，对这一问题的争论实质上只是在“新闻立台”所应有的价值取向上的分野。将“新闻立台”理解为“以新闻立台”或“在新闻中立台”，从根本上都是基于广播电视媒体市场竞争、产业经营和宣传的需要。但是，从广播电视媒体“新闻立台”理念的历史发展和现实践行情况来看，“新闻立台”不是媒体的策略选择，它是广播电视媒体本质属性的规定和广播电视媒体实现基本功能的表现。因为广播电视媒体首先表现为新闻媒体，这是它的本质属性，而报道新闻、反映舆论是它的基本功能，“新闻立台”根本上是由新闻的本质属性和基本功能所决定的。

因此，“新闻立台”的本体地位与媒体的本质属性和基本功能密切相关，同时也与新闻的本质和功能密切相关，这反映出对新闻学的基本问题——新闻的本质和功能问题在广播电视媒体发展中的作用的认知。自我国 1983 年第十一次全国广播电视工作会议提出“宣传工作的改革要以新闻改革为突破口，坚持‘自己走路’，扬独家之优势，汇天下之精华”的业务方针，广播电视新闻发展史上历次新闻改革，越来越强调广播电视国内外新闻报道的主流、权威地位。西方一些国家富有影响力的电台和电视台，同样重视新闻立台在电台、电视台参与市场竞争和长远发展中的重要地位，以英国广播公司（BBC）、美国有线电视新闻网（CNN）等为代表，它们的主要频道或新闻频道、世界频道，皆因 24 小时播发新闻的强大报道能力、重大突发事件的现场报道能力以及强有力的舆论引导能力在全球范围内树立了知名度和影响力。历史和现实充分证明了广播电视媒体在本质上不是娱乐工具，而是新闻传播媒介。所以，“新闻立台”不是一段时期内某些广电媒体谋求生存的可选策略，更不是广播电视媒体在市场竞争中营利的工具，而是由广播电视媒体的本质属性和基本功能所决定的办台方针和发展理念。这也回答了“以新闻立台”和“在新闻中立台”的争辩的核心问题——“新闻立台”是广播电视办台的本体而非工具，广播电视媒体应当以新闻报道和舆论引导的真实、客观、权威性来实现舆论工具的功能。在这个过程中，新闻发挥的基本作用，是其对新近和正在发生的事实进行报道，媒介不过是新闻报道的中介，是反映舆论的载体，而非新闻抑或舆论本身。新闻不能被制造，舆论也不能被制造。新闻和舆论的内涵天然地给定了大众媒介的职能。广播电视媒体作为大众媒体，扮演的最核心的角色是新闻媒体。主流广播电视媒体，尤其是国际新闻频率/频道还有着通过传播信息和价值观念来引导舆论乃至构筑国家真实形象的功能，而上述功能，是其他类型的频率和频道所难以实现的。

三、“新闻立台”的定义

通过上文的概念辨析可见，“以新闻立台”和“在新闻中立台”所存在的最大问题，是混淆了广播电视媒体本体与工具的关系，并由此可能产生对新闻客观性的损害。首先，“新闻”在广播电视媒体“立台”的过程中，绝不单纯承担着社会化、民生化的功能，或仅是这些过程的平台和载体。“新闻立台”是一个抽象的意义，它所强调的内涵，是新闻的真实性、客观性和公正性所带来的社会效应，这是由广播电视媒体的本质属性和基本功能所决定，而非广播电视媒体基于生存、发展和营利目的而进行的一项策略选择。其二，在“新闻立台”的实现过程中，新闻既不是工具，也不是目的，新闻和广播电视媒体的关系既不是“以新闻立台”，也不是“在新闻中立台”，新闻是本体，而新闻活动的主体是广播电视媒体及其从业者，在自媒体时代，受众也成为传播的主体之一。

本文认为，“新闻立台”是广播电视媒体按照新闻传播和媒体运行的客观规律，发挥传播信息、引导舆论的功能，通过新闻报道的真实性、时效性、客观性和新闻评论的引导性塑造媒介公信力和影响力的生存和发展理念，是广播电视作为大众传媒发挥基本功能的理论表达和实践总结。

“新闻立台”应当发挥传播信息、引导舆论的功能，且对新近或正在发生的事实进行报道，这始终是广播电视媒体的首要功能。广播电视媒体的新闻频率/频道，若不以报道新闻作为生存发展与品牌塑造之本，或许能在娱乐化和收视率的指标下获得短期的产业式的经济效益和关注度，却实难塑造起支撑其长远发展的美誉度和公信力。以整点新闻滚动，现场直播和实时更新的滚动新闻、字幕新闻，辅以新闻专题节目和新闻评论，打造实时、权威、专业的“新闻旗舰”形象，已经是多数新闻频率/频道的共识。“新闻立台”所指的“新闻”，是一个宽泛的“大新闻”概念，除了硬新闻之外，新闻专题、深度报道、新闻评论专栏，天气预报，体育、财经、娱乐等行业新闻，交通信息、生活服务资讯等内容，都是“新闻立台”的外延，它们都是广播电视媒体发挥基本功能的途径。

在传媒产业竞争白热化的当下，对“新闻立台”的理论研究极易被“以新闻立台”或者“在新闻中立台”的工具理性所套用，诚然，这二者均具有一定合理性，强调了“新闻立台”的某些功能和意义，但媒介的天性决定了其最终是要以新闻安身立命，“新闻立台”是本体而非对象，新闻是客观存在而非主观臆造。“新闻立台”的本体地位要求广播电视媒体遵循新闻报道真实性、客观性、及时性、贴近性等基本原则，在对新闻节目数量进行规定的基础上，以尊重新闻传播规律而非功利获取某种效应的心态，满足受众的信息需求和知情权利，从而自然地获得公信力为媒体所带来的效益。

纵观世界范围内广播电视媒体的生存和发展策略，“新闻立台”在我国有着明显的政策推进因素。在我国，“广播电视意识形态属性始终是第一位的，喉舌功能是不可替代的。新闻传播是广播电视传媒的第一功能，新闻传播是实现喉舌功能的重要载体和主要方式，也是广播电视履行基本职能的生存之基和发展之道”①。不过，从“新闻立台”的本体意义和现实情况来看，它并非我国广播电视媒体所独有的媒体理念和制度安排。西方国家开办专业的新闻频道，尤其是国际频道，多以专业的新闻报道作为进行国内外信息传播的策略。“CNN 国际频道几乎没有纯娱乐型的节目。时政新闻、经济新闻、体育新闻占了整个国际频道新闻报道的90%以上，其中 CNN 国际频道的时政新闻报道节目数量最多，达到 34.62%。”②在传媒产业多元化、全球化和纵深化发展的背景下，所谓“国内新闻”“国际新闻”的界限已经开始消融。实现环境监测、信息公开、舆论监督，应当成为各国媒体坚守社会责任的共识，任何追求覆盖全球、世界一流的媒体，都将无可避免地回归新闻本位，以

① 陶广平.深化新闻立台需要强化的若干理念——对《关于加强广播电视新闻立台工作的若干意见》的解读[J].中国广播电视学刊,2012(8).

② 雷跃捷,张彩.国际新闻频道研究[M].北京:中国广播电视出版社,2013:263.

扎实的报道和权威的声音赢得受众。

强调“新闻立台”的理念是对广播电视媒体“大众传媒”的社会角色和基本功能的重申，对于纠正当前普遍存在的将媒体和新闻作为纯粹“产业”或“产品”的谬误，从本体层面再认识新闻和媒体提供了学理上的切入点。在我国社会转型的背景下，广播电视媒体若能充分地实现“新闻立台”，这不仅有益于广播电视的实践，同时还将助力新闻与宣传、新闻与民主、新闻与法制等重要命题的学理讨论。

（本文由笔者和中国传媒大学助理研究员薛宝琴合作撰写，原载于《中国广播电视学刊》2014 年第 9 期）

习近平对外传播思想的理论价值与实践意义

党的十八大以来,以习近平同志为核心的党中央高度重视对外传播工作,多次发布理论阐释,为具体的对外传播工作提供了理论建构和方向指导。在党的十九大报告中,习近平总书记更强调,必须“推进国际传播能力建设,讲好中国故事,展现真实、立体、全面的中国,提高国家文化软实力”,将对外传播工作提升到展现中国文化软实力的高度。习近平对外传播思想,具有丰富的理论内涵和实践意义,本文尝试对其进行解读和阐释,以请教于专家读者。

一、习近平对外传播思想的内涵和要义

1.推动构建人类命运共同体

习近平同志在党的十九大报告中指出,“世界正处于大发展大变革大调整时期”,人类只有一个地球,面对挑战人类安全与和平的诸多不利因素,没有任何国家、任何文明可以置身事外。作为有着数千年悠久历史的文明古国和全球重要经济体之一的中国,坚持对外开放的基本国策,以“一带一路”的国际合作为路径,在进行对外传播的过程中,要秉持尊重文化多样性、多元文明的客观立场,持续推动稳定国际秩序的构建,促进全人类知识经验和智慧成果的分享,并为全球治理贡献独特的中国方案。

2.坚守中华文化立场

在对外传播工作中,要始终坚守“以我为主”的中华文化立场。传播

是表，文化为根。我们的对外传播工作，归根到底，是要加强中华文化、中华文明的辐射力、影响力，推动中国特色社会主义文化在全球范围内的广泛传播。长期以来，受国际传播体系西强东弱的影响，中国媒体的对外传播工作略显被动，缺少自己独特的理论体系，话语表述能力也略显不足，很多的概念、范畴仍然需要借用西方的话语体系进行表述，这使得在国际传播的大舞台上，我们的声音始终难以进行更有效的传达，传播效果也不尽如人意。为此，要坚守中华文化立场，就需要尽快建构独特的中华文化对外传播体系和相应的话语表述，扭转目前对外传播工作中的被动、不利局面。

3.推进对外传播能力建设

推进对外传播的能力建设，具体而言主要包括三个方面。

首先，提升对外传播的技巧。长期以来，中国的对外传播更注重宏大叙事，不擅长从小故事、小细节去贴近受众，这种叙事方式本身和受众就有一定距离，放在跨文化、跨国的传播语境中，遭遇文化折扣，更难以真正抵达受众，形成有效传播。习近平同志在十九大报告中指出，“推进国际传播能力建设，讲好中国故事，展现真实、立体、全面的中国”，强调并不仅仅只是讲中国故事，而是要“讲好”故事，掌握讲故事的叙事技巧，以平等包容、兼收并蓄的心态来观照日常空间中的故事，以细节展现当代中国开阔舒展的气象，以真实、接地气的叙事打动受众。

其次，要善于借势，以“互联网+”的方式打造高品质的对外传播媒介产品。中国目前正处于从制造业大国向制造业强国转变的关键阶段，传统行业面临优化升级、制造变创造的极大挑战，媒体行业也不例外。中国媒体行业可以借力于新兴的网络技术，快速升级改造，弥补以往和西方国家相比在媒介技术方面的不足，打造高品质的对外传播媒介产品，从而实现“弯道超车”。

再次，要做好人才队伍建设，培养一支作风踏实、业务精良的对外传播人才队伍。国际竞争的关键是人才竞争，具体到对外传播工作，要坚持党管人才原则，培养一批对党的新闻事业高度忠诚，同时熟悉新闻传播规律，兼具开阔的国际视野和精深的专业素养的新闻传播人才。

二、习近平对外传播思想的理论价值

1.习近平对外传播思想是对马克思主义新闻观的继承和发展

马克思主义新闻思想是马克思主义在新闻舆论领域的观念和学说的理论体系，是一个开放的理论体系，始终在与时俱进、不断发展完善中，是马克思主义理论的重要组成部分。“中国共产党的新闻思想是一种开放的、发展的理论体系，它始终坚持站在时代的前列，不断用自身最新的实践经验和理论成果来充实和发展自己。”①中国共产党的新闻思想为马克思主义新闻思想提供了既符合新闻传播普遍规律，又独具中国特色的经验和理论，极大地丰富和发展了马克思主义新闻思想。

以毛泽东、邓小平、江泽民、胡锦涛为代表的中国共产党领导集体，在长期的新闻宣传和舆论工作实践中，始终立足于党情、国情、世情，根据党和国家在各个时期中心工作的实际需要，以及时代发展和国内外环境的变化，坚持以马克思主义新闻观为指南，不断总结自身经验，积极创新新闻宣传和舆论工作的理念、内容、方式和手段，逐渐形成了自己的新闻思想。

党的十八大以来，习近平同志在继承马克思恩格斯列宁新闻思想和中国共产党几代领导人新闻思想优秀理论成果的基础上，把握新闻舆论工作的时代特征，把握新时期中国新闻实践的规律，提出了一系列新思想、新理念、新思路、新战略，形成了比较系统而成熟的新闻舆论思想，习近平对外传播思想是习近平新闻舆论思想的重要组成部分，丰富和发展了马克思主义新闻思想。

2.习近平对外传播思想是对中国传统优秀文化和当代先进文化的创造性传承和发扬

如前所述，习近平对外传播思想中的第一要义，是提出了推动构建人类命运共同体的宏伟构想。这是新时代以习近平同志为核心的党中央领导集体对当下世界潮流发展趋势所做的正确把握，是对人类命运走向所做的正

---

① 郑保卫.中国共产党新闻思想史[M].福州：福建人民出版社，2004：530.

确预测和判断。它体现了中国传统文化精髓,是东方智慧和中国抱负在全球发展和治理中的理论贡献和实践担当。在推动构建人类命运共同体的构想中,我们能依稀看到中国古代先贤关于天下观的思想遗存,能品味出当代新儒家所倡导的"文化自觉"的韵味,也能感悟出构建"各美其美,美人之美,美美与共,天下大同"的世界文化新格局的当代中国诠释与中国追求。

从这些方面来认识,我们在世界倡导推动构建人类命运共同体,就不仅仅只是关注全球最为关心的"生态"问题,而且更关注人类的"心态问题"。只有把这两方面的问题融通起来思考和面对,人类才有可能树立起新的世界观。

3.习近平对外传播思想具有中国特色社会主义独到的思想价值及实践意义

媒介技术的飞速发展,使得对外传播工作中充满了种种难以把握的变化,对外传播工作面临新挑战,时代呼唤新思想、新办法。习近平同志牢牢把握时代脉搏,积极回应时代关切,因应时代传播技术变革大潮,从我国新闻实践工作中"挖掘新材料、发现新问题、提出新观点、构建新理论"①,对对外传播工作的价值、目的、任务、战略、策略等进行了全面系统的论述。他创造性地提出人类命运共同体的价值观、坚守中华文化的本位观、融通中外的话语体系观等,针对对外传播工作中的新现象、新问题进行了系统阐释,形成了完备的战略路线图和操作方法论,体现出"时代性""系统性""创新性"和"合规律性"的鲜明特征。

习近平对外传播思想的理念价值,也在国内外引起热烈反响及评价。如英国剑桥大学研究员马丁·雅克认为习近平首提构建人类命运共同体倡议,"是前无古人的伟大创举,也是改变世界的伟大创造",这一理念摒弃丛林法则,为人类文明的发展规划出新路径,指明新方向。②《华尔街日报》文章则称,在全球舞台上,习近平主席将中国打造成不同于西方的一个选择,

① 习近平在哲学社会科学工作座谈会上的讲话[EB/OL].(2016-05-17).http://www.xinhuanet.com/politics/2016-05/18/c_1118891128.htm.

② 开启新征程谱写新史诗[N].人民日报,2018-01-02.

拥有独特的政治体系和文化。① 可见,习近平对外传播思想具有中国特色社会主义独到的思想价值及实践意义,为世界提供了更多元的视角和选择。

三、习近平对外传播思想的实践意义

习近平对外传播思想为当下的对外传播工作指明了方向,也为中国媒体讲好中国故事提供了路径依托。在贯彻习近平对外传播思想的新闻实践工作中,涌现了大量故事讲得好、讲得精彩的生动案例,为习近平对外传播思想的实践提供了丰富的诠释。

1.讲好海上丝路故事——《共赢海上丝路》

2016 年 7 月,深圳卫视摄制的八集新闻纪录片《共赢海上丝路》播出。该纪录片以"生机""关系""根基""视野""格调""守望""收起""引领""竞合"为主题,聚焦于深商及中国企业在海外打拼奋斗的故事,总结海上丝绸之路共赢经验,讲好普通人的奋斗故事,为中国对外传播话语体系建构和话语模式建立,提供了独具特色的深圳经验。

《共赢海上丝路》主要是为响应国家"一带一路"倡议而投入摄制,但却并未局限于宏观的宏大叙事,而是以普通人的生活、奋斗经历为切入点,讲述普通中国人和其他国家公民的日常生活故事,通过细节分享,探讨如何通过国家、企业以及个人的对外传播行为,将"一带一路"倡议落到实处,切实打动海外受众,使他们感受到具体的"民心相通"。第二集"关系"就讲述了两个温馨的小故事:中国企业拿到阿联酋的机场扩建项目,在项目施工过程中,不断遇到与当代文化的冲突,中国人原有的注重平衡、协调的"关系"思维,在当地一再碰壁,不得不进行调整,以国际通行的方式来协调团队合作,从而真正与外方人员建立起和谐的合作关系。

这种讲故事的方式,生动、自然、接地气,将"一带一路"倡议、人类命运共同体等宏大叙事填充在日常生活空间中,以视觉符号的形式进行全面展示,使得"作品呈现出比较丰富而思辨的视角,而不是简单、绝对、标签式的

① 外国人眼里的习近平:担当现在和创造未来的人[EB/OL].(2017-11-17).http://politics.people.com.cn/n1/2017/1117/c1001-29653556.html.

宣扬，作品更具真实性和现实性”①。

该纪录片的摄制还别出心裁地结合了当下最流行的 TED 演讲形式，每一集都邀请一位知名人士担任节目嘉宾，就中国企业、个人在海外发展所遇到的问题进行答疑解惑，充分发挥中国智库的作用。这样拍摄的纪录片，形式活泼，内容丰富，既有好看的小故事，又不乏凝练的经验总结，可谓直接触动受众的使用需求，为中国媒体探究对外传播的新表达、新形式，提供了良好的经验借鉴。

2.讲好青春故事——《我的青春在丝路》

《我的青春在丝路》是由芒果 TV 出品，共青团中央宣传部和湖南广电新闻中心联合摄制的新闻纪录片。纪录片于 2018 年 3 月在芒果 TV 播出，以“青春”为主题，聚焦于青年人在“一带一路”建设中的日常工作，为中国对外传播实践提供了丰富生动的注解。

《我的青春在丝路》总共有五集，分别是《我在巴基斯坦种水稻》《尼泊尔的诗与远方》《哈萨克斯坦修井记》《吴哥窟的拼图者》《谈判在非洲》，讲述五位 35 岁以下的“80 后”年轻人在五个国家的故事，摄制团队也是清一色的“80 后”，以“80 后”的青春挥洒、青春无悔，“展现中国青年的智慧与担当”。每集 10～15 分钟，形式灵活，风格清新，与“青春”的主题相互呼应。为展现青春的精彩绚丽，纪录片选择了多个温馨的小故事，将国家大事、千秋大业于不动声色中化解为普通人日常生活里的点滴细节，娓娓道来，于无声处动人。如第五集中讲述了项目经理孙钦勇在非洲的谈判故事，提到非洲人与中国人之间的文化冲突：一边是亚吉铁路的工期急需加快；另一边则是生性逍遥的非洲当地人发了工资后就去休息，大量工人不来上班导致停工。在激烈的矛盾冲突面前，年轻的项目经理主动采取了请当地朋友大穆鲁帮忙的方式来解决问题。大穆鲁在中国人的帮助下已经快速致富，成为当地首富，他的经历，点明了中非双方“命运共同体”合作双赢的现实格局。事实上，亚吉铁路的修建离不开中非双方的共同努力和真诚相待。对于非洲当地人而言，中国人的真诚体现在中方员工帮助当地人打井、种菜、养鱼

---

① 池薇.从《共赢海上丝路》看地方媒体如何做好国家战略[J].视听，2017(8).

的一举一动中,体现在中国年轻人对非洲习俗、非洲日常生活方式的尊重中。纪录片结尾,将旭日、铁路、火车、公路、中非双方的工人和民众、动物、植物等镜头交叉剪辑,最后以孩子们灿烂的笑容和众声呼喊"China"作为结束,配以画外音,"中国青年的智慧与担当,就是'一带一路'小小的铺路石。真诚以待,迎难而上,当年轻的中国人与古老的非洲一起成长,融入理想,融入人心,必将迸发出耀眼的生命力,收获更加开阔的未来",再次点题,使得中非文化交流、民心相通的现实图景跃然而出,讲出了美好生活的青春故事。

四、结语

习近平同志站在党和国家全局的高度,阐明了对外传播工作的重要性,指出了对外传播工作的系统性、战略性、全局性意义,为中国的对外传播工作开辟路径、指引方向奠定了思想基础。中国的对外传播实践应将习近平对外传播思想融入日常工作的点点滴滴,提升国际传播能力,讲好中国故事,以推动中华文化的传播影响,并为中华民族伟大复兴和中国梦的实现而不懈奋斗!

(本文由笔者和中国传媒大学副教授李汇群合作撰写,原载于《对外传播》2018 年第 7 期)

向中国新闻史的精神领域进发

——评李滨《中国近代新闻思想的嬗变》

2002年,我在撰写《媒介批评》专著时,曾填过一首词,词中有“一部青史写精神”的句子。这是源于我研究五四新文化运动时期的媒介批评的感发。研究历史,尤其是研究人类的文明史,人,总是处于历史的主体地位。也就是说,一切历史活动都是以人为中心的。历史研究更应该是对人的研究。梁启超在其“新史学”中呼唤中国的“史学革命”,提出了“历史者,叙述人群进化之现象,而求得其公理公例者也”。中国史学名著《中国史学史》一书,对我国几千年来史学的发展极尽探赜索隐之功,通篇读来,对史家的研究介绍,占据了该书的大部分篇幅。由此引申,在研究新闻传播学说史时,加强对新闻人的思想研究,是写好写活这类论著的关键。英美等国的新闻史著作,如埃德温·埃默里(Edwin Emery)和迈克尔·埃默里(Michael Emery)父子等的《美国新闻史》、迈克尔·舒德森(Michael Schudson)的《发掘新闻:美国报业的社会史》、詹姆斯·卡瑞(James Curran)和珍·辛顿(Jean Seaton)的《英国新闻史》等,就无不在历史叙事的同时,对新闻人的思想、意志的阐述不惜笔墨铺陈,从而使“人”与“事”相互映衬,读之使人神思飞逸,能获得不少感触和启发。我国台湾学者赖光临著《中国新闻传播史》,主张新闻史“重视人物记述”,认为“人是一切事业的中心,人的思想作为,决定一个事业的风格与荣枯”。这一观点是值得大陆新闻史学界重视的。

中国大陆新闻学界在新闻思想史方面的探索尚有较大的拓展空间。李滨的新著《中国近代新闻思想的嬗变》(人民出版社,2017年版)尝试以本土化和现代化作为视角,来探讨中国新闻思想在中国近现代社会的演变过程。

作者将之与中国近代社会变迁结合起来考察，从而对中国近代新闻思想的阶段性发展做了较为清晰的分析和梳理。大陆新闻学界已有的几部新闻思想史方面的著作往往都试图对报人的新闻传播思想（包括新闻传播理论与业务）做全面的资料性概括和介绍，但在近代新闻思想的发展线索分析上往往缺少深入的学理论证和审视。李滨新著的一个重要特点是试图揭示晚清报刊思想方面的西学东渐过程，分析主要包括西方新闻传播思想在内的西学知识体系在中国近代报刊思想史上的影响，以及国人对之进行的顺应中国国情的吸收和阐述过程。这一思路是较有新意的。因为近代报刊本来就是从西方传入中国的，而报刊思想的渊源也主要来自西方。只是在近代不同时期，人们对西方思想的接受又打上了中国近代鲜明的阶段性的时代烙印。从这个意义上说，中国近代新闻思想史的发展演变过程，实质上也可以说是中西文化碰撞在近代发展中的政治、经济和文化情境中不断演绎、不断发展的曲折历程，是中国近代的先进知识分子为寻求中国的现代化道路而运用现代报刊媒体开展启蒙和实践的精神见证。

做新闻史学研究，最为关键的是研究者要具有良好的站位及观察的方向感。史学研究不能成为资料的堆砌，也不能成为某种"时髦"说法的附和者。多年前，大陆学界许多人对晚清"公共领域"的讨论就颇有牵强之处。史学强调论从史出、史论结合，意思是观点和材料要相得益彰。然而对于史料的解读往往又考验着研究者的学术洞察力、学术视野甚至于道德层面上的学术良知。近代新闻史料由于具有相对较远的距离而使当下的研究者可以用一种较为超然的态度去进行分析和归纳；然而也必然要从过去的历史中总结出对于当下乃至于今后相当一段时期内具有启发性、指向性的内容。为此，研究者虽然做的是过去新闻史料的研究工作，但还是有必要站在新闻传播学的学理中心，去寻找前人对于学科根本问题的一些思索和回答。这里并不是说一些次要的、外围的新闻史学研究不需要，但对于新闻学这样的新兴学科，基础的搭建必然是最为迫切的。牟宗三先生在其演讲《客观的了解与中国文化之再造》中，主张"文化意识不足不能讲学，悲愿不够也不能讲学"。这就更要求超越特定学科场域而从人类文化的进步性视野去从事学术研究。在李滨等青年学者的笔下，我看到了中国新闻史学界新生代的努力和希望。

（本文原载于《青年记者》2018 年第 27 期）

建设中国特色新闻学的命题、资源、路径与方法

摘要：建设中国特色新闻学亟须对其所涵盖的命题、可利用的理论和学术资源、建设的路径和方法进行深入阐述。研究认为，中国特色社会主义新闻理论已初具体系，它是中国特色新闻学的核心部分，有理由相信，具有与时俱进理论品质的中国特色社会主义新闻理论，将引领中国特色新闻学的学术、学科、话语体系建设，并通过艰苦卓绝的努力，引领中国特色新闻学跻身世界的学术之林。

关键词：中国特色新闻学；命题；资源；路径；方法

一

本文破题之前，有必要对建设中国特色新闻学这个命题的学术合法性问题做出回答。这里所说的“学术合法性”问题，是指在学术意义和实践意义上判断此命题是真命题还是伪命题的问题。自从传播学被引进以来，以“传播学”替代“新闻学”的声音不断。既然“新闻学”可以被取代，那么，作为一门“处于黄昏时分”的学问，还谈什么建设？更遑论“中国特色新闻学”的建设了。从这种观点和认识出发，讨论建设“中国特色新闻学”，岂不就是一个伪命题？但是，实际情况真是如此吗？新闻学的当代命运果真如此不堪吗？关于这个问题，以郑保卫为代表的一些新闻学者已发表了许多以事实为依据的批评，本文不赘述。

对于“建设中国特色新闻学”这个命题的论证,笔者认为可借鉴相邻学科,来做一番比较研究,以便从另一个角度求得正确的答案。纵观改革开放四十年的发展,中国的和平崛起已是世人的共识。伴随着中国综合国力的迅速攀升,“中国道路”“中国经验”引起了国际社会的普遍重视。面对这种趋势,有作为的中国学术界不可能不考虑所研究领域的“中国特色”问题。姑且不论社会学正在发生的“社会学的中国化”向“中国特色的社会学”的成功转型,就连“国际政治学”这样在以往完全由西方学术界所垄断和把持理论阐释权和话语表述权的学科,如今,也正在致力于构建中国特色的国际政治思想理论。该领域的学者表示:“中国从闭关锁国走向改革开放之时,正是国际政治理论研究取得长足发展之际。经过几十年的发展,中国国际政治理论研究从单一的国家间关系研究扩展到几乎社会科学的所有研究领域。”①其间,“中国国际政治学界深刻认识到,建设中国自己的国际政治理论体系不仅仅是理论发展的必然,也包含着现实的必要性。自 1987 年起,诸多学者强调国际政治研究的‘中国特色’,而进入 21 世纪以来,中国国际政治学界不再聚焦于‘中国特色’的争论,转而致力于‘中国学派’的建构,中国国际政治理论研究变得愈加规范与厚重”。② 其面对的基本问题是:如何秉持中国重心,将理论研究与中国实践相结合,突破对西方国际政治理论范式的模仿与追随,开创中国国际政治理论研究的新图景。随着国际形势的日益变化,世界格局从单极化转向多极化,崛起后的中国,面临着日益复杂的国际形势,与此相适应,国际政治学也从一门“小学科”而发展成为当代的“显学”。这种情况,和新闻学非常相似。改革开放以来,新闻业处于改革的最前端。在反映改革、鼓吹改革的同时,新闻业自身的改革始终没有停止,在社会转型和新媒体迅猛发展的当下,呈现出加速度的态势。新闻实践中这些带有强烈“中国印记”的“中国经验”,经过不断提炼和升华,形成“中国特色社会主义新闻理论”。这套理论自成体系,是有效地阐释和指导中国新闻实践的理论武器和行动指南。所以,我们有充足的理由和自信来论述“中国特色新闻学建设”的问题。对照相邻学科,如前述国际政治学的“中国特色

① 梁守德.国际政治学在中国——再谈国际政治学理论的中国特色[J].国际政治研究,1997(1).

② 陈岳.对建立中国国际政治学理论体系的思考[J].教学与研究,2005(4).

理论”的阐述,新闻学界提出的“中国特色新闻学建设”这一命题,不仅仅是真命题,而且是一个体现了鲜明的时代特征和包含了丰富的历史底蕴,立足当下、放眼未来的大命题。它不但需要新闻理论工作者具有充分的学术自觉和理论自信,同时,还要具有能够超越时代局限的大格局、大视野、大智慧！基于此,新闻理论工作者同样有理由憧憬和相信:中国特色的新闻学建设将突破西方新闻学,尤其是传播学理论范式的模仿与追随,去致力于开创中国特色新闻学建设的新局面。

二

中国特色新闻学建设的资源来自以下六个方面。

一是中国的新闻传播实践,尤其是当代中国的新闻传播实践,这是中国特色新闻学建设的源头活水,是新闻理论的源泉。

马克思主义认为,社会生活在本质上是实践的,实践是人类社会产生、存在和发展的基础,也是人们认识世界、改造世界的源泉。邓小平指出:“一个新的科学理论的提出,都是总结、概括实践经验的结果。”①毛泽东指出:“我们是马克思主义者,马克思主义叫我们看问题不要从抽象的定义出发,而要从客观存在的事实出发,从分析这些事实中找出方针、政策、办法来。”②社会实践是社会科学理论的源头活水,新闻学理论概莫能外,更需要从丰富的新闻传播实践中撷取素材,吸收养分,来建设自身的理论概念、范畴和原理、原则。譬如说,中国新闻理论中,有“舆论导向”这个具有鲜明中国特色的新闻学概念,并在这个概念的基础上,衍生出“坚持正确的舆论导向”“提高舆论引导能力”等一系列的理论命题。

“舆论导向”的这个概念和由此衍生的一系列命题,并不是从逻辑推论中诞生的,也不是新闻理论工作者凭空想象出来的,而是从总结中外新闻舆论工作经验教训中,获得的怎样做好中国特色社会主义新闻工作的理论认识。“从实践中来,到实践中去”,中国的新闻实践为中国特色新闻学建设提

---

① 邓小平文选:第 2 卷[M].北京:人民出版社,1994:57-58.

② 毛泽东选集:第 3 卷[M].北京:人民出版社,1991:853.

供了最直接、最丰富的理论资源。

二是中国新闻思想史所提供的理论学术资源。

中国无产阶级和社会主义新闻思想发展史，即马克思主义新闻思想史的理论资源，为中国特色新闻学所继承和发展。这方面的情况，本文拟接下来专门阐述。这里，本文拟就中国近代新闻思想史所能提供的理论资源，做较为详细的阐述。这些理论学术资源，不仅能丰富中国特色新闻学的学科体系，而且将赋予中国特色新闻学的学科特质乃至话语方式。

如前所述，新闻实践是新闻理论的源泉。中国近代新闻思想，是由近代中国报刊实践活动催生的。因此，它带有中国近代报刊实践的时代特质，这些特质是由封建地主阶级的维新派和资产阶级改良派及资产阶级革命派的新闻报刊活动性质所决定的。总体来看，中国近代早期和中期的新闻报刊思想，其性质是旧民主主义革命的新闻思想，其主流是资产阶级自由主义的新闻思想，明确认识中国近代新闻思想这些总的面貌和特质，对于批判性地吸收其理论资源，为建设中国特色新闻学所用，是非常必要的。

对于中国近代百年的新闻学发展特点，有人概括为："与国家同命运，与时代同进步，与社会同发展。"①这是切中肯綮的。中国近代新闻思想历经百年，风雨坎坷，筚路蓝缕，几经沉浮，但贯穿始终的是"启蒙变革"和"救亡图存"这两个主旋律的交织演奏。

发轫于鸦片战争的中国近代史，是一部"启蒙"和"救亡"史。腐朽没落的清王朝封建专制统治所引起的深重的阶级矛盾，由帝国主义列强欺凌瓜分中国引起的民族危机，促使中国士大夫阶层的一些有识之士，寻找启蒙变革和救亡图存的道路和方法。"启蒙"和"救亡"这两个主题交织在一起，互为条件，互为因果，而为实现这两个目的，创办报刊就成为其启蒙和救亡的有力武器。从魏源的"夷情备采"的主张，到洪仁玕"新闻篇"，从王韬所谓的"强中以攘外，诹远以师长"的办报思想与实践，到郑观应的"盛世危言"对日报在立宪政治中的作用的认识，反映了封建地主阶级维新派面对时艰的政治倾向和对新闻报刊的认识。这些新闻思想，虽然具有浓厚的封建地主阶级维新派的政治色彩，即希望学习西方的技术，在不改变封建专制制度的前

① 郑保卫.中国新闻学百年回望与思考[J].新闻与写作，2018(1).

提下做维新变革的政治设想,但是悬置其具有的阶级和时代的局限性,这些中国近代早期的新闻主张和新闻思想,仍然具有值得研究和借鉴的地方。它们是最早睁开眼睛看世界,向西方学习其先进文化和科学技术的开明人士,是具有早期中国资产阶级宪政思想和新闻主张的开路人,是中国近代史上最早开始运用西学来开启民智、影响朝政的启蒙者。

甲午战争的失败把中国投入空前的民族危机的深渊。为拯救危难的中国,维新派人士发动了资产阶级改良主义政治运动——戊戌变法。配合这场声势浩大的变法运动,近代中国出现了第一次办报高潮。这一时期,由严复开创的《国闻报》,通过宣扬达尔文的进化论,来改革中国人的哲学观念和思想主张,以达到启蒙的政治目的。严复提出的"通中外之故"和谭嗣同"通上下之情"是其"开民智"的办报思想的理论总结。严复等近代资产阶级改良派的进化论主张,以"改革旧规矩,探索新方法"寻求自强的功用,在中国近代史上发挥了巨大的思想启蒙作用。严复、谭嗣同设想"开民智"的方法之一,就是兴办报刊。报刊可以"通上下之情,通中外之故"。这些新闻思想,对于我们认识报刊具有桥梁沟通的作用,也是有着直接的影响的。梁启超在总结严复、谭嗣同新闻思想的基础上,紧跟时代发展的潮流,在丰富的报刊实践经验基础上,提出了著名的"去塞求通"的办报主张。梁启超最早提出报刊具有"耳目""喉舌"功能,是在"去塞求通"认知基础上提出的报刊新闻理论。梁启超由封建士大夫维新派人士转变为资产阶级改良派人士后,为报刊的耳目喉舌理论赋予了新的内涵:"报馆者,国家之耳目也,喉舌也,人群之镜也"①。这种认识已经摆脱报纸是君主的耳目、臣民的喉舌的封建主义意识形态的窠臼,完成了报纸是超阶级、超党派的"第四阶级",是政府的监督者、国民的向导者的资产阶级宪政观点的思想转变。梁启超关于报刊具有"耳目""喉舌"功能的观点及其有关这个新闻思想随着时代的发展而发生的相应的转变,对于今天建设中国特色新闻学,有着启示和借鉴的意义。

戊戌变法的失败促使资产阶级民主派分化成改良和革命两大派。两大

① 梁启超.清议报一百册祝辞并论报馆之责任及本馆经历[M]//《饮冰室合集》文集:第3册.上海:中华书局,1936.

派别的报刊实践和新闻思想也发生了冲突和变革。辛亥革命成功,使得资产阶级民主革命派成为执政的一方。时代的巨变,给中国近代新闻思想带来了新的面貌。以孙中山为代表的资产阶级民主革命派的办报实践和新闻思想,成为这一时代新闻思想的典型。作为资产阶级民主革命的先行者,孙中山有一整套政治纲领和革命哲学:这些归结为"民族""民权""民生"的"三民主义"。随着革命形势的变化,在十月革命胜利和中国共产党人的影响下,孙中山的思想发生了变化。他接受共产国际和中国共产党的建议,毅然改组国民党,实行联俄、联共、扶助农工的三大政策,并实行"新三民主义"政策。与旧三民主义相比,新三民主义有了质的飞跃和巨大进步。在民族主义方面,新三民主义提出了反对帝国主义的目标;在民权主义方面,新三民主义主张普遍平等的民权;在民生方面,新三民主义提出了平均地权和节制资本的办法。新三民主义是"革命的三民主义",也是"新民主主义的三民主义"。孙中山政治主张和哲学思想的这些变化,在他的新闻舆论思想中有鲜明的表现。有学者概括孙中山的办报理论为:"一、报刊是引导人民进行革命的有利舆论工具,革命派要坚持在两条战线上同时作战。"①孙中山既重视"言论自由",更重视报刊的舆论引导作用。因此,他把报刊称为"舆论之母"。"二、理论宣传是革命舆论成败的关键。"②他曾经在《民报发刊辞》中说:"今者中国以千年专制之毒而不解,异族残之,外邦逼之",要拯救中国,必须用"非常革新之学说"来唤起人心,使"皆基本于民"的三民主义普及为人民的常识,才能使革命在中国实行。③ 重视舆论的作用,重视报刊舆论引导的功能,重视舆论领袖的作用,是孙中山开展资产阶级民主革命,实现三民主义的一条重要策略。这和严复的"开民智"、梁启超的"去塞求通""耳目""喉舌"理论,有理论相承的关系。在武昌起义爆发后,针对章太炎提出的"革命军起,革命党消"的错误论调带来的革命舆论界的混乱,孙中山予以坚决驳斥,主张"舆论归一",即"舆论一律"。在革命已获成功,建立了临时政府的时候,孙中山又提出,报界要"言论一致",才能使"人心一致",以维护国家统一,维护临时政府新政权的建立。他提出:"今日报纸,必须改易其方

---

① 胡太春.近代中国新闻思想史[M].太原:山西教育出版社,1987:157.

② 胡太春.近代中国新闻思想史[M].太原:山西教育出版社,1987:162-163.

③ 孙中山全集:第1卷[M].北京:中华书局,1981:288-289.

针，人心乃能一致。”“报纸在专制时代，则利用攻击，以政府非人民之政府也；报纸在共和时代，则不利用攻击，以政府乃人民之政府也。”①这说明作为一个政治家，孙中山此时的思想已发生转变，他的“新闻理论具有唯物论”的倾向②。总结孙中山的新闻思想，特别是他重视舆论的思想，对于今天我们坚持正确的“舆论导向”是大有裨益的。

辛亥革命成功，结束了在中国实行了几千年的帝制，中国从政体上走进了共和。虽然这种在半殖民地、半封建社会基础上建立起来的共和制，徒有形式，但毕竟以武装革命暴力的方式来推翻封建帝制的斗争已宣告结束，时代进入了共和。中国反帝反封建的斗争，一度进入到以思想意识革命为主体的文化斗争和意识变革的时期。相应的，新闻报刊思想，也进入到变革和建设并行的轨道。民国初年所发生的“报律之争”，从表面上看，是取得了政权的临时民国政府内务部与章太炎等持有无政府主义和空想社会主义思想的民主人士之争，但从思想文化的深层次上看，则是资产阶级新闻自由主义思想在中国近代新闻史上的一次大的亮相，一次斗争的大胜利。这次以临时大总统孙中山废除《暂行报律三章》为标志的胜利，鼓舞着资产阶级新闻自由主义思想一路高歌猛进，后经黄远生、史量才等报界骄子的发扬光大，逐渐演化为一股新闻思想主潮，这股思潮不仅鼓舞和支持着民国时期的新闻实践（虽然其中经历万般曲折和磨难，几近夭折而最终落得个异化的结果），同时，在新闻学理论建设中，也是颇受青睐，得到浓墨重彩的书写。

以上本文用较大的篇幅勾勒了中国近代新闻思想的发展轨迹，从中，我们可以发现，“启蒙变革”“救亡图存”的社会责任和国家命运，毫无选择地落在了中国近代报人和他们所创办的报刊的肩上。正是这种历史的选择，使得中国近代报刊承担着沉重的政治使命。这就是中国近代报刊成为政治的宣传媒介和舆论工具的根本原因。由是，从这种报刊实践中产生出来的报刊新闻思想，自然就和彼时、彼处的政治、经济、哲学、文化思想发生了最密切之关系，而其中的政治哲学，又成为中国近代新闻思想，尤其是中国近代早、中期的新闻思想的支配性的思想资源。魏源的“夷情备采”主张，王韬的

---

① 对党报记者的演说[M]//孙中山全集：第 2 卷.北京：中华书局，1982：349.

② 胡太春.近代中国新闻思想史[M].太原：山西教育出版社，1987：169.

“强中诹远”“义切尊王”思想,郑观应的“通民隐、达民情”的新闻观,是历史循环论的世界观在新闻思想上的反映,严复服膺的进化论,给当时中国的思想界带来了巨大的影响。维新派以此作为向封建保守势力发动进攻的思想武器,这自然影响了中国近代早、中期的新闻思想发展,严复的“通中外之故”,谭嗣同的“通上下之情”,梁启超的“去塞求通”等新闻思想,莫不受到这种庸俗进化论政治哲学的影响,即便是具有在当时属于先进的资产阶级民主主义革命思想的代表人物——孙中山,也都程度不同地受到社会进化论的影响。他的“新闻自由并非人人享有”的新闻思想,就是从“人性进化”的理论角度出发而得出的。①

正是中国近代的这一段特殊的历史,也正是“启蒙变革”“救亡图存”的现实需要,造就了中国近代报刊的辉煌和鲜明的特点,同时也造就了中国近代新闻思想的辉煌和鲜明特色。我们将中国近代新闻思想当作中国特色新闻学建设的重要资源,是因为在梳理中国近代新闻思想的形成和发展过程中,我们可以看到滋生成长于中国社会土壤中的中国近代新闻思想所具有的鲜明的中国特色。这些具有中国特色的新闻思想,对于我们建设中国特色新闻学有巨大的历史价值和现实意义。其中一些概念、原理、原则和方法,一直沿用到现在,并将延续到将来。如果说“言论独立”“舆论之母”“新闻自由”等概念带有浓厚的西方资产阶级新闻学色彩,那么“耳目喉舌”“去塞求通”“史家办报”等则是中国近代资产阶级报人,根据中国国情提出的具有中国特色的办报理论。其中“史家办报”是中国传统秉笔直书的史家精神和文人论政的士人情怀在近代报刊实践和理论上的反映。

三是中国特色社会主义新闻理论的丰富资源。

中国特色社会主义新闻理论,已经形成了自己独特的理论体系,由以下十六个基本命题构成:①新闻事业是党、政府和人民的喉舌。②党性原则是中国特色社会主义新闻事业的基石,党性和人民性是统一的,一致的。新闻工作要坚持以人民为中心的工作导向。③“二为”基本方针是规范社会主义新闻工作的行动指南。④以正面宣传为主是新闻宣传工作一条成功的经验。⑤“三贴近”原则指明了加强和改进新闻工作的有效途径。⑥坚持正确

① 李瞻.孙中山思想与新闻政策之研究[J].新闻春秋,2012(1).

的舆论导向是党和人民之福。⑦舆论监督是社会主义民主的重要形式。⑧坚持把社会效益放在首位,做到经济效益同社会效益相统一。⑨统筹国内国际新闻宣传两个大局是中国特色社会主义新闻事业面临的一项新任务。⑩遵循新闻传播规律,提高新闻传媒的传播力、引导力、影响力和公信力。⑪事实是新闻的本源。⑫新闻真实的内涵是具体真实与总体真实的统一。⑬实践是检验新闻价值的标准。⑭新闻出版自由是具体的、相对的。⑮新闻事业必须加强法制建设。⑯加强和改善党对新闻工作的领导,抓好新闻队伍建设。①

中国特色社会主义新闻理论,融汇了邓小平理论、"三个代表"重要思想、科学发展观和习近平新时代中国特色社会主义思想中的新闻思想,是中国特色社会主义理论体系的有机组成部分。它是马克思主义同时代特征和当代中国实践相结合的产物,是对马克思主义新闻观的坚持和发展,是对世界无产阶级和社会主义新闻事业正反两方面经验的深刻总结,是改革开放以来中国共产党新闻理论创新的集中概括,是马克思主义新闻观的最新成果,它是中国特色新闻学的当代概括和当代表达。

四是西方新闻学的理论、学术资源。

新闻学是西方舶来品。我国的新闻学,特别是新闻学理论,一些最基本的概念、命题、范畴或直接或间接接收了西方新闻学的学术概念和理论资源,如新闻价值、新闻客观性、新闻自由、新闻专业主义等等。可以说,目前我国新闻学理论,仍然在一定程度上沿袭了西方新闻学原理的那一套学术体系和话语体系,还未出现根本性的突破。这从另一个角度说明,西方新闻学的一些基本概念、原理,是符合新闻传播规律的。因此,西方新闻学的合理因素、西方新闻学的学术资源和理论营养,是中国特色新闻学建设的重要资源。

五是传播学的理论、学术资源。

自改革开放以来,西方的传播学被引介到中国,极大发展和丰富了中国特色新闻学的建设。传播学给新闻学带来的影响,是极其深刻的,它从根本上改造了新闻学的研究范式和话语表达。同时,这些理论上变革创新的成

---

① 《新闻学概论》编写组.新闻学概论[M].北京:高等教育出版社,人民出版社,2009.

果，被运用到新闻实践活动中，也产生了新闻改革的巨大效应。反思传播学在中国走过的近四十年的曲折发展道路，为什么传播学会从当年被人指责为“资产阶级新闻学体系中的伪科学”，而发展成为能用于指导新闻传播实践活动的一门科学的共识？除了四十年改革开放，解放了人们的思想这个原因之外，更重要的原因，是传播学揭示了新闻传播活动的一些基本规律。我们知道，新闻事业的两大基本功能——传播信息、报道新闻，反映舆论、引导舆论，其中第一大功能是传播信息和报道新闻。传播学尤其是大众传播学的产生和发展，之所以获得迅速和长足的发展，正是由于它符合新闻事业基本功能的要求，揭示了新闻事业运动的基本规律。因此，作为一门科学，传播学给予新闻学带来的影响和变革将会是长远的。

六是舆论学的理论、学术资源。

舆论学给新闻学带来的影响，虽然不如传播学那样显现和强烈，但它的影响却是隐现的、潜移默化的。和传播学一样，舆论学对新闻学建设带来的影响和变革，也将会是巨大的和深远的。其原因也是它符合新闻事业基本功能的需求，揭示了新闻事业运动的基本规律，新闻事业反映舆论、引导舆论的功能，是舆论学得以影响新闻学的动因。和传播学之于新闻学的影响不同的是，舆论学之于新闻学的影响将会是更深刻、更深远的。笔者这么判断的理由是，传播信息、报道新闻，这只是手段，是人们利用新闻手段来获取信息的一种方式。因此，在新闻事业两大基本功能的位置中，它是前置的，而反映舆论、引导舆论是目的，有位新闻学前辈说过：“新闻是人民的教科书”。新闻事业不仅要报道新闻，更要反映舆论、引导舆论。舆论是新闻事业的旗帜。从目的论的角度，来观察舆论学对于新闻学的影响，我们可能会赋予中国特色新闻学建设内涵新的意涵、新的取向。

三

中国特色新闻学建设的路径是：立足中国新闻传播活动的实际，面向世界新闻传播活动的发展，以中国的视角来研究新闻传播活动演变和发展的客观规律。具体是中国特色新闻学的建构，必须以马克思主义为指导，运用历史唯物主义的基本原理，分析中国新闻传播活动的发展历史，评判中国新闻思想史中的各种观点和思想学说。运用辩证唯物主义的基本原理，观察和分析中外新闻活动和现象，总结得失，以揭示新闻活动的基本规律。中国特色新闻学的建设要以中国新闻思想史上，特别是中国新民主主义革命和社会主义革命和建设时期，中国共产党人创立的新闻理论体系为研究重点，批判性地吸收中国古代朴素的新闻思想和近代资产阶级革命的包括改良主义的新闻思想中有益的成分，批判性地吸取西方新闻理论，包括传播学理论的有益的营养，在借鉴和吸收的过程中，力求符合新闻传播活动的世情和国情的实际，做到一切从实际出发，实事求是，解放思想，努力创造出融通中外、贯穿古今的具有鲜明的中国风格、中国气派的新闻理论的"中国学派"。"继承发扬、借鉴吸收、发展创新"，这是铸造新闻学中国特色的必由之路。

四

"中国特色新闻学建设"的方法，要以马克思主义为指导，这是"中国特色"最显著的标志。"中国特色"所坚持的马克思主义，既不是苏联模式［联共（布）党史］钦定的"马克思主义"，也不是 20 世纪后流行于西方的各种形形色色的"西方马克思主义"或所谓的"新马克思主义"，而是坚持把马克思主义的普遍原理与中国的实际紧密结合，创造性地产生出马克思主义中国化的马克思主义。在马克思主义中国化理论指导下的当代中国实践，呈现出鲜明的中国特色。这个特色经过改革开放的洗礼和检验，显示了强大的时代生命力，蕴含了深邃的历史使命意识。在中国特色社会主义新闻实践中建设中国特色新闻学，在方法论方面，要在运用辩证唯物主义和历史唯物主义的立场、观点、方法作为理论分析武器的前提下，遵循以下两个方面的基本方法：

1.理论联系实际的方法

紧密联系中国的新闻实践活动，特别是紧密联系当代中国的新闻传播实践，这既是中国特色新闻学的理论来源，也是建设中国特色新闻学的基本路径和方法。有人将新闻学的理论基础薄弱、学理性不强的原因，归结为"理论联系实际"的方法。这无疑是对新闻学这门实践性、应用性学科性质的误解。但凡新兴、应用型学科，都具有一个基本特征，就是密切关注研究对象的实际情况，从实践中获得理论抽象的成果。以经济学为例。经济学有一门分支学科——新制度经济学。这是20世纪60年代以后在经济自由主义思潮复归过程中兴起的一个有影响力的新学派。到目前为止，这个学派已经成为包含众多分支流派的理论派别。新制度经济学的理论大师们提倡理论联系实际，因为经济学理论研究的基本范式就是"理论联系实际"，以国计民生的现实问题为研究对象。新制度经济学的创始人之一，罗纳德·H·科斯等一大批获得诺贝尔经济学奖的经济学大师，都是以研究现实中的经济问题而著称于世的。如罗纳德·H·科斯于1950年出版的《英国广播：垄断的研究》，就是以英国广播公司（BBC）的体制、经营管理、编辑业务问题为线索，研究一种经济现象和经济制度的力作。

作为一门实践和应用性质的学科，新闻学具有它独自的一整套概念、命题和原理。这一整套的学说已经形成了新闻学独有的学科体系，它自立于学科之林，展示着自己独有的学术价值，焕发着自身独有的学术魅力。正如美学这门艺术哲学不能取代"艺术学"一样，那些试图以传播学和舆论学来取代新闻学的想法和尝试，是难以实现的，事实也证明，迄今为止，是不成功的，因为它违背了学科建设的基本规律。作为实践性、应用性的新闻学，其生命和活力，来自新闻实践活动。新闻实践的生命有多长久，新闻学的生命就有多长久。这是笔者对新闻学建设的认识和理解，也是笔者本人研究新闻学的追求和信念。当然，新闻学要向其他学科，尤其是文、史、哲这些传统深厚的学科学习，从中吸取营养，以不断提升自身理论的抽象度。但凡一门学科，其理论抽象度越高，阐释力就越大，学理性就越强。以社会学为例，我国社会学界前辈们自20世纪30年代即提出的"社会学中国化"目标，经过80多年的努力，尤其是近40年社会学界的努力，现在已经基本实现，我国社会学建设的目标已经不再是"社会学的中国"，而是建设"中国特色的社会学"了。我国社会学界在"中国特色社会学"建设过程中不断探索来自中国社会实践的经验，从中概括出一些核心概念，为中国特色的社会学寻求学理的理论支持。改革开放40年来，中国社会取得了前所未有的进步。它使关注这一进程的人们意识到中国改革开放以来的发展和转型，已经显示出自己鲜明的特色。这促成了"中国经验"及类似概念的形成。与此对应，社会心理学工作者也提出："在研究宏观的经济与社会发展的'中国经验'的同时，也要关注中国人的价值观和社会形态在最近40年中发生的微观变化，即我们这里所称的'中国体验'。'中国体验'与'中国经验'作为1978年开始的这场史无前例的大变迁或社会转型的一体两面，赋予了我们这个独特的时代以完整的历史意义和文化价值。"①社会变迁中的"中国体验"是具有中国特色的社会学理论的核心概念之一，社会学的这些核心理论概念，将历史与逻辑统一起来、理论与实践统一起来、思辨和经验统一起来，将中国特色社会学的建设提升到了改革开放以来的历史经验的层次上，也提升到了新时代所形成的中国特色社会主义理论的层面上。它不仅昭示着中国特色社会学建设的可能性，而且揭示了中国特色社会学建设的可行性。它给予中国特色新闻学建设所带来的启发，是直接的，也是多样的。中国特色新闻学有必要，也应该从自己的发展历程，特别是自改革开放以来新闻实践的伟大变迁中，总结、提炼出能够体现中国新闻及其整体面貌的高度抽象的理念，用于阐释中国特色的社会主义新闻实践，用于指导中国特色新闻学的理论建构。

2.传播的观点与历史的观点相统一的方法

新闻学研究的方法论，应借鉴文学批评的美学观点和历史观点辩证统一的方法，讲求实证的观点与思辨的观点的统一、逻辑与历史的统一、感性与理性的统一，我们把这几组辩证统一的观点抽象到类似于文艺批评的美学观点与历史观点的高度时，可以表述为新闻学研究的方法论，应是传播的观点与历史的观点的统一，或者表述为传播学与历史学的统一。传播学，或者称之为"传播的观点"，是新闻学最基本的观点，也是新闻学的出发点和落脚点。新闻学的基本功能，首先是传播信息。确定"传播的观点"是新闻学的最基本的观点，也就是确定了新闻学的内在规定性，它揭示的是新闻学的本质特征，这就如同文艺的本质特征是"美"，艺术哲学即为"美学"。新闻的本质特征是"传"，新闻哲学即为"传学"（传播学）。新闻哲学是对新闻实践中的一般问题和根本问题进行的哲学思考。传播学探讨的是传播活动的一

---

① 周晓虹.中国体验：全球化、社会转型与中国人社会心态的嬗变[M].北京：社会科学文献出版社，2017：3.

般规律，研究传播者、传播对象、传播渠道、传播内容和传播效果，即拉斯韦尔的5W模式：谁（Who）—说什么（Says what）—通过什么渠道（In which channel）—对谁（To whom）—取得什么效果（With what effects）。这是对传播活动各主要环节的高度概况，也是对人类新闻传播活动的五个主要环节的高度概括。传播批判学派对新闻传播活动之于受众、之于社会、之于主观和客观世界所产生的影响和发生的关系所做的批判性的反思和质疑，将新闻活动所产生的伦理道德、价值问题置于哲学的层面加以拷问，正是由于传播学从新闻实践的一般性或根本性问题入手，将新闻传播活动提升到对其规律性和价值观层面上加以认识和分析，因此这对于提升新闻学的学理性，有着基础性的意义。

如果说新闻哲学是新闻学与哲学相统一的学科，而以新闻活动为研究对象的新闻学，其基本特征是实践性和实用性。而哲学从其思想方法上说，总是表现为对人类认识和实践的批判性反思。因此，哲学的基本特征是批判性和反思性。迄今为止，由于年轻的新闻学尚未建立起与哲学紧密联系的学科和学术体系，“新闻哲学”作为一门独立的分支学科尚未问世。但这并不意味“新闻哲学”作为一种价值观、方法论的思想体系和学术体系的缺席。相反，“新闻哲学”所具有的实践性、实用性、批判性和反思性的特征，鲜明地体现在传播学的整体学科面貌中，具体说，体现在传播学“经验学派”和“批判学派”两大学派的价值取向里。基于此，我们有充分的理由证明：传播学是“新闻哲学”，传播学有资格被称为“新闻哲学”。

史学，或者称之为“历史的观点”，是新闻学的普遍观点，即运用联系的、发展的观点来考察新闻信息中内含的历史与现实的种种因素，揭示新闻活动作为人们从事的一种特殊的信息传播活动，与历史和现实发生的种种联系，确定历史的观点是新闻学的普遍观点，它揭示的是新闻学的基本特征，即新闻学的人文性特征和社会性特征，也确定了新闻学是一门人文社会科学的学科定位。

新闻的本质是传播本质和社会历史本质的辩证统一。表现在新闻传播活动中就是传播和承载着社会历史与现实内容的信息之两者的不可分离。以这种传播的观点与历史的观点来观察新闻、研究新闻，它反映的是新闻学研究的形式与内容的辩证统一、逻辑与历史的辩证统一。传播的观点，针对新闻的传播要素,考察新闻报道的传播者、传播渠道、传播方式、传播对象、传播效果等;历史的观点,针对新闻的社会历史和现实要素,衡量其承载着社会历史和现实内容的新闻信息的真、善、美的价值。传播的观点对应新闻的形式,体现的是新闻用于信息流通的工具性、物质性;历史的观点对应新闻的内容,体现的是新闻承载"人类精神交往"内涵的意识性。新闻学研究是传播的观点与历史的观点的统一,两者是辩证统一的关系,是相互联系的关系,双方各自以对方的存在为条件。因此,它们是不可割裂或对立的,两者都要贯穿唯物辩证法这一方法论的最高原则,脱离或是偏离这一最高原则,将会招致来自学理层面和现实实践层面的抵抗和批判。这一点,我们可以从传播学的发展过程出现的"传播批判学派"对"实证经验学派"的纠偏中得以证明和启发。传播学的经验学派,是传播学的两大学派之一,长期以来,在传播学学科中占据重要甚至是主流的位置。"但是,经验性方法并不是研究社会现象的唯一方法,它本身也存在着严重的局限。社会现象和人的行为无限复杂,而可观察、可测定、可量化的经验材料是有限的,尤其是作为社会实践主体的人的理性和精神活动,在许多情况下并不能单纯地用经验材料就能够加以说明。"①传播学者苏利文指出:"对任何一种关于这种研究与现实生活之联系的假设,都必须给予严肃的质疑。"②

如果说对新闻信息的迅速传播是新闻区别于文学、哲学、历史等相邻意识形态领域的标识,那么,深沉的历史意识和鲜明的时代特征就是新闻的底色。马克思指出:"现代历史著述方面的一切真正进步,都是当历史学家从政治形式的外表深入到社会生活的深处时才取得。"③以传播的观点和历史的观点来检讨和审视新闻学研究,我们可以发现,以往的新闻学研究在取得长足进步的同时,也存在着巨大的缺陷和失误,当我们聚焦于新闻的传播特性的研究,自觉或不自觉地走向盲目模仿西方传播学的研究,尤其是热衷于走在实证主义或经验主义的传播研究的路径上时,新闻学研究自觉或不自觉地被"工具理性"思维所左右。当我们今天提出建设中国特色的新闻学的命题和任务时,是时候到了要树立传播的观点和历史的观点的辩证统一观

---

① 郭庆光.传播学教程[M].北京:中国人民大学出版社,2011:253.

② O'SULLIVAN T.Key comcepts in communication[M].London:Methuen & Co.Ltd,1983:21.

③ 马克思恩格斯全集:第12卷[M].北京:人民出版社,1962:450.

点。遵循这个唯物辩证法的方法论，我们的新闻学研究，就有可能在学习、吸纳和创新传播学的基础上，对新闻学开展基础性的、普遍性的共性研究。另一方面，我们就有了在面对深沉、博大的历史文化底蕴和鲜明生动的社会实践样本的基础上，对新闻学开展具有特殊性的个性研究的可能，这种普遍性和特殊性、共性和个性的辩证统一，恰恰就是建设中国特色新闻学的正确的方法和途径。

五、结语：建设中国特色新闻学的意义及展望

本文用比较长的篇幅，对建设中国特色新闻学的可行性问题做了阐述。而关于建设中国特色新闻学的意义是什么这个必要性问题，本文有必要在结尾时有所交代。建设中国特色新闻学的意义当然是多方面的，本文撮其要，概括为以下两个主要方面：

1.对丰富多彩、波澜壮阔的中国新闻实践，特别是当代中国的新闻实践，进行理论的总结

中国历史悠久，文化源远流长。中国的新闻传播活动作为文化的一个重要组成部分，和中华文化的发展一起经历了漫长且又艰辛的历程。翻开中国新闻史，呈现在人们眼前的是一幅恢宏壮丽的历史长卷。这里有原始社会时期结绳记事、烽火传信，有进入文明时期的壁画、象形文字的信息符号传递，有文字发明、印刷术诞生带来的邸报、小报的流布，更有近代史上为开启民智、救亡图存的启蒙报刊的不屈不挠的抗争。历史进入新时代，中国共产党领导的社会主义新闻事业，在继承和发扬中国新闻事业优良传统，特别是无产阶级的新闻事业优良传统的基础上，创造性地开展马克思主义新闻观中国化，取得建设和发展社会主义新闻事业的宝贵经验。对这些经验进行理论总结，使之升华为具有中国特色的新闻学理论，这是当下中国的新闻学理论建设的源动力和根本任务。也是从事新闻学理论研究和教学工作者们的使命和职责。

2.运用中国特色新闻学理论指导新闻实践

理论来自实践，又反过来指导实践。伟大的实践需要科学的理论作为

指导。马克思指出:“理论在一个国家实现的程度,总是决定于理论满足这个国家的需要的程度。”①当前,中国特色社会主义建设事业,已经进入了新时代。当前我国的新闻工作实践,具有鲜明的新时代特征。在经济发展全球化和信息传播网络化的时代背景下,我国的新闻事业发展如何应对和把握新闻信息庞杂多元、传播技术日新月异带来的挑战和机遇,这是摆在新闻业面前的一道世纪性的大课题。中国的新闻实践只有在中国自己的新闻理论指导下,才能正确、有效地开展。我们不反对借鉴西方的新闻理论,相反,我们应虚心地向西方的传播学理论、新闻学理论学习,吸收其科学合理的营养,但学习和吸收的目的是为构建和发展中国自己的理论——具有中国特色的新闻学理论服务。因为从自己的社会实践中产生的社会科学理论,对于社会实践的阐释是最透彻的,指导是最直接、最有力的。这个规律适用于全世界范围内的人文社会科学。中国的新闻学理论和实践,当然也不可能例外,并且更不可能例外。

我国的新闻学研究,已经走过百年的历程。百年来,我国新闻学的先驱者们,筚路蓝缕,以启山林,为新闻学在中国的落地付出了艰辛的努力。每念及此,顿生敬佩之意。但新闻学在中国的起步,是以吸收西方新闻学为主要学术资源的,虽然有植根于中国新闻实践土壤而产生出来的概念、命题和范畴,但这些程度不同的中国特色的新闻学理论,要么是支离零散、不成体系,要么是一时之造化,不具备长久的生命力。我们以徐宝璜的《新闻学》为例。蔡元培在为该书作序时,称《新闻学》为“破天荒”之作,亦不出“以往日所得之学理,而证以近今所见之事实,参稽互证,为此一编”。蔡元培的这个评论,说明两点:(1)中国新闻学研究的发端与接受、吸纳西方新闻学理论有直接关联。这就是所谓的“吸收外来”。(2)中国的新闻学研究的发端,流于以西方的理论和知识框架来参照和验证、指导中国的新闻实践。这种做法,虽然也取得了较大的成效,但终因国情不同,许多理念难以适应中国新闻实践的实际,以至于不通乃至破产。如自由主义的新闻理念,虽然动听和炫目,但却在中国近代新闻史上举步维艰,最终被严酷的政治和恶劣的商业金权主义所化约。这些教训应引起后人的反思。

---

① 马克思恩格斯文集:第1卷[M].北京:人民出版社,2009:12.

中国特色的新闻学,只有在中国无产阶级登上政治舞台,在马克思主义的传播和指导下,在总结无产阶级和社会主义新闻实践经验教训的基础上,才真正得以体现,并获得创造性的发展。如前所述,中国特色社会主义新闻理论,已初步形成体系,它是中国特色新闻学的核心部分,我们有理由相信,具有与时俱进理论品质的中国特色社会主义新闻理论,将引领中国特色新闻学跻身世界的学术之林。

(本文原载于《现代传播》2018 年第 10 期)

“反转新闻”视角下新闻真实性再探

随着移动互联网的迅猛发展和网民数量的不断攀升，“反转新闻”现象也随之出现。从 2015 年“暴打女司机”事件，到 2016 年“上海女孩逃离江西农村”事件，再到 2018 年“王凤雅事件”，一系列关乎社情民意的热门话题轮番上演着反转的剧情，并有愈演愈烈之势。在“后真相”时代，“反转新闻”把如何认识和维护新闻真实性这一问题推向公众视野，需要新闻工作者深入研究和思考。

一、“反转新闻”的类型

“反转新闻”从程度上看，可以分为“全面反转”和“部分反转”。

“全面反转”是指新闻报道在真实性层面发生了完全反转，最初的报道被后续报道证明为完全失实。这是反转最为彻底的一种形式，给人造成的反差感也最为强烈，常常颠覆人们对新闻真实性的认识。比如“上海女孩逃离江西农村”“小女孩为中暑清洁工撑伞”等就是这类。“部分反转”是指新闻报道在真实性层面发生了局部反转，最初的报道并不完全虚假，后续的报道通过部分补充或纠错，使事件真相全部呈现。这是“反转新闻”中最为普遍的类型。“部分反转”的过程曲折起伏，会出现一次或多次反转，比如“哈尔滨天价鱼”事件、“深圳四胞胎”事件等。但无论是“全面反转”还是“部分反转”，“反转新闻”作为一种新闻纠错机制，或者新闻自净功能的发挥，体现了新闻真实实现过程的复杂性。

二、“反转新闻”对再认识新闻真实性的启示

1.新闻真实的实现是一个动态的过程

从哲学观点来看，任何事物都有多面性，也具有一个发展变化的过程。“报刊的有机运动”是马克思于 1843 年提出的关于报刊如何实现新闻报道真实的理论。马克思根据报刊工作的运动规律，论证了报刊实现报道真实是一个有机运动的过程，即报刊的某一篇新闻报道由于侧重面的不同，单独看起来可能是片面的和有偏差的，但只要报刊连续不间断地报道，全部事实就会逐步清晰地揭示出来。

辩证唯物主义认为，认识活动是在主客体的相互作用过程中实现的，认识结果是主体通过感性认识与认识对象发生作用，上升到理性认识的结果。作为反映、报道新近或正在发生的事实的新闻活动，本质上属于认识活动。新闻报道就是一个由感性认识上升为理性认识的过程，实现新闻报道的真实也是一个动态过程。新闻报道是对事实材料进行选择、加工的过程，具体的一篇新闻报道，有可能将整个事件的一角展现在受众面前，新闻报道需要不断跟进事件的发展，最终完成事实的呈现。新闻报道的这一特征符合人们认识客观事物的基本规律——从部分到整体，从现象到本质。

当前，媒介技术的变革重塑了新闻生态，即时上传式的新闻生产方式提高了新闻报道的时效性，但常常也忽略了事实核查的重要步骤，社交媒体中呈现的新闻报道常常需要通过不断地补充事实、纠正偏差，以过程式的方式反映真相。“后真相”的“后”字，恰恰表明了新闻真实的过程性特征。“反转新闻”的反转过程代表着新闻报道在实现真实的过程中所具有的复杂性，有些新闻经过多次反转才完成新闻真实。在“上海女孩逃离江西农村”事件中，从最初把网帖作为真实事件引发热议，到网友提出质疑，再到记者深入调查、揭示真相这一过程中，记者经过各方努力，最终将事实呈现在公众面前，实现了新闻真实。可以说，公众对该事件的认知和态度变化正是基于事实信息的动态建构而产生的，舆情的转向恰恰反映出新闻真实表现为一个认识过程。当人们意识到情感判断出现偏差，不符合事件真相的时候，会回归到依靠理性分析和逻辑判断上来，这是认识发展的必然阶段，也是新闻传播过程的必然要求。

2.新闻真实是具体真实和总体真实的统一

习近平总书记在党的新闻舆论工作座谈会上强调:“真实性是新闻的生命,要根据事实来描述事实,既准确报道个别事实,又从宏观上把握和反映事件或事物的全貌。”《新闻大辞典》中对新闻真实性进行了界定:“新闻报道的真实性,不仅要求所写的事例、人名、地名、时间、引语准确无误,而且要求反映事物的本质和主流,反映事物发展的客观规律性。”新闻真实性是新闻的基本属性,是新闻生命力的来源与根本,它不是一个绝对的概念,而是一个相对的概念,不仅包括反映具体事实的真实,还包括在反映具体事实真实的基础上,达到对总体事实的反映真实,即新闻真实包含具体真实和总体真实。

新闻的具体真实,要求新闻报道中的每一个具体事实必须合乎客观实际,即表现在新闻报道中的时间、地点、人物、事件、原因和过程都经得起核对;反之,就是具体失实新闻。新闻的总体真实,则是在具体真实的基础上,新闻报道真实地反映客观事物的运动变化过程和客观事物的普遍联系,揭示客观事物相互联系和发展中存在的内部规律性,它要求新闻报道必须反映出一定时空范围内事物的总体真实面貌。轻视或忽视对事实整体的认知和把握,割裂事物之间的普遍联系,或者忽视了运动和发展是事物的根本属性的新闻报道,也将成为失实新闻。这类失实新闻,我们称为总体失实新闻。总体失实新闻可分为两大类型。第一类是一些具体失实新闻,由于忽视、漠视甚至有意无视客观事物的运动变化以及客观事物相互联系和发展中存在的内部规律性,而造成新闻报道要么在事实主体方面出现很大的误差,要么对造成这一新闻事实的原因做了胡乱的猜测或主观想象。前述的“反转新闻”现象,基本属于这一大类型。第二类是一些看似在具体真实方面没有问题的新闻报道,但是,由于这类新闻报道是以一些具体事例来观察整体现实生活的全貌,因此常常是“只见树木,不见森林”,以局部代替全局,以现象代替本质,这类总体失实新闻给人以“片面”“不符合实际”“不可信”的印象,造成的危害比具体失实新闻更大。

新闻的具体真实和总体真实之间的关系是:具体真实是基础,它对总体真实起制约作用;总体真实是在具体真实基础上的升华,它对具体真实起指导作用。马克思主义新闻观强调新闻真实的统一性,即强调具体真实和总体真实的统一，要求新闻报道处理好一个事件各个部分、不同侧面、不同环节、事项、要素之间的关系，努力使受众对事实有全面的认识和把握。一篇新闻报道如果只做到了具体真实，没有做到总体真实，这样的新闻就不能称为真实；反之，在一篇新闻报道做到总体真实的情况下，更应该苛求细节的真实，也就是要保证具体真实。

坚持具体真实和总体真实的统一，是增强新闻媒体引导力、影响力、公信力的重要条件之一，也是从源头上规避和杜绝失实新闻产生的根本要求。马克思曾经说过："人民的信任是报刊赖以生存的条件，没有这种条件，报刊就会完全萎靡不振。"公信力是媒体最重要的无形资产，一旦损毁，恢复和重建都异常艰难。当前公众对媒体的信任度降低，一个新闻事件出来后，甚至出现了"让新闻飞一会儿""坐等反转"的心态。这种社会心理是对新闻真实性的解构，更是对部分新闻报道的真实性的质疑，这使传受关系更加疏离与脆弱。纵观近几年出现的"反转新闻"，前期出现的失实报道，要么是具体失实的虚假新闻，要么是缺乏对动态把握的总体失实，虽然时效上达到了迅速及时，但在新闻真实性上存在局限，为后续的反转埋下了隐患。对新媒体来说，必须最大限度地还原事件的真相，不仅要对事实进行准确报道，而且要从总体上还原事件真实性。

3.新媒体环境下新闻总体真实常常以多元呈现的方式实现

新闻的本源是事实，在新媒体环境下，传播呈现碎片化特点，信息发布呈现片段化、随意性、不完整性的样态，这些容易导致失实新闻的出现。但同时，新媒体环境下"人人都是记者，个个都有麦克风"，话语权不再是媒体的专权，用户生成内容成为新趋势。从"以传者为中心"到"以用户为中心"的发展趋势是"后真相"时代传播机制的重要特点，加上各种监控摄像录像设备，这给新闻的反转提供了有利条件。

新闻的总体真实本质上是全面的真实，是多种声音中的真实，既需要多角度、全方位、立体化地去揭示和描述，也需要以不同立场和观点去审视和分析。贝尔纳·瓦耶纳曾经说过："谁也不能说自己掌握了全部新闻，但是通过每个人所掌握的分散的、不完整的片段，却可以最终合成一个协调的整体。"

应该说,新闻真实在实现过程中充满阻碍与不确定性,任何单一的社会力量都不可能完成一个系统性、结构性的核心难题,必须依靠一个良性运转的社会文化系统及其主体。只有事实充分展现、观点自由竞争,才能形成共识、达成一致。在自媒体环境下,公众有机会和条件参与新闻的生产和传播过程,与媒体共同挑战首发阶段的新闻,探索事件真相。在动态、对话、互动中,网友的爆料,信息的转发,质疑、求证和补充、修正,舆论领袖的发声,专业媒体调查的"多重合力作用"形成了"反转新闻",这对于稳定社会舆情和引导公众行为具有重要的推动意义。

三、结语

从某种意义上说,"反转新闻"是对新闻事实的尊重与回归,"反转新闻"的核心是新闻的真实性问题,是新媒体环境下新闻报道纠偏过程的体现。新闻真实是"一个复杂的,甚至有时相互矛盾的现象,但是如果把它看成一个持续的过程的话,新闻能够做到真实"。从"有机真实"出发,把反转的过程视为一场对话、协商或交流,"反转新闻"则加深了这场多方参与的对话。这一"有机"过程中,多个有机体充分发挥能动性,抽丝剥茧,不断揭露事实真相,一步一步去伪存真,不断纠正失实新闻和揭露假新闻,从而还原事实真相。从这个角度看,"反转新闻"作为一种新闻报道的纠错机制,或者新闻报道自净功能的发挥,有正面意义的一面,然而这并不意味着我们支持"反转新闻"过程中出现的失实新闻报道。失实新闻报道不仅损害媒体公信力,更会加剧社会信任危机,带来潜在的社会秩序紊乱的风险。从这个角度看,"反转新闻"又有负面意义的一面。

减少或者消除"反转新闻"的关键还是在于杜绝新闻报道失实,坚持以新闻事实为依据进行报道。从现实来看,"反转新闻"终归会有一个结果。大量事实证明,新闻报道最终还是反转到了事实真相,即回到了运动中心——新闻真实。

(本文由笔者和中国传媒大学博士生司丽合作撰写,原载于《青年记者》2019 年第 15 期)

媒体融合时代新闻定义问题的再思考

摘要：新闻定义是新闻学的核心概念之一，对新闻的定义源于人们对新闻实践的历史认识和逻辑判断，定义新闻的理念和方法也反过来影响人们的新闻实践活动。我国关于新闻定义的相关研究体现了强调性质研究，重视信息传播技术的影响，跨学科、多视角研究趋势等特点。本文以新闻的"新近性""新闻报道""媒介技术对新闻传播的变革"这三个概念范畴为切入点，对"新闻是新近发生事实的报道"这一经典定义在媒体融合时代是否还具有适用性的问题进行再思考。关注媒体融合时代新闻形态的变化，审视新闻与人和社会互动的意义建构，从人、媒介、社会的视角去重新定义新闻，有助于推动媒体融合时代的新闻理论研究。

关键词：媒体融合；新闻理论；新闻定义

当前，移动互联、人工智能、云计算等技术广泛深入地应用于媒体融合实践，它们不仅带来了跨介质、跨行业、跨符号乃至跨越感官和情感的使用体验，也引起新闻传播在产品形态、生产流程、传播渠道、组织形式乃至新闻传播学的一些基本概念上的变革。媒介技术的发展促进了新闻传播生态系统的新陈代谢，也给新闻学理论研究带来了新的挑战。本文基于媒体融合的时代背景，从新闻定义研究的演变、媒体融合时代研究新闻定义的意义以及由新闻定义引发的几个新闻理论基本问题的再思考这三个方面来考察新闻定义问题，进而将新闻理解为一种事实的传播及其意义的互动，并由此思考媒体融合时代新闻的属性和特征所发生的变化。

一、新闻定义研究的演变

观念的生产直接与物质活动和现实生活相交织，“观念、思维、人们的精神交往在这里还是人们物质关系的直接产物”（马克思，1965：29）。新闻定义作为新闻理论的核心概念之一，是人们在劳动和社会交往中对“新闻”这一社会活动现象在理论层面的认识，蕴含了新闻活动的参与者和观察者对新闻活动现象、传播内容、传播媒介、传播方式、传播效果等各个要素以及相互关系的历史性评判，新闻定义内涵的演变反映了新闻实践的时代特征和人们对新闻认知模式的不断演进；同时，新闻定义的演变也因新闻活动实践者和研究者不同的价值取向而呈现出鲜明的研究特点。本文认为，我国新闻定义的研究呈现了注重新闻性质研究、重视传播技术对新闻定义的影响以及多视角和跨学科开展研究的特点。

1.注重新闻性质的研究

传统媒体时代，新闻传播活动注重其社会功能，强调新闻活动应为特定社会需求服务，这些属性反映在人们对新闻媒体（如报纸）性质和功能的认识上，就有了诸如“喉舌”“耳目”的比喻和指称。根据这一研究传统，我国新闻学关于新闻定义的研究往往从新闻真实、新闻价值、新闻时效、新闻手段等等基本要素、职能和作用出发，强调新闻在不同历史阶段和不同阶级立场下的性质、功能及社会意义。

20世纪初，新闻学者徐宝璜将新闻定义为某种事实，他认为，“新闻者，乃多数阅者所注意之最近之事实也”（2016：8）。邵飘萍将新闻归结为与人的某种关系。他提出，新闻即最近时间内所发生，认识一切关系人生兴味、实益之事物之现象也（1924：80）。戈公振在《中国报业史》一书中基于对美国大学报学科的研究，结合受众的需求，认为可从四个方面解读新闻为何物这一问题：一是读者所欲知的事物，二是能引起人人兴味之发生的事件，三是对上述引起兴味与影响的事件的报告，四是有人类之兴味、与人类生活和幸福相关的原质事实（2016：21）。民国时期这三种具有代表性的新闻定义从“注意”“需求”与“兴味”出发，将新闻的内涵概括为新闻内容与受众互动的某种关系,从而将新闻的性质抽象为人们生活中的某些意愿和诉求。显然,这些观点受到了西方资产阶级新闻理论中面向市场、重视受众感受、在政治上奉行所谓“超阶级”的新闻观点的影响。

中国共产党领导的新闻事业在坚持唯物主义观点的基础上,以鲜明的无产阶级立场和观点看待新闻的定义。陆定一将新闻定义为新近发生的事实的报道(1943);范长江从群众的角度将新闻定义为新闻是广大群众欲知、应知而未知的重要的事实(1979);甘惜分强调新闻的现实职能和作用,认为新闻是报道或评论最新的事实以影响舆论的特殊手段(1982:50)。而“事实”“报道”“手段”在当时的背景下都体现着无产阶级新闻事业的党性原则,具体表现为强调新闻内容的实际意义和社会影响,反对那些只罗列现象而不管立场是否正确的事实。正如毛泽东在《对晋绥日报编辑人员的谈话》中所说的,“我们党所办的报纸,我们党所进行的一切宣传工作,都应当是生动的,鲜明的,尖锐的,毫不吞吞吐吐。这是我们革命无产阶级应有的战斗风格”(1948)。这种传统也为后来我国学者(何梓华,2008;刘建明,2003;童兵,2011;杨保军,2005;郑保卫,2003)对新闻的理解奠定了理论基础,即坚持唯物主义新闻观,注重新闻现象和新闻本质的辩证关系,反对所谓的纯客观主义,反对所谓“超阶级”“无党派”的资产阶级新闻观点。

2.重视信息传播技术对新闻活动的影响

随着信息科学和传播技术日新月异发展,我国的新闻学研究开始关注信息技术对新闻传播活动的影响,一些研究者从信息理论的视角重新思考新闻定义。胡正荣将新闻定义为新近发生的事实的报道的信息(1995),宁树藩提出新闻是经报道(或传播)的新近事实的信息(1998),新闻是为公开传播的就近发生的事实的信息(张允若,1998),新闻是多数受众注意的最近事实的信息(胡钰,1999),等等,皆属于信息论范畴的定义(陈谦,2001;靖鸣,2003;李希光,2012)。关于新闻定义引入信息概念后怎样理解报道和信息的关系,李良荣在《新闻学概论》中给出了目前被普遍认可的解释:“报道”和“信息”两种认知并行不悖,二者是新闻互为表里的形式和实质(2018:27-28)。

媒体融合时代,数字和智能传播技术更为直接和深刻地影响了新闻定义的研究。研究者注意到了互联网、物联网、大数据与云计算等技术在新闻生产和新闻信息传受关系上给新闻定义带来的变化。《数字化新闻：在线报纸的创新》一文将科技与社会互动关系的理论视角引入新闻学研究，认为新闻业态、新闻形态和科技之间是互相塑造的关系（Boczkowski，2004）。王君超分析了网络时代"报道者、报道对象、报道时机、报道方式"等新闻生产流程的转变给新闻定义赋予的新意（2014）。彭兰从传感器、机器写作、虚拟现实和增强现实以及算法终端等媒体融合中前沿技术的运用入手，对新闻源与新闻反馈机制、作者与写作模式、新闻体验、新闻分发渠道等新闻传播中的重要环节进行了再定义（2016），为新闻定义内涵的演变提供了新思路。

社交平台和自媒体的下沉应用也不免带来传播多元、信息泛化的现象，继而，新闻与非新闻界限的模糊也影响了对新闻报道的认定和传播效果的评价。因此，如何厘清何为新闻不仅仅是单纯的理论问题，更是一个亟待解决的现实问题。目前看来研究者们并未取得共识，但仍尝试从内涵和外延上做出一些限制和规范以解决新技术在实践和理念上带来的不适感。有研究者认为：要么提高新闻的纯洁度，对新闻赋予更加严格的定义；要么干脆把新的媒体形态、媒体产品与新闻归结在一起，统统定义为新闻（谭健，2017）。也有学者以解决新媒体平台良莠不齐的传播乱象为目的，试图从对虚假新闻进行规制的角度入手，重新定义新闻，如认为新闻应当是公开、公共、规范的变动性信息（汪青云、贾士倩，2018）。

3. 多视角、跨学科研究的趋势

21 世纪以来我国新闻定义的研究日益呈现出多视角、跨学科研究的趋势。黄旦从历史建构的视角出发，分析了徐宝璜、陆定一和范长江新闻定义的社会和新闻实践背景，为局限于逻辑层面演绎的新闻定义研究提供了拓宽研究视野的新思路（2003）；文化研究、语义学（董天策，2001）和符号学、结构主义理论的知识体系也逐渐影响了关于新闻定义的研究。尹连根从权力建构中观察新闻，将新闻定义为现实权力关系新近变动的建构性呈现（2011），这类文化的视角更直接指出新闻的意识形态属性，旨在从宏观层面思考新闻传播的意义表达和潜在影响。另外，也有研究从符号学的角度分析新闻定义文本内涵，或是分析新闻符号意指的主观性、现实性和情景性，把新闻的定义界定为“用来报道新近或正在发生的事实的文本”(黄伟成,2009);或是从叙事学出发,根据新闻文本的“纪实性”特征,将新闻的定义修补为“关于新近发生或发现的事实的符号叙述”(李玮,2016)。

从上述文献可以发现,新闻定义的研究随着时代的变化而发生演变,不同阶级、不同意识形态、不同学科背景、不同学术视角对新闻的性质有着不同的理解和表述。同时,伴随信息科学技术的发展,新闻定义的研究对传受双方角色的变化和传播技术发生的影响理解得也更加深刻;此外,在学科研究视角上,新闻定义的研究也体现出包容性,与社会学、历史学、信息与通信科学、符号学和语言学等知识系统都有着较为紧密的联系,所有这些努力,有助于发现新闻背后更深层次的物质关系和社会价值。但是,迄今为止,新闻定义没能有效而简洁地把新闻和数据、信息区分开来,这就难以解答在媒体融合时代信息传播活动中如何辨别和区分各类平台中的新闻、数据、信息的难题,给“后真相时代”如何维护新闻真实性带来了理论上的困惑和伦理上的质疑,给新闻传播活动的科学、有序开展带来了困难。

二、媒体融合时代重新思考新闻定义的意义

根据辩证唯物主义和历史唯物主义的基本原理,“新闻定义”不是预设的、僵死的概念,对于新闻定义的探讨,体现了不同历史阶段的新闻活动从低级向高级阶段的不断发展。正如我国已故的新闻理论专家康荫所言,研究新闻定义不仅是我们正确认识和把握新闻的本质特性的需要,也是研究马克思主义新闻理论的一个重要课题,是联系新闻活动过程、探索和掌握新闻内在规律的基础(2004:16)。

在媒体融合时代,对“什么是新闻”这一问题的研究,将包含以下三个方面的意义。

1.从新闻学学科建设方面看

深入研究新闻定义具有创新新闻学话语体系建设的意义。作为一门学科的新闻学,其话语体系的创新应当为“谈论和表征有关某一历史时刻的特有话题提供一种语言或方法”(霍尔,2003:44)。媒体融合时代对于新闻定

义的重新理解和表述，不仅要阐释媒体融合发展过程中新闻活动的共性问题，还要反映和解释当下新闻活动面临的一些特殊问题。本文对新闻定义的重新探讨，将对媒体融合时代新闻报道主体、新闻价值、受众等要素展开重新分析和理解，以便为新闻学的话语体系创新提供借鉴和启发。

2.从新的传播技术给新闻活动带来变革的角度看

深入研究新闻定义具有为新闻学学科体系建设提供方法论创新的意义。学科体系建设的关键性问题是学科的定位问题，也可以说是学科的性质问题。学科的定位或者性质，是经过长期的学术研究积累沉淀下来的，具有确定性和稳定性的特点。新闻学是从长期的新闻实践中总结抽象出来的一门实践性学科。现阶段，新媒体技术给新闻活动带来巨大的变革。譬如今日头条、抖音、快手等信息聚合平台，个人微博、微信公众号、头条号等自媒体和平台已经在没有传统"把关人"的情况下向社会直接传递各类信息，并影响公众对新闻事件的接收方式、态度和行为。换言之，如果新闻不能构建受众认真对待的世界，或者不能影响受众的行为，那么新闻将不会引起人们的兴趣(迈克尔·舒德森,2003)。目前，人们对事实的认知已经被重复的信息推送和各种角度的再解读所影响，如何理解新闻与大众的现实相关性，找到人们对新闻产生关心的缘由？新闻在大众认知中是究竟是事实、报道抑或是信息？这些都是值得关注和探讨的问题。鉴于单凭观念形态上的形式逻辑推理难以真实、完整地反映新闻实践的变化状况，更不能代替对新闻实践的探索和分析。本文对新闻定义的再思考，将避免仅仅通过横向比较各种新闻定义的相似或区别来开展，专注于新闻实践的变化给新闻定义的解释带来的改变。换言之，本文对新闻定义的思考，将坚持从媒体融合给新闻实践和新闻学研究带来变革的立场出发，重拾将新闻学作为一门实践科学的本来意义。

3.从新闻传播活动与人和社会的互动关系的角度看

深入研究新闻定义具有为新闻学学术体系建设提供新思路的意义。在媒体融合时代，新闻传播活动正在深刻地影响着人们的认知和社会的集体意识。约书亚·梅罗维茨认为，传统媒体时代，物质场景的分离扮演了"社会—精神缓冲器"(2003:37)的角色，受众有时间和空间来缓解和消化电子影像引起的现实生活的行为和情感波动。然而,在如今的信息洪流和全息传播的环境中,社会交往越发由现实物质性转向超现实的虚拟性,现实和虚拟二者之间的界限越来越模糊,在这样的媒介生态中,媒介使用者的行为调整和情感修复有可能更为困难。诸多经典理论表明:新闻不仅反映现实,还影响人们的认知和行为。在媒体融合时代,新闻生产的速度以秒计,媒体对新闻定义的潜在理解,会影响新闻呈现的结果,继而潜移默化影响人们对真实世界的理解,带来社会行为、群体心理的变化,因此,在媒体融合时代背景下,开展对新闻定义的探讨体现了更深层次的社会学意义。有学者称对新闻定义的理解能帮助人们结合读者所消费的新闻项目,发现和探索社会意义上有关人类行为的线索(帕梅拉·舒梅克、斯蒂芬·里斯,2013),这将把新闻学学术研究引向广阔的社会学、心理学、政治学、管理学等学科融合的境界。

三、对媒体融合时代新闻定义三个基本问题的再思考

根据社会存在决定社会意识的基本原理,陆定一将新闻定义为"新近发生事实的报道"(1943)。本文对媒体融合时代新闻定义的研究也基于对这一经典定义所涉及的三个主要问题做再思考,以探讨新闻定义发展变化的现实与可能。

1.对把"新近"当作新闻的决定性因素的再思考

陆定一的新闻定义以及时和动态作为选择新闻事实的依据,有其深刻的历史背景和时代特征。延安整风运动时期,为了破除主观主义和教条主义,强调新闻事实的及时性。在新闻手段不甚发达和新闻学研究较为薄弱的情况下,陆定一的这个定义不仅可以从学理上将"新闻"和文艺、历史区别开来,而且在新闻实践方面也能够及时报道鲜活生动的群众运动和生产实践,以便提高新闻报道的针对性和战斗性。随着社会发展和新闻事业的成熟,新闻的及时性成为被普遍承认的新闻的基本属性之一。

在媒体融合时代,在数字化技术和移动互联网技术推动下,新闻报道和新闻事件发生的时间间隔基本消除,实现了即时同步传播,空间上也有着更

为丰富的互动。随着移动传播技术的发展，譬如中央广播电视总台正在启动建设我国第一个基于5G技术的国家级新媒体平台，将会以更低的延迟实现更大量新闻信息的传播。这样，新闻的泛化现象已不可避免，新闻工作面临的主要矛盾将不再是如何缩短和消除新闻事件从发生到发布之间的时间差问题，新闻报道和新闻媒体的传播力、引导力、影响力、公信力面对的挑战不是由时效性差和内容贫乏造成的，而主要是由新闻媒体为了在社交平台争夺注意力以更快的速度传播信息的同时，却无法保证信息的真实性引起的（胡翼青，2018），即新闻活动进入了所谓后真相时代，相比时效性，新闻内容的不完整、不确定和戏剧性反转更伤害着大众对新闻的认知。

基于此，本文认为，“新近”是一个相对的概念，新闻的独特性并非全然体现在时效性上，人们对新闻的态度也不仅是对其新鲜度的期望。作为全国性年度优秀新闻作品最高奖，中国新闻奖在近些年的评选办法和获奖结果中并没有将“及时性”列为优先考量，而是强调作品导向正确和内容真实性、创新性等其他因素；同样，美国的普利策新闻奖评选中“新近”也不是最为重要的考量因素，其获奖作品常见长达几年的新闻报道，第100届普利策奖中，引人注目的是美联社一组历经18个月的系列报道，其因揭露美国海鲜供应链中的劳工虐待事件而获得公共服务奖。

从这个角度来说，媒体融合时代定义“新闻”面临的是如何体现与“新近性”同样重要甚至更为迫切的其他新闻属性的问题；对这些问题的探讨有助于解答人们对于新闻定义在事实选择方面的困惑，解决互联网平台的各类信息推送与新闻本体经常混沌不分的问题。

2.对将“报道”当作新闻的属概念的再思考

“新闻是新近发生事实的报道”，在这里，“报道”是定义新闻的属概念。“报道”有动词和名词两种词性，《现代汉语词典》的释义是“通过报纸、杂志、广播或其他形式把新闻告诉群众”或者“用书面或广播、电视等形式发布的新闻稿”，它作为“新闻”的属概念，是从大众传播的角度来解释“新闻”这一社会现象的（雷跃捷，1997）。但是在媒体融合时代，用“报道”一词作为“新闻”的属概念，存在一些值得商榷的问题。比如：“报道”这样一个侧重于表述传统媒体单向传递的词汇是否能反映媒体融合时代新闻的双向传播特征？“报道”又如何解释UGC(用户生产内容)影响下的新闻生产的内涵？类似的问题给“报道”作为新闻的属概念带来了逻辑和实践的困扰和质疑。

媒体融合时代新闻活动不再是传统媒体单向的“报道”过程，就活跃程度来说，受众已由旁观者或者接受者变成能动的新闻生产者和传播者，过去传者和受众是两个对立的概念，在社交平台上日益呈现融合的倾向，诸如社群新闻、UGC新闻、对话新闻、服务新闻、辫子新闻、公共新闻、人工智能新闻等都是新闻传播活动传受关系和传播方式发生变化的具体形态。其实，陆定一在对新闻学基本观点的阐释中，也提出必须赞成把专业的新闻工作者与非专业的新闻工作者结合起来的路线，反对把二者分裂开来的路线，进而，新闻报道和新闻工作的开展与非专业人士密不可分，尤其是要发展和团结广大的、与人民血肉相连的非专业的记者(1943)。只是由于受当时物质基础、教育程度、媒介条件和经验积累的局限，大众传播时代受众在传播过程中处于单向性和被动性的地位，这也限制了人们对于新闻传播本质的认识。在现阶段，有必要从新闻定义的角度来重新考察传受双方的互动性、互换性和融合性，探讨这些变化给新闻带来的变化。

除上述原因之外，“报道”一词也没有充分体现“再传播”的力量——后者是媒体融合时代新闻传播渠道和形式的改变所带来的。路透研究院的一项报告显示，过去三年约53%的用户通过搜索引擎、社交媒体、新闻聚合、算法排名等方式而不是通过媒体官网去寻找新闻，以至于报刊出版机构也越发使用这种方式吸引受众(Reuters Institute，2018)。在中国，微信、微博、今日头条等社交平台在信息传播量和传播力上都不容忽视，这种新闻获取方式会产生一种“再传播”的力量，虽然不曾原创，但仍影响着大众对新闻的认知。这种影响力就类似于瓦尔特·本雅明对复制艺术品的解释：由工业技术产生的复制物取代了原本独一无二的存在，使复制品能为接受者在其自身的环境中去加以欣赏，借此，它赋予了所复制的对象重要的现实活力(2002)。在媒体融合时代，新闻信息数据的形式通过算法推荐经由各类信息聚合平台和社交平台抵达受众，这一过程中新闻经过层层筛选、评论和转发，其原来的含义可能已经被解构，继而产生一种再传播复制的活力。这种活力独属于新形式的媒体，改变了原来的新闻内容指向。因此，从学理上来说，其新产生的文本之外的信息已无法用“报道”这个概念来界定。

3.对媒介技术的演进给新闻定义带来变革的再思考

本文认为,思考媒介技术的演进给新闻定义带来的变革,会让人们将“新闻”作为一种技术化了的社会意识,与经济基础以及其他上层建筑意识形态的关系等等联系起来思考,对此问题的探讨可能溢出了新闻定义范畴本身,但又是极为重要的,它反思的是有关新闻传播活动的主体性问题。

首先是虚拟现实技术给新闻感知带来的改变——新闻传播活动不仅是认知事实,而且涉及新闻传播活动主体的体验和感受。例如,Quartz 机器人工作室(Bot Studio)在报道“卡西尼”号飞船的溶解过程时,就是利用 AR 技术加入飞船的 3D 模型帮助用户获得感性体验和认知理解。在目前全景式和沉浸式新闻的大趋势下,新闻与主观情感的联系越发不可分割,新闻定义也面临如何反映信息新技术给人们带来的交互式感官体验这个不可回避的问题。

另一个挑战来自人工智能等与人类理性逻辑和经验运用相关的智能技术。2018 年,新华通讯社和搜狗公司联合开发人工智能新闻主播,日本放送协会也尝试在节目中引用人工智能直播 yomiko,每周直播五分钟的晚间新闻,以及微软、腾讯等科技公司研发的算法新闻和机器人写作,等等。这些媒介技术是否将人文和社会学意义上的新闻传播变成经济意义上的新闻生产和技术研发层面上的新闻制造?继而,我们所说的“新闻”是否还专指人的主体活动和智慧体现?这些问题是当下定义新闻的另一个层面的难题。

上述问题提出了一个思考的新面向——媒体融合时代,新闻的内涵和外部表征是由媒介支配吗?回答它,要先解决一个认识或者逻辑的前提问题,即媒介技术与人类现实的关系是什么。本文认为,哈贝马斯的关于认识的三个层次的理论具有方法论意义的启示。具体而言,对技术的认识兴趣包含在经验—分析的科学观中,进而,对实践的认识兴趣包含在历史—解释学的科学观中,最后,对解放的认识兴趣包含在以批判为导向的科学观中(尤尔根·哈贝马斯,1999)。在对技术和新闻的关系进行经验分析层面的认识时,尽管还没有运用定量研究方法来设计一套完整科学的指标体系用于分析媒介对新闻活动的改变和改变的后果,但是,我们无论是从马克思、海德格尔、阿多诺、芒福德、麦克卢汉等理论家对人类历史过程中技术角色的论述里，还是对现实经历的报纸、电视、广播、数字传媒等几次传媒变革的感性经验的总结上，都能感受到媒介技术发展与人类新闻活动联系的多样性和相关性。一些工程类的学者，如科技史家霍尔，技术哲学家文森蒂、莱顿等认为技术和相关工程致力于创造人工物，技术哲学家约瑟夫·皮特认为应当把人包括到创新或发明的创造及应用之中（2012：70），并以此来形容技术与人类关系的不可分割；德布雷专门用媒介域来形容相互交织的传播整体——媒介是信息和人的传递和运输环境，包括与其相对应的知识加工方法和扩散方法（2014：261）；媒介环境学更是将技术下的新闻传播活动作为一种"生态"来研究（林文刚，2007）。学界和业界至少可以在媒介绝不仅仅是新闻传播的应用工具，而是可以影响新闻本身、认识人类世界的一种社会存在这个观点上形成共识。

过犹不及，新闻是人的劳动和社会交往的产物，新闻业应小心避免由技术决定论带来的危机。哈佛尼曼新闻实验室的一份研究报告曾显示，新闻业似乎患上一种"技术依赖综合症"，对人工智能、VR 和 AR 技术以及算法技术和社交平台分发渠道的过度依赖常常造成新闻工作者的恐慌（2018）。若任由这般发展，饱含实践性和现实意义的新闻活动有可能失去了人的活力和创造性，也可能失去了作为能动的社会意识对人认识世界、改造世界的作用。这样不免令人担忧媒介技术的负面后果，物的工具化转而成为人类解放的桎梏，成为人的工具化，甚至是去人性化。

因此，在围绕"技术"对新闻带来何种改变进行集中讨论时，本文坚持认为新闻活动的本质是人的实践，对媒介技术给新闻定义带来的种种疑惑需要在"在人的实践中以及对这个实践的理解中得到合理的解决"（马克思，2012：139-140）。对新闻定义的再思考也要去神秘主义和恐慌情绪，既要承认媒介技术的演进给新闻定义带来的不稳定性，避免只强调传统的新闻构成因素与形态，忽略被技术影响的新闻形态和新闻活动；又要认识到媒介技术并不是新闻内涵延伸的唯一因素，忽视新闻定义中"人"的实践性会造成新闻概念本身的异化，带来的后果是将新闻定义这种"新闻是什么"的理论追问异化为对"新闻的手段和目的"这一对辩证关系的简单、肤浅的功利性解释。

四、结语

当前，汇聚了政治、经济、社会、文化和媒介技术因素的媒体融合仍在快速发展，由于越来越多的物质、信息和能量的介入，新闻生态系统会变得越发复杂，而人们对它的认识还缺乏充分的实践经验和理论思考。在此背景下，对新内涵和新形态的“新闻”重新下一个科学合理的定义，为时尚早。但人们至少可以将新闻理解为事实的传播及其意义的互动。它包含了两层含义：一方面，对新闻定义的解释呈“否定之否定”的发展，新近性、重要性、公开性等新闻特性的内涵和外延会随着时代发展发生变化，但是新闻本源是“事实”这一点是无可争辩的，它是唯物主义新闻观的最基本的观点。目前繁杂的新闻乱象在很大程度上是由于一些新闻传播主体将新闻的其他要素凌驾于新闻本源——事实之上导致的。另一方面，将新闻理解为意义的互动，意味着应在人、科技、社会这种更宏大的视角中展开关于媒体融合时代新闻定义的再思考，重视新闻传播与受众、与社会的互动。这有益于我们在审视传播科技时避免产生不必要的情感恐慌与盲目，能够以理性的学术认知加深对新闻活动的了解、参与和体验，推动新闻传播实践和新闻学研究健康、深入地开展。

参考文献：

[1]马克思恩格斯全集：第3卷[M].中共中央马克思恩格斯列宁斯大林著作编译局，译.北京：人民出版社，1965.
[2]徐宝璜.新闻学[M].北京：中国传媒大学出版社，2016.
[3]邵飘萍.新闻学总论[M].民国京报馆出版部刊本，1924.
[4]戈公振.中国报学史[M].北京：中国传媒大学出版社，2016.
[5]陆定一.我们对于新闻学的基本观点[N].解放日报，1943-09-01.
[6]范长江.记者工作随想[J].新闻战线，1979(1)：15-18.
[7]甘惜分.新闻理论基础[M].北京：中国人民大学出版社，1982.
[8]毛泽东.对晋绥日报编辑人员的谈话[M]//毛泽东新闻工作文选.北京：新华出版社，1983.
[9]何梓华.新闻理论教程：修订版[M].北京：高等教育出版社，2008.

[10]刘建明.当代新闻学原理[M].北京：清华大学出版社，2003.
[11]童兵.理论新闻传播学导论：第2版[M].北京：人民大学出版社，2011.
[12]杨保军.新闻理论教程[M].北京：中国人民大学出版社，2005.
[13]郑保卫.当代新闻理论[M].北京：新华出版社，2003.
[14]胡正荣.新闻理论教程[M].北京：中国广播电视出版社，1995.
[15]宁树藩.信息观念与新闻学研究(上)[J].新闻界，1998(2)：7-9.
[16]张允若.关于新闻定义的思考[J].新闻记者，1998(7)：24-25.
[17]胡钰.新闻定义：历史评析与科学重建[J].清华大学学报(哲学社会科学版)，1999(1)：90-97.
[18]陈谦.新闻是新的事实信息——新闻定义的再探讨[J].当代传播，2001(2)：15-18.
[19]靖鸣.新闻是即时获悉受众欲知的信息——依据新闻定义模式分析探讨新闻的定义[J].广西大学学报(哲学社会科学版)，2003(4)：90-95.
[20]李希光.关于新闻的定义与新闻写作[J].新闻与写作，2012(3)：77-80.
[21]李良荣.新闻学概论[M].上海：复旦大学出版社，2018.
[22]BOCZKOWSKI P. Digitizing the news：innovation in online newspapers[M].Cambridge，Mass.：MIT Press，2004.
[23]王君超.谁动了“新闻”的定义？[J].中国报业，2014(7)：69-70.
[24]彭兰.移动化、智能化技术趋势下新闻生产的再定义[J].新闻记者，2016(1)：26-33.
[25]谭健.今天我们如何定义新闻——关于新媒体发展几个问题的思考[J].军事记者，2017(1)：10-14.
[26]汪青云，贾士倩.自媒体时代新闻概念的再定义[J].青年记者，2018(6)：14-15.
[27]黄旦.中国新闻传播的历史建构——对三个新闻定义的解读[J].新闻与传播研究，2003(1)：24-37+93.
[28]董天策.新闻定义的语义学探讨[J].西南民族学院学报(哲学社会科学版)，2001(9)：190-194.
[29]尹连根.现实权力关系的建构性呈现——新闻定义的再辨析[J].国际新闻界，2011(4)：55-61.
[30]黄伟成.新闻定义新解[J].华中师范大学研究生学报，2009，16(2)：72-76.
[31]李玮.语境变迁下的“新闻”定文再思考：以符号叙述学为视角[J].符号与传媒，2016(1)：135-145.
[32]康荫.新闻广播学探索——康荫自选集[M].北京：北京广播学院出版社，2004.
[33]霍尔.表征——文化表象与意指实践[M].徐亮，陆兴华，译.北京：商务印书馆，2003.
[34] SCHUDSON M.The sociology of news[M].New York：W.W.Norton & Company，2003.
[35]梅罗维茨.消失的地域：电子媒介对社会行为的影响[M].肖志军，译.北京：清华大学

出版社,2002.
[36] SHOEMAKER P J,& REESE S D.Mediating the message in the 21st century:a media sociology perspective[M].London:Routledge,2013.
[37]胡翼青."再论后真相:基于时间和速度的视角"[J].新闻记者,2018(8):23-29.
[38]雷跃捷.新闻理论[M].北京:中国传媒大学出版社,1997.
[39]REUTERS INSTITUTE. Reuters institute digital news report 2018 - key findings[EB/OL]. [2020-06-02]. https://www. pagesuite. com/news-article/reuters-institute-digital-news-report-2018-key-findings.
[40]本雅明.机械复制时代的艺术作品[M].王才勇,译.北京:中国城市出版社,2002.
[41]哈贝马斯.作为"意识形态"的技术与科学[M].李黎,郭官义,译.上海:学林出版社,1999.
[42]皮特.技术思考:技术哲学的基础[M].马会端,陈凡,译.沈阳:辽宁人民出版社,2012.
[43]德布雷.普通媒介学教程[M].陈卫星,王杨,译.北京:清华大学出版社出版,2014.
[44]林文刚.媒介环境学:思想沿革与多维视野[M].何道宽,译.北京:北京大学出版社,2007.
[45]哈佛尼曼新闻实验室.新闻界应关注的新问题:如何摆脱新技术依赖症?[EB/OL].[2020-06-02].http://www.niemanlab.org/2018/11/journalism-has-a-focus-problem-how-to-combat-shiny-things-syndrome.
[46]马克思恩格斯选集:第1卷[M].中共中央马克思恩格斯列宁斯大林著作编译局,译.北京:人民出版社,2012.

(本文由笔者和中国传媒大学博士生王娜合作撰写,原载于《新闻大学》2020年第8期,《中国社会科学文摘》2021年第3期全文转载)

旗帜·阵地·杠杆:恩格斯党报党刊思想及实践

摘要:19 世纪末,欧洲工人阶级运动风起云涌,无产阶级党报党刊的作用与价值得以进一步凸显。恩格斯在指导工人阶级报刊的实践中提出了“旗帜说”“阵地说”及“杠杆说”等重要的党报党刊思想。党报是无产阶级战斗的“旗帜”,在争取和维护自身利益时应该“丝毫也不放弃”;群众是党报这一“阵地”值得信赖的“靠山”;党报党刊作为“重要的党内生活杠杆”,是保证党内开展批评监督的重要渠道。中国共产党的党报党刊作为党的宣传思想工作的重要组成部分,在新民主主义革命和社会主义建设实践中发挥了重要的作用。值此纪念中国共产党建党百年之际,回顾与研究恩格斯的无产阶级党报思想及实践,具有深远的历史价值与现实意义。

关键词:恩格斯;党报党刊思想;报刊活动

19 世纪后期,马克思(1818—1883)与恩格斯(1820—1895)作为无产阶级革命运动的领路人,依旧关心着国际共运的发展,并通过来往信件、撰写文章与面谈等方式指导革命工作中的具体事宜,特别是涉及各国党报建设的理论与实践,更是马、恩的工作重心之一。然而,19 世纪 70 年代末期,马克思的身体状况逐渐不佳,病情的反复及繁忙的工作,导致他不能为具体的党报建设倾注过多精力。1883 年 3 月 14 日,马克思逝世,重担落在了恩格斯身上,他开始独立承担起指导无产阶级党报建设的工作。

恩格斯将目光聚焦于无产阶级党报建设,还有如下两方面原因:一方面,新技术促进了现代出版业的发展,新型排铸机和印刷机提高了印刷、制版的速度与效率,“1875 年的轮转印刷机、1885 年的整行排铸机和单字排铸机，以及1889年的直线印刷机。由于造纸成本低，这些发明意味着至少在免除报纸印刷税的国家，人们可以廉价印刷报纸。到19世纪末，报纸在制造公众舆论方面比此前更具影响力”①。另一方面，19世纪70年代末，第二次工业革命中的欧美国家发生了剧烈变化，“新的制造工艺刺激了化工、电力和钢铁产业。随着大型公司控制的市场份额越来越大，‘大企业’也逐渐成型”②。社会形态的变革促使工人阶级发展为一个庞大的群体，并成为一股重要的政治力量。“19世纪的最后20年里，法国、德国、意大利和比利时出现了大众社会主义党派。20世纪头10年结束时，每个西欧政府的国民议会中都有了工人阶级代表。”③隶属于社会主义阵营的党报也如同雨后春笋般纷纷问世，成为各国无产阶级政党凝聚共识与联系彼此的重要工具，其作用与价值也越来越受到重视，真正成为马克思与恩格斯所称的“旗帜”与“阵地”。

恩格斯的党报思想与实践处于一个逐步发展的过程中。早在19世纪40年代的马、恩著作中就曾出现过“机关报”一词，《莱茵报》也属于“人民报刊思想”的典范。从马克思主义新闻观的视域出发，特别是从恩格斯党报思想的角度来看，其走向成熟是在19世纪70年代中后期。对此，我国学术界自20世纪80年代起已有所论及，相继有文章探讨了恩格斯“党报思想”与“报刊思想”的异同。德国社会民主工党（第一个民族国家范畴内的无产阶级政党）在1869年才得以成立，故马、恩早期所提出的“人民报刊”并不能完全等同于党报，只能说早期的“人民报刊”实践为其后的无产阶级党报打下了良好基础。

此外，涉及恩格斯党报思想的重要时间节点同样是学界同仁聚焦所在。如1873年6月20日，恩格斯致信倍倍尔，就如何处理党内领导机构与党报（《人民国家报》）编辑部的关系做了阐释，成为最早提及“党报与领导机关关系”的文献。恩格斯的这封信是特定历史时期针对特殊事件的论述，当时

---

① 里奇.现代欧洲史（卷五）：民族主义与改革的年代 1850—1890［M］.王潇楠，王珺.译.北京：中信出版社，2016：15.

② 梅里曼.欧洲现代史：从文艺复兴到现在：下册［M］.焦阳，等译.上海：上海人民出版社，2015：754.

③ 梅里曼.欧洲现代史：从文艺复兴到现在：下册［M］.焦阳，等译.上海：上海人民出版社，2015：754.

《人民国家报》编辑部成员倍倍尔、李卜克内西和赫普纳相继被捕或遭到驱逐,党内拉萨尔派开始攫取任免编辑的权力,试图改变党报方针,因此引起了恩格斯的警觉。相比于恩格斯写作这封长信的1873年,1879年显得更为特殊,这一年中刚受到《反社会党人非常法》迫害的德国社会民主党在苏黎世秘密出版了机关报《社会民主党人报》(1879年10月)。创报伊始,恩格斯就为确立《社会民主党人报》的办报方针倾注了大量心血,可以说“细心呵护”了其发展的全过程(1879—1890)。《社会民主党人报》亦不负厚望,成为德国党的斗争“阵地”及恩格斯晚年报刊生涯的高峰。1890年9月27日,恩格斯在《社会民主党人报》第39号上发表的《给〈社会民主党人报〉读者的告别信》一文中回忆,“生平曾经有两次荣幸地为报纸撰稿”,指的正是《新莱茵报》与《社会民主党人报》,而对《社会民主党人报》的指导更是恩格斯党报思想的集中反映。

总而言之,由于恩格斯晚年依然在极为繁忙的革命活动与理论创作(包括《资本论》的整理出版)中度过,其党报思想散落在与伯恩施坦、倍倍尔、贝克尔等人的往来信件以及公开发表的言论之中,并没有形成完备的体系。这既给人们对恩格斯党报思想进行系统整理与发掘带来了客观难度,也凸显了这项研究工作的意义和价值。可以说,19世纪后期是各国无产阶级政党蓬勃发展的初始阶段,恩格斯给无产阶级党报的指导思想、方针原则及发展方向指明了道路,成为无产阶级党报前进航路上承前启后的思想灯塔,时至今日依然值得我们思考。在中国共产党建党百年之际,党报作为党的宣传工作的重要组成部分,其作用与价值在中国特色社会主义建设与实践中得以进一步凸显。对恩格斯党报思想的回望可谓正当其时。由于篇幅和笔力所限,本文的主要论述以大历史为背景,着力于史料的钩沉,就恩格斯在特定环境之下的党报思想及言论进行了脉络梳理,将目光聚焦于“说了什么”与“为何而说”等问题。因此,文章的着力点放在系统梳理和完整介绍恩格斯党报思想及实践上,以期为当下的党报建设提供借鉴,也为学界的进一步研究添加资料文献。

一、党报是无产阶级凝聚力量的"旗帜"

在恩格斯指导《社会民主党人报》的历史时期，党报成为反抗《反社会党人非常法》、团结无产阶级力量的有力武器。1878 年，德国宰相俾斯麦即开始加紧打击社会主义者。同年 5 月 11 日与 6 月 2 日，德皇威廉一世两次遇刺给了俾斯麦借口，特别是德皇在第二次遇刺中身受重伤，俾斯麦打着维护公共秩序及爱国主义的旗号，在国会中对社会主义者展开了猛烈攻击。虽然事实证明，两次刺杀行动都不是德国社会民主党人所为，但俾斯麦依然在国会多数人支持下，于 10 月 21 日通过了《反社会党人非常法》，直接将矛头指向社会主义者，"其(《反社会党人非常法》)目的在于反对社会主义运动和工人运动。这个法律将德国社会民主党置于非法地位；党的一切组织、群众性的工人组织、社会主义的和工人的刊物都被禁止，社会主义著作被没收，社会民主党人遭到镇压"①。

《反社会党人非常法》的打压并没有挡住德国无产阶级政党前进的步伐，恩格斯发表于《劳动旗帜报》的《俾斯麦和德国工人党》(1881 年 7 月 23 日)一文，详细回顾了实施《反社会党人非常法》期间德国无产阶级政党的发展："尽管两次谋刺皇帝事件掀起了一片叫嚣声，其他政党都异口同声地说这应该由工人党负责，工人党还是赢得了 10 个席位。然后俾斯麦通过了一项法令，宣布社会民主党为非法。……那些被剥夺了自卫的一切合法手段的人，总有一天会采取非法手段的，没有人能指责他们。"②随后，无产阶级人民群众坚决予以抵抗，并利用国民议会选举这一唯一的合法渠道支持德国社会民主党。此外，德国社会民主党还在恩格斯的积极帮助下，战胜了自己队伍中的机会主义者和极"左"分子，巩固、扩大了自己在群众中的影响。在群众性工人运动的压力下，《反社会党人非常法》于 1890 年 10 月 1 日被废除。③ 其间，恩格斯"积极帮助"的途径就包含指导党报《社会民主党人报》，

---

① 马克思恩格斯全集：第 35 卷[M].北京：人民出版社，1971：424-425.马克思恩格斯全集：第 34 卷[M].北京：人民出版社，1972：409-410.

② 马克思恩格斯全集：第 19 卷[M].北京：人民出版社，1963：308-310.

③ 马克思恩格斯全集：第 37 卷[M].北京：人民出版社，1971：535.

使之成为实施《反社会党人非常法》时期德国无产阶级政党的“旗帜”,并在指导过程中形成了其党报思想。

第一,党报是团结无产阶级人民群众的“旗帜”,为追求“一般的公正”,必须拥有自己的媒体。1890 年《反社会党人非常法》废除前夕,恩格斯在《给〈社会民主党人报〉读者的告别信》一文中发表了胜利宣言:“反社会党人法已经破产,俾斯麦已被推翻。强大的德意志帝国曾经动用了它的一切有力手段来反对我们;党对这一点一直报以鄙视的态度,直到德意志帝国最后不得不在我们的旗帜面前降下自己的旗帜。”①他还在文中详细阐明了《社会民主党人报》的意义与价值,指出“《社会民主党人报》是德国党的旗帜;经过十二年的斗争,党获得了胜利”②。他还将《社会民主党人报》与《新莱茵报》等量齐观,《新莱茵报》诞生于欧洲革命风起云涌之时,而《社会民主党人报》同样诞生于抵抗《反社会党人非常法》这一革命时期,“在这种时候从事办日报的工作是一种乐趣。你会亲眼看到每一个字的作用,看到文章怎样真正像榴弹一样地打击敌人,看到打出去的炮弹怎样爆炸”③。毫无疑问,《社会民主党人报》成了团结无产阶级人民群众的“旗帜”,成了“反映了德国工人政党生命中最有决定意义的十二年的报纸”④。在恩格斯的党报思想中,“旗帜”说一直占据着主要地位。1881 年他提醒《社会民主党人报》的编辑伯恩施坦:“报纸现在能够真正激励和振奋我们在德国的人,而对这些人,至少对所谓的领袖们,这有时是非常需要的。”⑤恩格斯不但通过私人信件个别叮嘱,还曾多次公开强调这一“旗帜”的重要性,他提出由于资产阶级报刊并没有遵循他们所鼓吹的“客观报道原则”,因此想要达到“一般的公正”,还需要无产阶级自己的媒体。

第二,无产阶级必须树立起自己的“旗帜”——党报,来发出本阶级自己的声音,维护自身的利益。恩格斯如此重视党报的“旗帜”作用,还在于 19 世纪下半叶议会制度开始成为欧洲各国主流,舆论所凸显的价值使得一场

① 马克思恩格斯全集:第 22 卷[M].北京:人民出版社,1965:91.
② 马克思恩格斯全集:第 22 卷[M].北京:人民出版社,1965:90-91.
③ 马克思恩格斯全集:第 22 卷[M].北京:人民出版社,1965:89.
④ 马克思恩格斯全集:第 22 卷[M].北京:人民出版社,1965:88.
⑤ 马克思恩格斯全集:第 35 卷[M].北京:人民出版社,1971:164.

争夺话语权的战争不可避免。当时，无产阶级的崛起让资产阶级感受到了恐惧。在英国，“年轻的温斯顿·丘吉尔（当时是自由党内阁成员）曾警告英国国会说，如果保守、自由两党的政治制度崩溃，则将为阶级政治所取代”①。在德国，自由思想党和中央党议员也抛弃了他们对俾斯麦政府所采取的反对立场，投票赞成延长《反社会党人非常法》（1884）。恩格斯就指出这种建立在反俾斯麦基础上的同盟非常脆弱，“这些先生企图用他们大学里那一套无知的乱七八糟的东西，高高在上地教训工人；遗憾的是，很多‘领袖’助长了这一点”②。恩格斯在这里提到“领袖”一词，说明当时资产阶级的某些言论及观点，甚至渗透到无产阶级政党内部。

1879 年 3 月 17 日，李卜克内西在国会发表演说时称，德国社会民主党将遵守《反社会党人非常法》，因为它是一个改良党，否认“暴力”革命。1880 年 2 月 17 日，他又在萨克森邦议会中说，既然德国社会民主党参加选举，它就不是一个变革党。虽然李卜克内西事后向恩格斯解释这是一种“策略”，但恩格斯在给倍倍尔的信中说：“但是我恰恰认为，这种‘策略’是我们公开合作的障碍！”③由此可见，恩格斯深知守护党报这一“旗帜”的不易，当局的迫害、资金的匮乏与“领袖”“先生们”的傲慢，都对党报提出了挑战。1879 年，赫希柏格等人试图染指《社会民主党人报》，恩格斯致信贝克尔：“从《宣言》发表时起（确切些说，早在马克思反对蒲鲁东的著作问世时起），我们就在不断地同那种小资产阶级社会主义进行斗争，现在当它利用反社会党人法，企图重新举起自己的旗帜时，我们也不能同它一道走。”④

第三，在恩格斯看来，党报作为无产阶级的“旗帜”，必须属于人民群众，这是不可逾越的底线，也只有这样才能得到人民群众的支持。正因为做到了这一点，处于特殊历史时期的《社会民主党人报》才能得到工人阶级的支持，在国外出版时得到工人们的帮助，通过“不合法”的手段运进德国，并按期抵达读者手中。而其他无产阶级党报也大多遵循了这一点，进而得到了人民群众的拥护。1891 年，《人民之友报》出版 10 周年之际，恩格斯发表了

---

① 霍布斯鲍姆.帝国的年代（1875—1914）[M].贾士蘅，译.北京：中信出版社，2017：128.
② 马克思恩格斯全集：第 36 卷[M].北京：人民出版社，1975：28.
③ 马克思恩格斯全集：第 35 卷[M].北京：人民出版社，1971：212.
④ 马克思恩格斯全集：第 34 卷[M].北京：人民出版社，1972：409.

《致〈人民之友报〉编辑部》(11月25日《人民之友报》第22号)一文,他自诩为"你们的老头","我知道,在奥地利的出版法和其他治安法的限制下,使《人民之友报》这样的战斗的社会民主党机关报能够维持十年,要付出什么样的代价,而且我至少大体上也能够想象出在这十年当中为此而不得不做出的牺牲。你们能够不顾一切把报纸保存下来,这更加增添你们的光彩;要知道,奥地利的出版法以有产阶级的机关报一般说来没有危险性作为出发点,它的目的看来正是想通过对工人报纸的经费施加压力,来使它们不是沦于破产,就是变得驯服听话。如果说布隆的工人不顾这种财政上的压力,仍然能够在整整十年内一直出版自己的报纸,丝毫也不放弃自己的旗帜,那么,这就是现在只有在工人中间才能看到的那种坚毅精神和自我牺牲精神的又一证明"①。

二、党报是无产阶级必须坚守的舆论"阵地"

1879年9月,恩格斯与马克思共同起草了致倍倍尔、李卜克内西、白拉克等人的通告信,提出"工人阶级的解放应当是工人阶级自己的事情。所以,我们不能和那些公开说什么工人太缺少教育,不能自己解放自己,因而应当由博爱的大小资产者从上面来解放的人们一道走。如果党的新机关报将采取适合于这些先生们的观点的立场,如果它将是资产阶级的报纸,而不是无产阶级的报纸,那么很遗憾,我们只好公开对此表示反对"②。

首先,恩格斯在捍卫党报"阵地"的斗争中,采取了不妥协的态度和顾全大局的立场相结合的方式,展现了高超的斗争艺术和坚定的原则与立场。由于当时德国工人党内出现小资产阶级思想倾向,这种错误思想一度在德国工人党的报刊上蔓延,恩格斯用"不予撰稿"作为表达态度的手段。恩格斯在给贝克尔的信中说明了暂时不给《社会民主党人报》撰稿的原因:撰稿势必要参加争论,但"我们完全不能参加。……不然的话,我们就会卷入同这些先生们的无休止的争论,《社会民主党人报》就会成为战场,而最后我们

① 马克思恩格斯全集:第22卷[M].北京:人民出版社,1965:304.
② 马克思恩格斯全集:第34卷[M].北京:人民出版社,1972:384.

还是不得不公开宣布退出。所有这一切只会给普鲁士人和资产者效劳，因此我们最好是避免这种情况"[①]。但恩格斯非常明白，《社会民主党人报》依然是无产阶级必须坚守的"阵地"，"不予撰稿"仅仅是暂时的手段。1881 年 4 月，恩格斯致信伯恩施坦："如果说我们还没有直接以自己的名义在《社会民主党人报》上发表文章，……我们想先看看实际行动，而且我们不大相信（不如说根本不相信）某些先生们的革命性。"[②]恩格斯虽然拒绝撰稿，但他依然鼓励贝克尔等人积极参与报纸的编辑工作，"因为我们（指他和马克思）是由于谈判过程本身被迫接受挑战，并反对赫希柏格及其一伙的。我认为，譬如像你（指贝克尔）不给这个报纸撰稿，是没有任何理由的。德国工人的通讯是该报唯一使人快慰的东西，你参加撰稿只会使报纸得到改善。既然已经有了这个报纸，那就让它尽可能好些，而不是更坏些"[③]。恩格斯鼓励贝克尔等编辑守住党报的"阵地"，是结合自身多年报刊活动实践得出的经验，因为"阵地"的失守将带来难以弥补的损失。1882 年，恩格斯谈到了法国《无产者报》的危机，"显然，《无产者报》已奄奄一息；如果该报停刊，他们就没有报纸了，而对手却有两家报纸"[④]。1884 年，恩格斯致信伯恩施坦："不管怎样，有一点是十分肯定的，只要《社会民主党人报》在我们手里，即使机会主义者先生们可以为所欲为，甚至在党团里取得统治地位，这还绝不是说，他们就得逞了。"[⑤]

其次，恩格斯还认为舆论"阵地"的争夺是一个长期过程，要警惕小资产阶级观点被"偷运"进党报。在这场争夺"阵地"的斗争中，"工人群众本身是最好的支点"，因为"工人的斗争是唯一伟大的、唯一站在时代高度的、唯一不使战士软弱无力而是不断加强他们的力量的斗争。因此，您（指伯恩施坦）能在真正的、没有变成'领袖'的工人中间给自己找到的通讯员愈多，您就愈有可能对抗领袖的号叫"。[⑥] 恩格斯对"领袖"试图染指党报的警惕由来已久，如《社会民主党人报》的"赞助人"赫希柏格就并不是一个马克思主义

---

① 马克思恩格斯全集：第 34 卷［M］.北京：人民出版社，1972：409.
② 马克思恩格斯全集：第 35 卷［M］.北京：人民出版社，1971：176.
③ 马克思恩格斯全集：第 34 卷［M］.北京：人民出版社，1972：409-410.
④ 马克思恩格斯全集：第 35 卷［M］.北京：人民出版社，1971：259.
⑤ 马克思恩格斯全集：第 36 卷［M］.北京：人民出版社，1975：181.
⑥ 马克思恩格斯全集：第 35 卷［M］.北京：人民出版社，1971：256-257.

者，据其秘书伯恩施坦回忆，赫希柏格对伯恩施坦倾向马克思主义而“感到失望”，他自身也“绝对不是马克思的拥护者，他（指赫希柏格）在哲学上是形而上学者，在社会学上是伦理社会主义者”①。因此，当《社会民主党人报》发表《报刊历史的回顾》（1879 年第 10 号）一文时，恩格斯就在给倍倍尔的信中表示，“‘三人星座’（指包括赫希柏格、伯恩施坦和卡尔·施拉姆在内的苏黎世‘三人团’）企图使他们起初在《年鉴》上明确提出的小资产阶级社会主义观点，在《社会民主党人报》上同无产阶级社会主义观点相并列。……现在，当进入党内的小资产阶级分子已经公开表明态度的时候，情况就不同了。只要还允许他们把自己的小资产阶级观点一点一点地偷运到德国党的机关报中来，对我们来说，这个机关报就等于根本不存在”②。

1885 年，恩格斯再次致信倍倍尔：“马克思和我从 1845 年起就不断地同他们进行斗争。这些人既然进入党内，在党内到处钻营，那就应当不断地排挤他们，因为他们的小资产阶级观点，往往同无产阶级群众的观点不一致，或者他们企图歪曲这些观点。”③而在给伯恩施坦的信中，恩格斯也提到了这个问题：“自从他们意识到反社会党人法赋予他们的力量并利用这一力量之后，我认为，我们尤其必须竭尽全力守住我们手中的一切立足的阵地，而首先是守住其中最重要的阵地——《社会民主党人报》这个阵地。”④他在信中警告说：“如果让《社会民主党人报》落入这些人的手中，那就是在全世界面前败坏德国党的声誉。”⑤信中，恩格斯还向伯恩施坦分析了坚守“阵地”的原因：“现在一切优势都在他们方面。我们不能阻止他们在分裂后在德国对我们进行诬蔑和诽谤，不能阻止他们冒充群众的代表；我们手中只有《社会民主党人报》和国外的报刊。他们能够大叫大嚷，而我们很难办到。”⑥因此，必须“不顾一切地竭尽全力守住《社会民主党人报》这个立足的阵地。我的意见就是这样”⑦。

---

① 殷叙彝.伯恩施坦文选[M].北京：人民出版社，2008：494.

② 马克思恩格斯全集：第 34 卷[M].北京：人民出版社，1972：406-407.

③ 马克思恩格斯全集：第 36 卷[M].北京：人民出版社，1975：332.

④ 马克思恩格斯全集：第 36 卷[M].北京：人民出版社，1975：157.

⑤ 马克思恩格斯全集：第 36 卷[M].北京：人民出版社，1975：158.

⑥ 马克思恩格斯全集：第 36 卷[M].北京：人民出版社，1975：157.

⑦ 马克思恩格斯全集：第 36 卷[M].北京：人民出版社，1975：159.

最后，党报作为党内舆论的风向标，在党内出现思想混乱时，其立场就显得至关重要，属于必须坚守的“阵地”。1884 年底，俾斯麦要求国会批准对轮船公司的年度津贴，以打通洲际航线来与英、法等老牌资本主义国家进行殖民竞争。对此，社会民主党内部产生了意见分歧，倍倍尔等左翼遵循恩格斯的意见提出反对，右翼“领袖”则倾向于赞成。因此，《社会民主党人报》起初对党内右翼进行了坚决的批评与谴责。然而，随后《社会民主党人报》却刊载了“多数派先生们”的声明（1885 年 4 月 2 日），恩格斯因此提醒倍倍尔，“党团中的多数派先生们，从他们发表在今天的《社会民主党人报》上的声明来看，他们仍然想确立自己的‘支配权’”①。最终，党内地方组织坚决维护编辑部，逼迫党内右翼放弃了声明中的要求。但是，分裂的痕迹已经存在。同年 6 月，恩格斯再度致信倍倍尔，要求其必须守住党报这一“阵地”，“如果有人把分裂强加于我们，那也毫无办法；对此应当事先做好准备，而且依我看，我们无论如何必须保住三个阵地：（1）苏黎世的印刷所和出版社；（2）《社会民主党人报》编辑部；（3）《新时代》编辑部。这是现在我们还掌握在自己手中的仅有的一些阵地，为了同党保持联系，即使在反社会党人法的条件下，有了这些阵地也就足够了。所有其他的报刊阵地，都被小市民先生们占去了，但是它们远远抵不上我们这三个阵地。你对许多反对我们的计划最好能加以阻止，并且我认为，你得尽一切努力，无论如何要保证我们掌握住这三个阵地”②。

三、党报党刊是维护批评和自我批评原则的“党内生活杠杆”

19 世纪 90 年代，恩格斯迈入生命的最后时光，但他依然关注着党报党刊的发展。当倍倍尔的批评引起李卜克内西不快时，恩格斯告诫李卜克内西，党报编辑必须正视党内批评：“你是中央机关报的编辑，当然应当维持均衡，消除争论过程中确实存在的分歧，使大家都满意，在党分裂以前一直促进党的统一。所以，倍倍尔的行为在你这个编辑看来可能是不愉快的。但

① 马克思恩格斯全集：第 36 卷［M］.北京：人民出版社，1975：291.
② 马克思恩格斯全集：第 36 卷［M］.北京：人民出版社，1975：332.

是，编辑感到不愉快的东西却应当是合乎党的领袖的愿望的东西，也就是，有一些不需要经常戴着不能摘下的编辑眼镜的人提醒编辑本人，他作为党的领袖，不妨暂时摘掉玫瑰色的眼镜，用自己天生的肉眼瞧一瞧世界。”①

恩格斯从来不认为党内有任何人属于“超然”的存在，可以凌驾于党内批评与舆论监督之上。而党报党刊在这一点上，恰好成为“重要的党内生活杠杆”，“通过这个‘杠杆’可以调节党内生活，保证党的肌体的健全的活动。党报党刊作为杠杆的突出作用就在于它能‘提供进行批评和反批评的可能性并且我们还可以阐明一些理论问题’，通过批评和自我批评，揭露党的肌体中的痈疽，使党永远保持青春和活力”。② 因此，恩格斯认为党报党刊应该“不直接从属于执行委员会甚至党代表大会”，认为党对党报党刊的影响可以建立在“道义”的领导之上。

1892 年，德国社会民主党在柏林党代表大会上提出建议，赎买所有新创办的社会民主党报刊，并将其改为党的正式机关刊物。为此，恩格斯致信倍倍尔：“如果你们的报刊‘国家化’走得太远，会产生很大缺点。你们在党内当然必须拥有一个不直接从属于执行委员会甚至党代表大会的刊物，也就是说这种刊物在纲领和既定策略的范围内可以自由地反对党所采取的某些步骤，并在不违反党的道德的范围内自由批评纲领和策略。你们作为党的执行委员会，应该提倡甚至创办这样的刊物，这样，你们在道义上对这种刊物所起的影响，就会比对一半是违反你们意志创办的刊物要大。……你们自己同时也使党对这种已经变化了的形势适应得越快越好。首先需要的是一个形式上独立的党的刊物。而这种刊物肯定是要出现的，不过，如果你们能使它一开始就在你们的道义影响之下问世，而不是在违背你们的意志和反对你们的情况下出现，那就更好。”③

其实，恩格斯对于“国有化”的思考由来已久，早在 1880 年连载于《社会主义评论》杂志上的《社会主义从空想到科学的发展》一文中就提出“国有化”不能完全等同于社会主义，“自从俾斯麦致力于国有化以来，出现了一种冒牌的社会主义，它有时甚至堕落为一种十足的奴才习气，直截了当地把任

---

① 马克思恩格斯全集：第 39 卷[M].北京：人民出版社，1974：313.

② 郑保卫.马克思恩格斯报刊活动与新闻思想研究：上[M].北京：高等教育出版社，2003：426-427.

③ 马克思恩格斯全集：第 38 卷[M].北京：人民出版社，1972：517-518.

何一种国有化，甚至俾斯麦的国有化，都说成社会主义的。显然，如果烟草国营是社会主义的，那么拿破仑和梅特涅就应该算是社会主义的创始人了"①。从上文恩格斯给倍倍尔的信中可以看出，就党报党刊的"国家化"而言，恩格斯提出的解决办法是"形式上独立的党的刊物"，并最好在"道义影响之下问世"。当然，这一观点有着特殊的历史背景："19 世纪 90 年代初，工人运动在欧洲各国蓬勃发展，党组织也迅速扩大，……但对于一些具体问题，各国党内都存在个人分歧意见，一些党内领导于是采取极端武断的方式，不允许批评、讨论，甚至动辄想将对方开除出党。"②恩格斯相信在"道义影响之下"的"形式上独立的党的刊物"能起到维护党内言论自由，进而增强党的凝聚力的作用。恩格斯还在上述写给倍倍尔的信中提出："依赖他人，即使是依赖一个工人政党，也是一种痛苦的抉择。而且，即使抛开金钱问题不谈，做隶属于一个党的报纸的编辑，对任何一个有首倡精神的人来说，都是一桩费力不讨好的差事。马克思和我向来有一个共同的看法：我们永远不担任这种职务，而只能办一种在金钱方面也不依赖于党的报纸。"③在恩格斯看来，只有这样，党报党刊才不会在非原则性问题上，出于"避讳"而回避尖锐、敏感的话题。当然，党报党刊也不用担心批评会授人以柄，给"敌对势力"提供"弹药"。因为，无产阶级党报能够勇于自我批评，反而能给敌人以震慑。1891 年，恩格斯在给考茨基的信中谈到了自我批评的价值："恶意的诽谤当然是借任何理由都可以散布的。但是总的说来，这种无情的自我批评引起了敌人极大的惊愕，并使他们产生这样一种感觉：一个能给自己奉送这种东西的党该具有多么大的内在力量呵！这一点，从你寄给我的和我从别处得到的敌人的报纸上可以看得很清楚。"④毫无疑问，恩格斯的"'杠杆说'也正是在这种情况下提出来的。这些观点的提出，在当时对于发扬党内民主，纠正党的领导机构可能发生的错误，从体制上保证党内批评和监督的正常实现具有重要意义"⑤。

① 马克思恩格斯全集：第 19 卷[M].北京：人民出版社，1963：239.

② 郑保卫.马克思恩格斯报刊活动与新闻思想研究：上[M].北京：高等教育出版社，2003：498.

③ 马克思恩格斯全集：第 38 卷[M].北京：人民出版社，1972：517.

④ 马克思恩格斯全集：第 38 卷[M].北京：人民出版社，1972：35-36.

⑤ 郑保卫.马克思恩格斯报刊活动与新闻思想研究：上[M].北京：高等教育出版社，2003：432.

总而言之,恩格斯相信坚持正确的理论观点、捍卫党的原则才是党报党刊的核心价值。“如果报纸编辑部以后在其他方面将继续执行原来的坚决路线,那这就是我们所需要的一切。捍卫我们的理论观点,反对在德国发表的种种无稽之谈。”[①]恩格斯在谈论《社会民主党人报》时说:“这无疑是党曾经有过的最好的报纸。这不仅是因为只有它享有充分的出版自由,在它的篇幅上极其明确地和坚决地阐述并捍卫了党的原则,编辑部的策略几乎毫无例外地都是正确的。……同时,《社会民主党人报》绝不是党团的简单传声筒。当1885年党团的多数倾向于投票赞成航运津贴的时候,该报坚决支持反对意见,并且甚至在党团的多数用一道现在连它自己也觉得不能理解的命令禁止该报采取这个方针以后,还是坚持自己这样做的权利。斗争继续了整整一个月,在这段时间内编辑部得到了德国国内外的党员同志们的有力支持。”[②]

四、结语

2021年是中国共产党成立一百周年,也是全面建设社会主义现代化国家的开局之年,中国站在了历史的新起点上。党报党刊是党和政府治国理政的重要资源与手段,亦是凝聚人心、引导舆论的平台。党报党刊的传播介质不再局限于平面媒体,而是朝着融媒体方向发展。党报党刊的功能和形式随着时代的发展在不断地发生变革。但是,党报党刊作为党的新闻舆论工作的“旗帜”“阵地”与“杠杆”的属性并没有改变,党报党刊在中国特色社会主义新闻事业中仍然居于核心地位。2016年2月19日,习近平总书记在党的新闻舆论工作座谈会上指出:“在新的时代条件下,党的新闻舆论工作的职责和使命是:高举旗帜、引领导向,围绕中心、服务大局,团结人民、鼓舞士气,成风化人、凝心聚力,澄清谬误、明辨是非,联接中外、沟通世界。”[③]由此可见,一百多年前恩格斯所倡导的无产阶级党报党刊思想与精神,在历经

---

① 马克思恩格斯全集:第36卷[M].北京:人民出版社,1975:309.

② 马克思恩格斯全集:第22卷[M].北京:人民出版社,1965:89-90.

③ 习近平在党的新闻舆论工作座谈会上强调 坚持正确方向创新方法手段提高新闻舆论传播力引导力[N].人民日报,2016-02-20(1).

磨难、走向辉煌的社会主义伟大事业的悠悠岁月中，得以传承和发展。

今天的党报党刊依然是凝聚全党和全国人民力量的“旗帜”，党报党刊将党的意志和人民的心声结合起来，坚持“人民至上”的主体意识，使得党报党刊传播党和人民的声音更为深入人心；今天的党报党刊依然是舆论场上党的新闻工作者们必须坚守的思想舆论的前沿“阵地”，党报党刊在坚持正确的舆论导向、引领主流价值观方面，负有守土有责的艰巨而光荣的使命；今天的党报党刊依然是党内维护批评与自我批评的有效“杠杆”。党报党刊需要努力成为发扬人民民主、帮助党和政府接受人民群众监督的重要渠道。回顾和研究恩格斯的无产阶级党报党刊思想及实践，继承和发展恩格斯关于党报党刊思想的精神，任重道远。

（本文由笔者和湘潭大学文学与新闻学院副教授汤林峄合作撰写，原载于《现代出版》2021 年第 2 期）

党性原则是中国共产党新闻思想的基石

摘要:中国共产党在百年新闻实践中把马克思主义新闻观基本原理与革命、建设、改革不同时期新闻工作的实际相结合,形成和确立了包括“坚持党性原则”“全党办报、群众办报”“为人民服务、为社会主义服务”“以正面宣传为主”“坚持正确的舆论导向”“以人民为中心的工作导向”等基本原则在内的中国共产党新闻思想。党性原则是中国共产党新闻思想的基石,坚持党性原则是对马克思主义新闻观最有力最持久的坚守,是对社会主义新闻事业基本方针最准确的阐释,是对党的新闻舆论工作基本原则最根本的认识,是党的新闻事业发展壮大最重要的经验。

关键词:马克思主义新闻观;中国共产党新闻思想;党性原则

作为用马克思主义武装起来的政党,中国共产党在领导中国人民和中华民族进行革命、建设和改革的百年征程中,把马克思主义新闻观基本原理与中国新闻事业具体实际相结合,逐步形成和确立了“党性原则”“全党办报、群众办报”“为人民服务、为社会主义服务”“以正面宣传为主”“坚持正确的舆论导向”“以人民为中心的工作导向”等一系列基本原理和原则。这些基本原理和原则是中国共产党新闻思想的主要内容。其中党性原则是中国共产党新闻思想的核心内容,是中国共产党新闻思想的基石。

一、坚持党性原则是对马克思主义新闻观最有力最持久的坚守

党性问题,是马克思主义党建理论最关注的问题之一。170 多年前,马

克思、恩格斯就论述了党性问题。1863 年 1 月 2 日，马克思在致恩格斯的信中说："在巴黎，在社会党内，党性和团结精神仍然占着统治地位。"[①]1845 年，恩格斯在其摘译的傅立叶手稿《傅立叶论商业的片段》结束语中，批评德国的"绝对的社会主义"内容贫乏透顶，"而实际上对于政治经济学和现实的社会却茫然无知""这种社会主义由于自己的理论没有党性、'思想绝对平静'而丧失了最后一滴血、最后一点精神和力量"[②]。马克思、恩格斯虽然没有系统论述新闻事业的党性原则，但他们在长期的报刊实践中提出了关于报刊党性的一些基本问题，也讨论过报刊与政治、报刊与政党的关系，形成了对报刊党性原则的初步认识。1849 年 1 月 15 日，马克思在科伦工人联合会委员会会议上提出，联合会机关报要"真正代表联合会的利益，并根据我们党的精神进行编辑工作"[③]。恩格斯也曾指出："党刊的任务是什么呢？首先是组织讨论，论证、阐发和捍卫党的要求，驳斥和推翻敌对党的妄想和论断。"[④]

列宁对报刊党性原则做了较为深入的阐述。他在 1905 年 11 月 13 日发表的《党的组织和党的出版物》一文中提出，出版物应当成为党的出版物，社会主义无产阶级应当提出党的出版物的原则，发展这个原则，并且尽可能以完备和完整的形式实现这个原则。[⑤] 他进一步指出："党的出版物的这个原则是什么呢？这不只是说，对于社会主义无产阶级，写作事业不能是个人或集团的赚钱工具，而且根本不能是与无产阶级总的事业无关的个人事业。无党性的写作者滚开！超人的写作者滚开！写作事业应当成为整个无产阶级事业的一部分，成为由整个工人阶级的整个觉悟的先锋队所开动的一部巨大的社会民主主义机器的'齿轮和螺丝钉'。"[⑥]

中国共产党继承了马克思、恩格斯、列宁等马克思主义经典作家提出的党性原则，并在新闻实践中不断强调、坚持、丰富和发展中国共产党，建党之初就开始重视舆论宣传工作，重视党的报刊的党性原则。1921 年中共一大

---

① 马克思恩格斯全集：第三十卷[M].北京：人民出版社，1975：305.
② 马克思恩格斯全集：第四十二卷[M].北京：人民出版社，1979：357.
③ 马克思恩格斯全集：第六卷[M].北京：人民出版社，1961：687.
④ 马克思恩格斯全集：第四卷[M].北京：人民出版社，1958：300.
⑤ 列宁选集：第一卷[M].北京：人民出版社，1995：663.
⑥ 列宁选集：第一卷[M].北京：人民出版社，1995：663.

通过的《决议》指出:"无论中央或地方的出版物均应由党员直接经办和编辑。任何中央地方的出版物均不能刊载违背方针、政策和决定的文章。"[①]延安时期,为解决党报的党性原则薄弱的问题,延安日报开展了整风改版运动。1942年3月16日,中共中央宣传部发出《为改造党报的通知》指出,"报纸是党的宣传鼓动工作最有力的工具",强调"报纸的主要任务就是要宣传党的政策,贯彻党的政策,反映党的工作,反映群众生活,要这样做,才是名符其实的党报,如果报纸只是或者以极大篇幅为国内外通讯社登载消息,那末这样的报纸是党性不强"[②]。1942年9月22日,经过改版的《解放日报》发表社论《党与党报》指出,"报纸是党的喉舌","一切要依照党的意志办事"[③]。抗日战争和解放战争时期,毛泽东多次强调,务使通讯社及报纸的宣传完全符合于党的政策,务使我们的宣传增强党性[④],各地党报必须无条件地宣传中央的路线和政策[⑤]。新中国成立以后,中国共产党历任领导人高度重视并进一步强调新闻工作要坚持党性原则,党性原则的内涵不断丰富。毛泽东同新华社社长、《人民日报》总编辑吴冷西谈话时提出:"搞新闻工作,要政治家办报。"[⑥]这是对由革命时期转入建设时期的党报宣传工作坚持党性原则的新要求。改革开放时期,为加强党的基本路线宣传,邓小平提出,党报党刊一定要无条件地宣传党的主张。[⑦] 江泽民指出,旗帜鲜明地坚持党性原则,坚持以邓小平建设有中国特色社会主义理论和党的基本路线为指导。[⑧] 胡锦涛强调,新闻宣传工作必须坚持党性原则,牢牢把握正确舆论导向。[⑨]

思想上政治上行动上与党中央保持一致,宣传党的理论、路线、方针、政策,体现党的意志,遵守党的组织原则和纪律,这是党的新闻舆论工作党性原则的基本内容和要求。要确保在新闻实践中贯彻和坚持党性原则,必须

---

① 中国社会科学院新闻研究所.中国共产党新闻工作文件汇编:上[M].北京:新华出版社,1980:1.
② 中国社会科学院新闻研究所.中国共产党新闻工作文件汇编:上[M].北京:新华出版社,1980:126.
③ 中国社会科学院新闻研究所.中国共产党新闻工作文件汇编:下[M].北京:新华出版社,1980:55.
④ 毛泽东文集:第二卷[M].北京:人民出版社 1993:454.
⑤ 毛泽东文集:第五卷[M].北京:人民出版社 1996:127.
⑥ 中共中央文献研究室,新华通讯社.毛泽东新闻工作文选[M].北京:新华出版社,2014:271.
⑦ 邓小平文选:第二卷[M].北京:人民出版社 1994:272.
⑧ 江泽民同志视察人民日报社时的讲话(一九九六年九月二十六日)[N].人民日报,1996-10-21(1).
⑨ 胡锦涛.在人民日报社考察工作时的讲话(2008年6月20日)[N].人民日报,2008-06-21(4).

首先坚持和加强党对新闻工作的领导。换言之，坚持和加强党对新闻工作的领导是新闻事业坚持党性原则的前提和保障。党的十八大以来，习近平从全党全国工作大局出发，结合时代发展及媒体格局、舆论环境的变化，对党性原则的内涵做了新的阐释。习近平指出，无论时代如何发展、媒体格局如何变化，党管媒体的原则和制度不能变。[①] 报刊、通讯社、电台、电视台、新闻网站的所有工作都必须体现党的意志、反映党的主张，必须维护党中央权威、维护党的团结，做到爱党、护党、为党。[②] 他还进一步提出把各级各类媒体都置于党的领导之下，让党管媒体的原则适用于所有媒体。"不能说只管党直接掌握的媒体。党管媒体是把各级各类媒体都置于党的领导之下，这个领导不是'隔靴搔痒式'领导，方式可以有区别，但不能让党管媒体的原则被架空。"[③]习近平特别强调对互联网等新媒体的管理，提出把党管媒体原则贯彻到所有新媒体平台和所有相关从业人员。"要把党管媒体的原则贯彻到新媒体领域，所有从事新闻信息服务、具有媒体属性和舆论动员功能的传播平台都要纳入管理范围，所有新闻信息服务和相关业务从业人员都要实行准入管理。"[④]这些论述将党管媒体原则覆盖了党直接掌管的媒体和不是由党直接掌管的媒体、传统媒体和新兴媒体、各级各类媒体渠道和传播平台以及所有相关从业人员，使新闻事业党性原则内涵在新的媒体环境和舆论格局下得以丰富和发展。

二、坚持党性原则是对社会主义新闻事业基本方针最准确的阐释

社会主义新闻事业的基本方针是为人民服务、为社会主义服务。这个方针是在党的新闻宣传工作实践中逐步确立的，首先在文艺工作领域提出。

---

① 习近平.坚持党的新闻舆论工作的正确政治方向[M]//中共中央党史和文献研究院.十八大以来重要文献选编:下.北京:中央文献出版社,2018:212.

② 习近平.坚持党的新闻舆论工作的正确政治方向[M]//中共中央党史和文献研究院.十八大以来重要文献选编:下.北京:中央文献出版社,2018:213.

③ 习近平.坚持党的新闻舆论工作的正确政治方向[M]//中共中央党史和文献研究院.十八大以来重要文献选编:下.北京:中央文献出版社,2018:214.

④ 习近平.坚持党的新闻舆论工作的正确政治方向[M]//中共中央党史和文献研究院.十八大以来重要文献选编:下.北京:中央文献出版社,2018:214.

1942 年 5 月,毛泽东《在延安文艺座谈会上的讲话》中谈到文艺工作者的立场问题时说:“我们是站在无产阶级的和人民大众的立场。对于共产党员来说,也就是要站在党的立场,站在党性和党的政策的立场。”①在谈到“文艺是为什么人”的问题时,他说:“最广大的人民,占全人口百分之九十以上的人民,是工人、农民、兵士和城市小资产阶级。……这四种人,就是中华民族的最大部分,就是最广大的人民大众。”②这个讲话确立了党的文艺工作必须坚持党性原则、为最广大的人民大众服务的基本方针。邓小平说:“人民是文艺工作者的母亲。一切进步文艺工作者的艺术生命,就在于他们同人民之间的血肉联系。”③1980 年 7 月 26 日,《人民日报》发表社论指出,最近,党中央提出,我们的文艺工作总的口号应当是:文艺为人民服务、为社会主义服务。④ 在这个时期,党中央正式提出并确立文艺的“二为”方针。1989 年 11 月 28 日,江泽民在《关于党的新闻工作的几个问题》中指出,社会主义的新闻事业同社会主义的文学、艺术、出版等事业一样,虽然各有自己的特点和具体发展规律,但是它们作为意识形态领域的组成部分,都要为社会主义服务,为人民服务。⑤ 胡锦涛强调,把坚持正确导向放在新闻宣传工作的首位,坚持团结稳定鼓劲、正面宣传为主,唱响主旋律,打好主动仗,更加自觉主动地为人民服务、为社会主义服务、为党和国家工作大局服务。⑥ 2017 年 10 月 18 日,习近平在党的十九大报告中谈到推动社会主义文化繁荣兴盛时指出,要坚持为人民服务、为社会主义服务,坚持百花齐放、百家争鸣,坚持创造性转化、创新性发展,不断铸就中华文化新辉煌。⑦

全心全意为人民服务是中国共产党的宗旨,也是中国共产党党性原则的重要内容。将这一宗旨落实到新闻实践中,形成了“全党办报、群众办报”“用报纸联系群众”“以人民为中心的工作导向”等新闻事业基本原则。换言之,这些基本原则是党性原则中全心全意为人民服务的宗旨和群众路线在

---

① 毛泽东选集:第三卷[M].北京:人民出版社,1991:848.

② 毛泽东选集:第三卷[M].北京:人民出版社,1991:855-856.

③ 邓小平文选:第二卷[M].北京:人民出版社,1994:211.

④ 文艺为人民服务、为社会主义服务[N].人民日报,1980-07-26(1).

⑤ 中共中央文献研究室.十三大以来重要文献选编:中[M].北京:中央文献出版社,2011:197.

⑥ 胡锦涛.在人民日报社考察工作时的讲话(2008 年 6 月 20 日)[N].人民日报,2008-06-21(4).

⑦ 习近平.论党的宣传思想工作[M].北京:中央文献出版社,2020:11.

新闻实践中的反映和体现、拓展和延伸。毛泽东指出，我们的报纸也要靠大家来办，靠全体人民群众来办，靠全党来办，而不能只靠少数人关起门来办。邓小平指出，办好报纸有三个条件：结合实际、联系群众、批评与自我批评。江泽民强调，宣传思想工作要以科学的理论武装人，以正确的舆论引导人，以高尚的精神塑造人，以优秀的作品鼓舞人。胡锦涛指出，服务人民，就是要坚持以人为本，贴近实际、贴近生活、贴近群众，充分发挥人民主体作用，把人民是否满意作为根本标准。习近平提出，要树立以人民为中心的工作导向，把服务群众同教育引导群众结合起来，把满足需求同提高素养结合起来，多宣传报道人民群众的伟大奋斗和火热生活，多宣传报道人民群众中涌现出来的先进典型和感人事迹，丰富人民精神世界，增强人民精神力量，满足人民精神需求。①

中国共产党是中国特色社会主义事业的领导核心，也是中国特色社会主义事业的建设者，党在当前的任务是为中国特色社会主义建设事业服务。作为党的事业的重要组成部分，新闻事业当然也要为社会主义服务。因此，“二为”方针一方面体现为党性原则和全党全国工作的大局对新闻事业的外在要求；另一方面，新闻事业是党、政府和人民的喉舌，承担着宣传党的理论和路线方针政策、正确引导舆论及服务社会的功能和职责，从这个意义上讲，坚持为人民服务、为社会主义服务又是党性原则对新闻事业的内在规定。坚持党性原则是为人民服务、为社会主义服务的前提和理论基点，为人民服务、为社会主义服务是党性原则的具体体现。

三、坚持党性原则是对党的新闻舆论工作基本原则最根本的认识

中国共产党在长期新闻实践中逐步形成和确立了党的新闻舆论工作各项基本原则，在所有原则中，坚持党性原则是最根本的原则，是所有原则的源头、根基和主干，其他原则都是党性原则的具体反映、体现、延伸和拓展。

1989 年 11 月 25 日，李瑞环在中共中央宣传部举办的新闻工作研讨班上的讲话中提出，新闻报道必须坚持以正面宣传为主的方针，这是社会主义

---

① 习近平.论党的宣传思想工作[M].北京：中央文献出版社，2020：16.

新闻事业必须遵循的一条极其重要的指导方针,坚持这个方针,就是要准确、及时地宣传党的路线、方针、政策,实事求是地反映社会现实生活的主流,让人民群众用创造新生活的业绩教育自己,形成鼓舞人们前进的巨大精神力量。① 正面宣传为主就是指准确及时宣传党的路线方针政策,实事求是反映现实社会积极、主流的一面。这是党性原则在新形势下新闻实践中的具体体现。"正面宣传为主"后来进一步发展为"团结稳定鼓劲、正面宣传为主"。习近平指出,团结稳定鼓劲、正面宣传为主,是党的新闻舆论工作必须遵循的基本方针。② 一方面,我国社会积极正面的事物是主流,消极负面的东西是支流,要正确认识主流和支流、成绩和问题、全局和局部的关系,集中反映社会健康向上的本质,客观展示发展进步的全貌,使之同我国改革发展蓬勃向上态势相协调;另一方面,我们正在进行具有许多新的历史特点的伟大斗争,面临的挑战和困难前所未有,必须激发全党全社会团结奋进、攻坚克难的强大力量,调动各方面积极性、主动性、创造性。③ 习近平运用辩证唯物主义的立场、观点和方法进一步阐释了正面宣传为主方针的内涵和实质,这本身也是新时代新闻事业党性原则的内在要求。

坚持正确的舆论导向是党的新闻事业基本原则之一。要坚持正确的舆论导向必须首先明确什么样的导向才是正确的导向。毛泽东提出过"舆论一律"和"舆论不一律",不同条件、不同范围的"一律""不一律"都是一种舆论导向。邓小平指出,要使我们党的报刊成为全国安定团结的思想上的中心。④ 他强调新闻舆论要维护安定团结,显然是对舆论导向提出的要求。江泽民指出,坚持正确的舆论导向,就是要造成有利于进一步改革开放,建立社会主义市场经济体制,发展社会生产力的舆论;有利于加强社会主义精神文明建设和民主法制建设的舆论;有利于鼓舞和激励人们为国家富强、人民幸福和社会进步而艰苦创业、开拓创新的舆论;有利于人们分清是非,坚持真善美,抵制假恶丑的舆论;有利于国家统一、民族团结、人民心情舒畅、社

---

① 中共中央文献研究室.十三大以来重要文献选编:中[M].北京:中央文献出版社,2011:164.

② 习近平.论党的宣传思想工作[M].北京:中央文献出版社,2020:186.

③ 习近平.论党的宣传思想工作[M].北京:中央文献出版社,2020:186-187.

④ 邓小平文选:第二卷[M].北京:人民出版社,1994:255.

会政治稳定的舆论。[①] 胡锦涛指出，有效引导社会舆论，巩固积极健康向上的主流舆论，努力营造良好舆论环境。[②] 习近平强调，最重要、最根本的导向是要做到“四个有利于”，即所有工作都有利于坚持中国共产党领导和我国社会主义制度，有利于推动改革发展，有利于增进全国各族人民团结，有利于维护社会和谐稳定。[③] 这些论述表明：正确的舆论导向是有利于坚持党的领导和社会主义制度，有利于维护国家统一、社会稳定、民族团结、人民幸福，有利于推动经济社会发展的舆论，这些都是党和国家的工作大局。坚持正确的舆论导向是党性原则对新闻工作的要求，是新闻工作坚持党性原则在实践中的具体体现。

实事求是是马克思主义的辩证唯物主义和历史唯物主义的精髓，是中国共产党的思想路线，也是中国共产党党性原则的核心内容。毛泽东在《改造我们的学习》一文中精辟地阐释了实事求是与中国共产党党性的关系：“这种态度，有实事求是之意，无哗众取宠之心。这种态度，就是党性的表现，就是理论和实践统一的马克思列宁主义的作风。”[④]实事求是在实践中体现为各项工作一切从实际出发，通过不断探索、发现、掌握和运用客观事物基本规律来分析问题、解决问题，认识世界、改造世界。与其他所有工作一样，新闻舆论工作有其自身规律。中国共产党在长期新闻实践中逐步探索、发现、尊重、掌握并运用“新闻的本源是事实”“用事实说话”“坚持新闻的真实性”“讲求新闻的时效性”等一系列新闻规律。可以说，百年中国共产党新闻事业史就是不断探索、发现、尊重、掌握和运用新闻规律从而在新闻事业实践中不断丰富、发展和深化对新闻事业规律认识的历史。1925 年 12 月 5 日，毛泽东在《〈政治周报〉发刊理由》中说：“我们反攻敌人的方法，并不多用辩论，只是忠实地报告我们革命工作的事实。敌人说：‘广东共产’。我们说：‘请看事实’。敌人说：‘广东内哄’。我们说：‘请看事实’。敌人说：‘广州政府勾联俄国丧权辱国’。我们说：‘请看事实’。敌人说：‘广州政府治下

---

① 中共中央文献研究室.十四大以来重要文献选编：上[M].北京：人民出版社，1996：654.

② 胡锦涛文选：第三卷[M].北京：人民出版社 2016：63.

③ 习近平.论党的宣传思想工作[M].北京：中央文献出版社，2020：185.

④ 毛泽东选集：第三卷[M].北京：人民出版社，1991：801.

水深火热民不聊生’。我们说：‘请看事实’。”[①]这就是在强调坚持新闻真实性规律，强调事实胜于雄辩。邓小平指出，一方面是要我们对宣传工作的成绩和缺点做出清醒的估计，另一方面是要我们今后的宣传工作能够适应经济形势和政治形势的要求。[②] 他强调新闻实践要根据经济、政治形势的变化适时进行调整和改进，以不断适应新的经济形势和政治形势。江泽民指出，新闻的真实性，就是要在新闻工作中坚持党的一切从实际出发、实事求是的思想路线。我们坦率地指出新闻工作的阶级性和党性原则，因为我们新闻工作的阶级性和党性同新闻的真实性是一致的。[③] 这里谈到了新闻真实性的本质就是实事求是的思想路线在新闻实践中的要求和体现。胡锦涛谈到要善于把握新闻传播规律[④]，按照新闻传播规律办事[⑤]。习近平在关于新闻工作的重要论述中多次指出遵循新闻传播规律和新兴媒体发展规律[⑥]，运用网络传播规律[⑦]，尊重新闻传播规律[⑧]。

四、坚持党性原则是党的新闻事业发展壮大最重要的经验

在党的历史上新闻事业发展面临的每一个关键时刻或重要转折点，党性原则都发挥了决定性作用。抗日战争时期，毛泽东批评当时的延安《解放日报》“不是党报，而是社报”，是在为外国通讯社做“义务宣传员”[⑨]。1942年，党中央对《解放日报》进行改版，核心就是要增强该报的党性。改版后，《解放日报》版面内容注重本地新闻，党的路线方针政策宣传显著加强，文风也变得清新、朴实、活泼、生动，逐步成为中国共产党在延安时期最重要的舆论阵地之一，对宣传党的主张、路线、方针和政策，团结和教育群众及推动革

---

① 毛泽东文选：第一卷[M].北京：人民出版社 1993：22.

② 邓小平文选：第二卷[M].北京：人民出版社 1994：363.

③ 中共中央文献研究室.十三大以来重要文献选编：中[M].北京：中央文献出版社，2011：203.

④ 胡锦涛文选：第三卷[M].北京：人民出版社，2016：63.

⑤ 胡锦涛.在人民日报社考察工作时的讲话（2008 年 6 月 20 日）[N].人民日报，2008-06-21（4）.

⑥ 习近平主持召开中央全面深化改革领导小组第四次会议强调 共同为改革想招一起为改革发力群策群力把各项改革工作抓到位 李克强刘云山张高丽出席[N].人民日报，2014-08-19（1）.

⑦ 习近平.习近平谈治国理政[M].北京：外文出版社，2014：198.

⑧ 习近平.习近平谈治国理政：第二卷[M].北京：外文出版社，2017：331.

⑨ 胡乔木.胡乔木回忆毛泽东[M].北京：人民出版社，1994：449.

命斗争发挥了不可替代的重要作用，“是中国新闻史上办得最好的报纸之一”①，在中国共产党新闻事业史乃至整个党史中留下了浓墨重彩的一笔。解放战争时期，为了纠正部分地区新闻宣传中比较严重的“左”的偏向，进一步加强和改进新闻工作，毛泽东、刘少奇分别发表了著名的《对晋绥日报编辑人员的谈话》和《对华北记者团的谈话》。这两个谈话提出和进一步确立的“通过报纸加强党和群众的联系”“全党办报，群众办报”“旗帜鲜明地坚持真理”“马克思主义记者应具备的条件”等一系列主张和观点，进一步丰富和发展了新闻事业的党性原则，为纠正新闻宣传中“左”的偏向进而使党的新闻宣传工作更好地适应新的革命形势发挥了重要指导作用，也为今后党的新闻工作中进一步坚持、丰富和发展党性原则奠定了坚实基础。

新中国成立后，为了在社会主义革命和建设中进一步坚持新闻事业的党性原则，更好地发挥新闻事业推动社会主义革命和建设的积极作用，中共中央先后通过《关于在报纸刊物上展开批评和自我批评的决定》和《中共中央关于改进报纸工作的决议》，针对当时全国报纸工作中存在的党性不强、联系人民群众不够、批评与自我批评开展的不经常和不充分等问题，提出从“加强理论宣传”“加强党的生活的宣传”“加强经济宣传”“加强国际问题宣传”“加强评论”等方面改进报纸工作。②

党的十一届三中全会以后，为尽快适应“调整、改革、整顿、提高”方针和实现社会政治安定的需要，1981 年 1 月 29 日，中共中央发出《关于当前报刊新闻广播宣传方针的决定》，要求报刊、新闻、广播、电视“必须严格按照十一届三中全会以来党的路线、方针、政策进行宣传，认真进行关于坚持四项基本原则的宣传，大张旗鼓地宣传建设社会主义的高度精神文明，正确处理表扬和批评的关系，坚持为人民服务、为社会主义服务的方向，正确贯彻执行百花齐放、百家争鸣的方针，加强组织纪律性”③。在改革开放不断深入、社会主义市场经济逐步确立并不断发展的形势下，党的十四届六中全会通过的《中共中央关于加强社会主义精神文明建设若干重要问题的决议》指出：

① 方汉奇.中国新闻事业通史：第二卷[M].北京：中国人民大学出版社，1996：1070.

② 中国社科院新闻研究所.中国共产党新闻工作文件汇编：中[M].北京：新华出版社，1980：319-322.

③ 中共中央文献研究室.三中全会以来重要文献选编：下[M].北京：人民出版社，1982：637-643.

新闻宣传必须坚持党性原则，坚持事实求是，坚持团结稳定鼓劲、正面宣传为主，牢牢把握正确的舆论导向。① 要坚持把社会效益放在首位，力求实现社会效益和经济效益的最佳结合。②

党的十八大以来，中国特色社会主义进入新时代，世界处于百年未有之大变局，新兴媒体技术蓬勃发展，媒介环境、传播格局、舆论生态发生前所未有的深刻变革，新闻事业发展面临新问题、新挑战、新形势。2014 年中央全面深化改革领导小组第四次会议审议通过了《关于推动传统媒体和新兴媒体融合发展的指导意见》。这次会议和指导意见通常被视为国家层面正式开始推动传统媒体与新兴媒体融合发展的标志。2018 年中央全面深化改革委员会第五次会议审议通过了《关于加强县级融媒体中心建设的意见》，对县级融媒体中心建设提出具体要求。2019 年，习近平发表《加快推动媒体融合发展构建全媒体传播格局》重要讲话。2020 年，《中共中央关于制定国民经济和社会发展第十四个五年规划和二〇三五年远景目标的建议》提出，全面繁荣新闻出版、广播影视、文学艺术、哲学社会科学事业。实施文艺作品质量提升工程，加强现实题材创作生产，不断推出反映时代新气象、讴歌人民新创造的文艺精品。推进媒体深度融合，实施全媒体传播工程，做强新型主流媒体，建强用好县级融媒体中心。③ 在媒体融合的新形势下，党中央在坚持和强调新闻事业党性原则的基础上，适时提出传统媒体与新兴媒体融合发展的指导方针和要求。在党中央的号召和部署下，媒体融合实践在全国范围内普遍开展。县级融媒体中心建设也迅速推进，截至 2019 年底，全国已有 1536 个县(市、旗)建设融媒体中心，覆盖率近 82%。④。

百年来中国共产党人不断强调坚持和加强党性原则并在新闻实践中将党性原则加以贯彻和体现，使新闻事业党性不断增强，从而使中国共产党在新闻实践中不断深化对党性原则的认识。这种良性循环推动新闻事

① 中共中央文献研究室.十四大以来重要文献选编：下[M].北京：人民出版社，1999：2059.

② 中共中央文献研究室.十四大以来重要文献选编：下[M].北京：人民出版社，1999：2061.

③ 中共中央关于制定国民经济和社会发展第十四个五年规划和二〇三五年远景目标的建议(二〇二〇年十月二十九日中国共产党第十九届中央委员会第五次全体会议通过)[N].人民日报，2020-11-04(1).

④ 赵承，霍小光，张晓松，等.彩云长在有新天——党的十九大以来以习近平同志为核心的党中央关心推进宣传思想工作纪实[N].人民日报，2020-01-03(1).

业不断发展壮大,党的新闻事业在当代的发展进入了辉煌时期。在改革开放之初的 1980 年,全国报纸出版种类 188 种,总印数 140.40 亿份;期刊出版种类 2191 种,总印数 11.20 亿册。[①] 2019 年,全国报纸种类为 1851 种,总印数为 317.60 亿份;期刊种类 10171 种,总印数 21.90 亿册。[②] 1978 年,全国广播电视播出机构只有 125 座,1982 年全国广播、电视综合人口覆盖率分别为 64.1%和 37.3%。[③] 截至 2019 年底,全国共批准设立广播电视播出机构 2591 个,广播、电视综合人口覆盖率分别达到 99.13%和 99.39%。[④] 2017 年,新闻类广播、电视节目播出时长分别达 297.33 万小时和 271.85 万小时,分别是 1984 年的 30 倍和 353 倍。2017 年全国广播电视总收入 6070.21 亿元,比 1982 年增长了 685 倍,年均增长率超过 20%。[⑤] 2019 年,全国传媒产业总规模达 22625.4 亿元。[⑥] 改革开放以来,我国新闻媒体数量和种类、新闻内容数量和质量、传媒产业规模都在大幅攀升,新闻舆论传播力、引导力、影响力、公信力显著提升,取得了良好的社会效益和经济效益。历史和现实的经验反复证明,坚持党性原则是新闻事业发展壮大的前提、基础和动力,背离党性原则或党性不强,则会导致新闻事业发展受挫、停滞甚至倒退。

五、结语

中国共产党把马克思主义新闻观基本原理与中国新闻事业具体实际相结合,在实践中不断推动马克思主义新闻观中国化,逐步形成和确立了中国共产党新闻思想。经过历史和现实的实践检验和证明,党性原则是中国共产党新闻思想中最基本、最重要、最核心的内容。百年中国共产党新闻

---

① https://data.stats.gov.cn/search.htm? s=1980 年报纸出版.

② https://data.stats.gov.cn/search.htm? s=2020 年报纸出版.

③ 国家广电智库中心课题组.数据告诉你,40 年广电发生了多大变化[EB/OL].(2018-10-08)[2020-12-13].https://mp.weixin.qq.com/s/G07R38FtlZiCS6wXAxnWAA.

④ 国家广播电视总局发展研究中心.中国广播电影电视发展报告(2020)[M].北京:中国广播影视出版社,2020:187.

⑤ 国家广电智库中心课题组.数据告诉你,40 年广电发生了多大变化[EB/OL].(2018-10-08)[2020-12-13].https://mp.weixin.qq.com/s/G07R38FtlZiCS6wXAxnWAA.

⑥ 崔保国,徐立军,丁迈.中国传媒产业发展报告(2020)[M].北京:社会科学文献出版社,2020:4.

事业就是在坚持、巩固、增强党性原则中不断发展壮大,党性原则也在新闻事业实践中不断得以丰富和发展。历史的经验表明,必须毫不动摇地坚持、巩固、增强、丰富和发展党性原则,这是中国共产党新闻事业的安身立命之本。

(本文由笔者和中国传媒大学国家传播创新研究中心副教授高永亮合作撰写,原载于《当代传播》2021 年第 3 期)

站在历史的交汇点

今年是中国共产党百年华诞，百年来党的新闻事业伴随我党走过了一个世纪的艰苦、曲折和迈向辉煌的发展历程。

此时此刻，站在百年历史的交汇点，我们回望过去，展望未来，不禁激情澎湃，浮想联翩。

站在北大旧址的红楼前，抚摸《新青年》那泛黄褪色的封面，我们依稀听见了李大钊站在天安门广场作“庶民的胜利”和“布尔什维主义的胜利”的演讲：“俄国的革命，不过是使天下惊秋的一片桐叶罢了”，“试看将来之环球，必是赤旗的世界”。中国的新青年们从《我的马克思主义观》一文中，第一次系统了解到了政治经济学、唯物史观、科学社会主义的基本原理，《新青年》的《马克思专号》，揭示了世界思想新潮的趋势，预测了马克思主义学说将在包括中国在内的世界范围内迅速传播，从而引导饱受欺凌和压迫的国家和民族中那些率先觉醒的人们，将改变自己国家和民族命运的希望投向马克思主义这一改造世界的伟大革命学说，为当时中国的反帝反封建埋下了一颗解放思想的种子，并在遭遇国耻之时破土而出，促使一场以青年为先锋的群众运动推开了新民主主义的大门。五四运动是一场伟大的爱国运动，其划时代意义，正如毛泽东同志在《新民主主义论》一文中所言：新民主主义革命是从五四运动开始的，五四运动是当时无产阶级世界革命的一部分；五四运动在思想上和干部上准备了一九二一年中国共产党的成立。这样一场轰轰烈烈的思想文化运动，促使马克思主义在中国的广泛传播，并与工人运动相结合，酝酿和创立了中国共产党，从此开启了现代中国百年巨变的伟大历史征程，同时也奏响了马克思主义新闻观中国化和中国共产党百年新闻事业雄伟华章的序曲。

站在嘉兴南湖的红船里,我们重温中国共产党一大会议的决议,其中关于“杂志、日刊、书籍和小册子须由中央执行委员会或临时中央执行委员会经办”“无论中央或地方的出版物均由党员直接经办和编辑”“任何中央或地方的出版物不能刊载违背方针、政策和决定的文章”的规定,表明了一个由马克思主义武装起来的政党,在组织和宣传方面所具有的铁的纪律和高度的党性自觉。

站在延安的清凉山前,拾取窑洞里那一件件、一张张党的新闻事业在艰难困苦时期,自力更生、蓬勃发展的实物和旧照,我们眼前闪现了延安时期党的新闻事业团结、紧张、严肃、活泼的生动景象。延安时期党的新闻事业取得的成就,来自延安整风运动对于党性原则的强调,来自党所创办的媒体和党媒人对于党的新闻事业必须坚持和发扬党性原则的理论认识和不懈实践。

站在党的十一届三中全会召开的会议大厅里,我们仿佛又听到了邓小平同志的讲话:“要使我们党的报刊成为全国安定团结的思想上的中心。”因为有了新闻事业为党的“一个中心、两个基本点”的基本路线保驾护航,才有了改革开放的东方风来满眼春。

党性原则是党的新闻思想的基石,也是党的新闻事业的理论基石。历史的经验表明:必须毫不动摇地坚持、巩固、增强、丰富和发展党性原则,这是中国共产党新闻事业不忘初心、牢记使命的根本。

今天,站在百年历史的交汇点,面对百年未见之大变局,回望党的新闻事业的历史,展望党的新闻事业的发展远景,我们更深切地认识到习近平总书记关于新闻舆论工作重要论述的深远意义和重要价值。习近平总书记的这些关于新闻舆论工作的重要论述,是马克思主义新闻观中国化的新探索。这些探索来之不易,是在对马克思主义基本原理的深刻理解中开展的,是在对党的新闻宣传工作的光荣传统和优良作风继承发扬中开展的,是在对世情、国情、党情和舆情的深入认识和正确把握中开展的,是在对波澜壮阔、丰富多彩的中国特色社会主义新闻实践做理论总结升华中开展的。习近平总书记关于新闻舆论工作的重要论述立足中国的新闻实践,放眼全球传媒业的发展,总结党的新闻舆论工作在新时代的经验教训,以十四亿中国人民在新时代再次焕发出来的坚持改革开放、实现中华民族伟大复兴的中国梦的巨大热情作为理论依据，以广大新闻工作者践行习近平新时代中国特色社会主义思想的伟大新闻实践作为理论源泉，指出中国特色社会主义新闻事业的发展方向和远大前景，将在时代的进步和实践中不断地发展和丰富，不断地谱写马克思主义新闻观中国化的新篇章。

站在历史的交汇处，我们在憧憬中再出发……

（本文原载于《传媒》2021年第10期）

马克思主义新闻观中国化的当代探索*

摘要：马克思主义新闻观中国化，是把马克思主义基本原理同中国的新闻实践相结合的产物，是马克思主义中国化的重要组成部分。马克思主义新闻观中国化的当代探索，凝聚了几代中国共产党领导人对于党的新闻舆论工作的艰苦探索和党的新闻舆论工作者新闻实践的成果；在继承和发扬党的新闻工作的优良传统的基础上，开拓创新，体现了与时俱进的理论品格和实践特征。实践将把马克思主义新闻观中国化的当代探索不断地推向更加广阔的思想空间和更高的理论境界。

关键词：马克思主义新闻观；马克思主义中国化；新闻舆论

马克思主义新闻观中国化，是把马克思主义基本原理同中国的新闻实践相结合的产物，是马克思主义中国化的重要组成部分，是中国共产党人的伟大创举，凝结为中国共产党百年新闻事业最宝贵的理论和实践成果。

一、马克思主义新闻观中国化的起源与演进

马克思主义新闻观中国化起源于五四新文化运动。五四新文化运动开启了马克思主义在中国传播的崭新气象。1919 年 9 月、11 月，李大钊在《新青年》第 6 卷第 5、6 号上发表《我的马克思主义观》一文，将马克思社会主义

* 本文系国家社科基金项目“习近平新闻舆论思想研究”（项目编号：18BXW003）的研究成果。

的理论分为三个部分：一为关于过去的理论，就是他的历史论，也称社会组织进化论；二为关于现在的理论，就是他的经济论，也称资本主义的经济论；三为关于将来的理论，就是他的政策论，也称社会主义运动论，就是社会民主主义。[①] 同时，李大钊认为马克思学说是“有机的有系统的组织”，并以《哲学的贫困》《共产者宣言》《经济学批评》序言等著作为例全面详细地介绍了马克思的“唯物史观”“阶级竞争说”“经济论”（包括“余工余值说”和“资本集中说”）等，也就是我们现在所说的唯物史观、政治经济学说和科学社会主义理论。随着马克思主义研究和传播在中国的开展，各地共产主义小组相继创办了《共产党》月刊及《劳动界》《劳动音》《劳动者》等工人阅读的报刊。1920 年 12 月，陈独秀在《新青年》第 8 卷第 4 号上发表《关于社会主义的讨论》[②]的 13 篇文章，通过报刊动员了关于社会主义的大讨论。在传播介绍马克思主义和社会主义思潮之外，新文化运动中一群先进青年也开始结合报刊手段分析中国问题，向中国工农传播新思潮和动员中国革命，毛泽东、周恩来、邓中夏、蔡和森、恽代英、瞿秋白、赵世炎、陈潭秋等人也逐渐成为马克思主义的革命者和理论家，并将马克思主义作为投身革命、改变国家命运的理论武器，积极运用到现实斗争中。他们创办或参与主编了《湘江评论》、《天津学生联合会报》、《新社会》旬刊、《向导》、《先驱》等一系列革命新闻报刊，报道革命形势，宣传政治主张。这类报纸的特色，从毛泽东在《湘江评论》创刊宣言中可见一斑，面对世界浩浩荡荡的新思潮，“如何承受他？如何传播他？如何研究他？如何施行他？是我们全体湘人最切最要的大问题，即是《湘江》出世最切最要的大任务”[③]。可见，紧密切合形势和时代要求，通过报刊等新闻手段介绍宣传新思想，解决核心问题，这是马克思主义新闻观中国化初始阶段所呈现的基本特点。

在中国新民主主义革命和社会主义革命与建设实践中，以毛泽东同志为代表的第一代中国共产党人，创造性地开展了马克思主义中国化的伟大实践，形成了毛泽东思想的伟大理论成果，这其中也包含了马克思主义新闻

---

① 季水河.新文化运动史料丛编：马克思主义传播卷[M].北京：人民文学出版社，2019：79.

② 季水河.新文化运动史料丛编：马克思主义传播卷[M].北京：人民文学出版社，2019：192.

③ 湖南学生联合会，新湖南社，湖南自修大学.湘江评论 新湖南 新时代[M].长沙：湖南师范大学出版社，2009：6.

观中国化的实践和理论两方面的内容。“红中社”、《红色中华》、《新中华报》、《解放日报》和抗战时期延安、解放战争时期解放区新闻界整风等新闻实践,既是马克思主义新闻观与中国共产党领导的新闻事业的结合,也是对马克思主义新闻观的中国化的探索。这一时期,以毛泽东同志为代表的中国共产党人对无产阶级和人民大众的新闻事业的性质和任务做了科学化、时代化和大众化的阐释。在继承和发扬马克思、恩格斯、列宁的党报思想的基础上,创造性地提出了“全党办报”“群众办报”的思想原则,为中国共产党在边区和解放区执政提供了传达政令、联系群众的桥梁,为提升党和边区、解放区政府的治理能力和水平发挥了巨大的作用。在长期的无产阶级和社会主义新闻实践中形成的毛泽东新闻思想,在领导中国新民主主义革命和社会主义革命与建设时期的党的新闻事业时,发挥了巨大的指导作用。毛泽东新闻思想主要包括:1.强调忠于事实的办报原则。他在《〈政治周报〉发刊理由》中写道,“我们反攻敌人的方法,并不多用辩论,只是忠实地报告我们革命工作的事实”①。2.对党报功能作用做出明确阐释。毛泽东认为:“报纸的作用和力量,就在它能使党的纲领路线,方针政策,工作任务和工作方法,最迅速最广泛地同群众见面。”②“一张省报,对于全省工作,全体人民,有极大的组织、鼓舞、激励、批判、推动的作用。”③3.对于社会主义新闻事业的性质做出了明确的界定。毛泽东指出:“这是因为在社会主义国家,报纸是社会主义经济即在公有制基础上的计划经济通过新闻手段的反映,和资本主义国家报纸是无政府状态的和集团竞争的经济通过新闻手段的反映不相同。”④4.对于新闻工作坚持党性原则提出明确要求,“各地党报必须无条件地宣传中央的路线和政策”⑤。5.提出了“要政治家办报”⑥的重要思想。6.强调坚持实事求是、深入实际调查研究。1930 年,毛泽东在《反对本本主义》中就提出了“没有调查, 没有发言权”⑦,而后,又提出“不做正确的调查

① 中共中央文献研究室,新华通讯社.毛泽东新闻工作文选[M].北京:新华出版社,2014:2.
② 中共中央文献研究室,新华通讯社.毛泽东新闻工作文选[M].北京:新华出版社,2014:188.
③ 中共中央文献研究室,新华通讯社.毛泽东新闻工作文选[M].北京:新华出版社,2014:254.
④ 建国以来毛泽东文稿:第六册[M].北京:中央文献出版社,1992:508-509.
⑤ 中共中央文献研究室,新华通讯社.毛泽东新闻工作文选[M].北京:新华出版社,2014:194.
⑥ 中共中央文献研究室,新华通讯社.毛泽东新闻工作文选[M].北京:新华出版社,2014:271.
⑦ 中共中央文献研究室,新华通讯社.毛泽东新闻工作文选[M].北京:新华出版社,2014:17.

同样没有发言权"[①]。7.倡导坚持群众路线。"我们的报纸也要靠大家来办，靠全体人民群众来办，靠全党来办，而不能只靠少数人关起门来办"[②]。8.注重文风建设，重视文章的"准确性、鲜明性、生动性"[③]，提倡"新鲜活泼的、为中国老百姓所喜闻乐见的中国作风和中国气派"[④]。毛泽东新闻思想，是第一代中国共产党人探索马克思主义新闻观中国化的集体思想结晶，为马克思主义新闻观中国化作出了开创性的伟大贡献。

当中国的历史航船驶入改革开放和社会主义现代化建设新时期，以邓小平同志为代表的第二代中国共产党领导集体，将马克思主义原理和中国社会主义建设事业的实际相结合，成功地开辟了中国特色社会主义的新道路，创造性地提出了中国特色社会主义理论。中国特色社会主义理论建设，包含了中国共产党领导的社会主义新闻事业对马克思主义新闻观中国化在当代的艰辛探索。探索的理论结晶形成了改革开放新时期邓小平新闻思想。总结概括起来，有以下八个方面的主要内容：1.要使"党的报刊成为全国安定团结的思想上的中心"[⑤]。2."必须大力加强党对思想战线的领导"[⑥]。3.新闻宣传工作要坚持实事求是的思想路线和思想方法，"无论是开会发言、写文章，都要进行充分的说理和实事求是的科学分析"[⑦]。4.新闻工作要发扬"批评与自我批评"[⑧]，加强社会主义民主和法制宣传。5.新闻宣传要改进作风与文风。他强调要"调查研究，反复讨论，少说空话"[⑨]。6.新闻宣传工作要以社会效益为唯一准则，"思想文化教育卫生部门，都要以社会效益为一切活动的唯一准则，它们所属的企业也要以社会效益为最高准则"[⑩]。7.要加强对外报道，展示中国良好形象。8."思想战线上的战士，都应当是人

① 中共中央文献研究室，新华通讯社.毛泽东新闻工作文选[M].北京：新华出版社，2014：36.
② 中共中央文献研究室，新华通讯社.毛泽东新闻工作文选[M].北京：新华出版社，2014：189.
③ 中共中央文献研究室，新华通讯社.毛泽东新闻工作文选[M].北京：新华出版社，2014：258.
④ 中共中央文献研究室，新华通讯社.毛泽东新闻工作文选[M].北京：新华出版社，2014：106.
⑤ 新华社新闻研究所.邓小平论新闻宣传[M].北京：新华出版社，1998：114.
⑥ 新华社新闻研究所.邓小平论新闻宣传[M].北京：新华出版社，1998：154.
⑦ 新华社新闻研究所.邓小平论新闻宣传[M].北京：新华出版社，1998：155.
⑧ 新华社新闻研究所.邓小平论新闻宣传[M].北京：新华出版社，1998：41.
⑨ 新华社新闻研究所.邓小平论新闻宣传[M].北京：新华出版社，1998：51.
⑩ 新华社新闻研究所.邓小平论新闻宣传[M].北京：新华出版社，1998：32.

类灵魂工程师”①，新闻工作者也要做人类灵魂的工程师。改革开放新时期邓小平新闻思想坚持实践是检验真理的唯一标准这一马克思主义的基本原理，结合中国改革开放这个最大的实际，继承和发展了马克思主义新闻观，将马克思主义新闻观中国化推向了中国特色社会主义建设事业的新高度。

进入世纪之交，中国面临的国际国内形势发生了巨大的变化。伴随着苏联和东欧解体，全球化浪潮呼啸而来，国内的改革也进入了深水区，由各种社会矛盾引发的舆情、舆论，通过互联网和新媒体平台涌现，倒逼新闻事业反映舆论、引导舆论的功能被不断增强和放大。如何正确引导舆论，统筹国际国内两个大局，以服务于党和国家长治久安的需要，作为一个时代的新问题被严峻地摆在继邓小平同志之后的党的领导集体面前。以江泽民和胡锦涛同志为代表的党和国家领导集体审时度势，将党的新闻思想由新闻宣传思想转变为新闻舆论思想，提出坚持正确舆论导向、提高舆论引导能力、新闻舆论工作要实行“三贴近”原则、新闻传播要统筹国际国内两个大局等一系列的新闻舆论思想，为马克思主义新闻观中国化在新世纪的新探索提供了新思路和新内容，发展和丰富了马克思主义新闻观中国化的理论成果。

二、新时代马克思主义新闻观中国化的重大发展

党的十八大以来，以习近平同志为核心的党中央带领全党和全国人民，奋力将中国特色社会主义事业推向了新时代。在新时代“我们党坚持以马克思列宁主义、毛泽东思想、邓小平理论、‘三个代表’重要思想、科学发展观为指导，坚持解放思想、实事求是、与时俱进、求真务实，坚持辩证唯物主义和历史唯物主义，紧密结合新的时代条件和实践要求，以全新的视野深化对共产党执政规律、社会主义建设规律、人类社会发展规律的认识，进行艰辛理论探索，取得重大理论创新成果，形成了新时代中国特色社会主义思想”②。习近平新时代中国特色社会主义思想，是全党和全国亿万人民通过

---

① 新华社新闻研究所.邓小平论新闻宣传[M].北京：新华出版社，1998：149.

② 习近平.决胜全面建成小康社会 夺取新时代中国特色社会主义伟大胜利——在中国共产党第十九次全国代表大会上的报告(2017年10月18日)[N].人民日报，2017-10-28(2).

不懈的奋斗，在鲜活生动的中国特色社会主义实践基础上，形成的理论结晶。习近平总书记新闻工作重要论述，是习近平新时代中国特色社会主义思想的重要组成部分，概括起来，具有以下主要内容。

（一）治国理政、定国安邦：新时代新闻工作的顶层设计和原则导向

习近平同志指出，“党的新闻舆论工作是党的一项重要工作，是治国理政、定国安邦的大事”①。“做好党的新闻舆论工作，事关旗帜和道路，事关贯彻落实党的理论和路线方针政策，事关顺利推进党和国家各项事业，事关全党全国各族人民凝聚力和向心力，事关党和国家前途命运”②。可以看出，习近平同志对新闻舆论工作的地位作用和职责使命，并非是仅从新闻舆论工作本位层面来论述的，而是从党的工作全局和治国理政大局来论述的，更是从维护党和国家的意识形态安全的角度来阐述的。

习近平同志从全党全国工作大局出发，结合时代发展及媒体格局、舆论环境的变化，对党性原则做了进一步强调。他指出：“党的新闻舆论工作坚持党性原则，最根本的是坚持党对新闻舆论工作的领导。党和政府主办的媒体是党和政府的宣传阵地，必须姓党。”③除了党直接掌管的媒体，习近平同志进一步提出把各级各类媒体都置于党的领导之下，“要把党管媒体的原则贯彻到新媒体领域，所有从事新闻信息服务、具有媒体属性和舆论动员功能的传播平台都要纳入管理范围，所有新闻信息服务和相关业务从业人员都要实行准入管理”④。在这些论述中，新闻事业党性原则内涵在新的媒体环境和舆论格局下得到丰富和发展，并逐步体现在媒体融合实践中，“要抓紧做好顶层设计，打造新型传播平台，建成新型主流媒体，扩大主流价值影响力版图，让党的声音传得更开、传得更广、传得更深入”⑤。

习近平同志指出：“只有坚持党性原则，坚持以人民为中心的工作导向，

---

① 习近平.坚持正确方向创新方法手段 提高新闻舆论传播力引导力[N].人民日报，2016-02-20(1).
② 习近平.坚持正确方向创新方法手段 提高新闻舆论传播力引导力[N].人民日报，2016-02-20(1).
③ 习近平.坚持正确方向创新方法手段 提高新闻舆论传播力引导力[N].人民日报，2016-02-20(1).
④ 习近平.坚持党的新闻舆论工作的正确政治方向[M]//中共中央党史和文献研究院.十八大以来重要文献选编：下.北京：中央文献出版社，2018：214.
⑤ 习近平.推动媒体融合向纵深发展 巩固全党全国人民共同思想基础[N].人民日报，2019-01-26(2).

才能确保新闻媒体始终为人民服务，而不是为少数人服务。”①“要树立以人民为中心的工作导向……多宣传报道人民群众的伟大奋斗和火热生活，多宣传报道人民群众中涌现出来的先进典型和感人事迹，丰富人民精神世界，增强人民精神力量，满足人民精神需求。”②“要转作风改文风，俯下身、沉下心，察实情、说实话、动真情，努力推出有思想、有温度、有品质的作品。”③习近平提出的新闻舆论工作“以人民为中心的工作导向”就是他一贯强调的党的全心全意为人民服务的宗旨和群众路线在新闻舆论工作中的反映和体现。

习近平同志也详细阐述了新闻舆论工作中的党性和人民性相统一的原则：“坚持党性，新闻舆论工作才能有明确的立场和指向；坚持人民性，新闻舆论工作才能获得活力源泉和动力根基。”④实际上就是主张在新闻工作中把体现党的主张和反映人民心声统一起来，把对党负责和对人民负责统一起来，既不能因为片面强调体现党的主张而影响和妨碍反映人民心声，也不能因为片面强调反映人民心声而忽视和削弱体现党的主张，二者并重，不可偏废。

（二）把握时代性 掌握规律性：新时代新闻工作的传播战略和发展路径

在哲学社会科学工作座谈会上，习近平同志把新闻学与哲学、历史学、经济学、政治学、法学等学科并列为“对哲学社会科学具有支撑作用的学科”并构成“具有中国特色和普遍意义的学科体系”⑤的一部分，这表现出习近平同志对新闻学学科及其科学性的重视。在他对新闻舆论工作的重要论述中我们也发现他对遵循新闻舆论传播规律的特别强调。

面对新的传播格局和舆论生态，习近平同志提出要遵循新兴媒体规律

---

① 习近平.坚持党的新闻舆论工作的正确政治方向[M]//中共中央党史和文献研究院.十八大以来重要文献选编：下. 北京：中央文献出版社，2018：213.

② 习近平.习近平谈治国理政[M]. 北京：外文出版社，2014：154.

③ 习近平.坚持正确方向创新方法手段 提高新闻舆论传播力引导力[N].人民日报，2016-02-20(1).

④ 习近平.坚持党的新闻舆论工作的正确政治方向[M]//中共中央党史和文献研究院.十八大以来重要文献选编：下. 北京：中央文献出版社，2018：213.

⑤ 习近平.在哲学社会科学工作座谈会上的讲话[N].人民日报，2016-05-19(3.)

和媒体融合规律，如“科学认识网络传播规律，提高用网治网水平”①，“研究把握现代新闻传播规律和新兴媒体发展规律，强化互联网思维和一体化发展理念”②，并多次强调舆论引导的根本任务是壮大主流思想舆论。习近平同志认为思想舆论领域大致有红色、黑色和灰色三个地带，不同地带要采取不同的新闻舆论应对策略，“红色地带是我们的主阵地，一定要守住；黑色地带主要是负面的东西，要敢于亮剑，大大压缩其地盘；灰色地带要大张旗鼓争取，使其转化为红色地带”③。

习近平同志遵循唯物辩证法对立统一规律来分析新闻事业的舆论监督职能，他认为：“舆论监督和正面宣传是统一的。新闻媒体要直面工作中存在的问题，直面社会丑恶现象，激浊扬清、针砭时弊，同时发表批评性报道要事实准确、分析客观。”④

(三)四向四做　守正创新：加强新闻队伍建设和本领武装

习近平同志说：“媒体竞争关键是人才竞争，媒体优势核心是人才优势。要加快培养造就一支政治坚定、业务精湛、作风优良、党和人民放心的新闻舆论工作队伍。”⑤他特别强调要加强马克思主义新闻观教育，并且提出了新时代新闻舆论工作者职业角色定位。他指出，“新闻观是新闻舆论工作的灵魂”，并对新闻工作者提出四点希望：“一是要坚持正确政治方向，同党中央保持高度一致，坚持马克思主义新闻观，坚守党和人民立场，坚持中国特色社会主义，做政治坚定的新闻工作者。二是要坚持正确舆论导向，深入宣传党的理论和路线方针政策，深入宣传全国各族人民为实现“两个一百年”奋斗目标、实现中华民族伟大复兴中国梦进行的奋斗和取得的成就，弘扬主旋律，释放正能量，做引领时代的新闻工作者。三是要坚持正确新闻志向，提高业务水平，勇于改进创新，不断自我提高、自我完善，做业务精湛的新闻工

---

① 习近平.举旗帜聚民心育新人兴文化展形象 更好完成新形势下宣传思想工作使命任务[N]. 人民日报：2018-08-23(1).

② 习近平.坚持军报姓党坚持强军为本坚持创新为要 为实现中国梦强军梦提供思想舆论支持[N]. 人民日报，2015-12-27(1).

③ 习近平.习近平谈治国理政：第二卷[M]. 北京：外文出版社，2017：328.

④ 习近平.坚持正确方向创新方法手段 提高新闻舆论传播力引导力[N].人民日报：2016-02-20(1).

⑤ 习近平.坚持正确方向创新方法手段 提高新闻舆论传播力引导力[N].人民日报，2016-02-20(1).

作者。四是要坚持正确工作取向，以人民为中心，心系人民、讴歌人民，发扬职业精神，恪守职业道德，勤奋工作、甘于奉献，做作风优良的新闻工作者。”①

三、马克思主义新闻观中国化当代探索的理论意义和实践路径

回顾和总结党的十八大以来党的新闻舆论工作，可以发现：以习近平总书记为核心的新一代党的领导集体，把党的新闻舆论工作摆在治国理政的重要位置，创造性地提出了新时代党的新闻事业的新任务和新要求，领导我国广大的新闻工作者，创造了新闻舆论工作的新经验、新理论，在丰富生动的中国特色社会主义伟大新闻实践基础上形成了习近平总书记新闻工作重要论述，将中国共产党的新闻思想推进到了中国特色社会主义的新时代，为马克思主义新闻观的中国化、时代化和大众化谱写了新的篇章。

马克思主义新闻观中国化的当代探索，凝聚了几代党的领导人对于党的新闻舆论工作的艰苦探索，凝聚了千千万万党的新闻工作者艰苦卓绝的新闻实践；马克思主义新闻观中国化的当代探索，在继承和发扬党的新闻舆论工作的优良传统的基础上，开拓创新，体现了与时俱进的鲜明的理论品格；马克思主义新闻观中国化的当代探索，坚持问题导向，立足解决党的新闻舆论工作面临的新挑战和新问题，遵循了一条从实践中来，到实践中去的实事求是的马克思主义的思想路线。具体分析马克思主义新闻观中国化的当代探索所遵循的实践路径，可以归纳为以下四个方面：

（一）马克思主义新闻观中国化的当代探索，是在对马克思主义基本原理的深刻理解中展开的

在马克思主义基本原理中，物质和意识的关系、经济基础和上层建筑的关系问题，是辩证唯物主义和历史唯物主义探讨的最基本的问题。马克思主义认为：“不是人们的意识决定人们的存在，相反，是人们的社会存在决定

① 习近平.做党和人民信赖的新闻工作者[N].人民日报，2016-11-08(1).

人们的意识。”①“随着经济基础的变更，全部庞大的上层建筑也或慢或快地发生变革。”②

“政治、法律、哲学、宗教、文学、艺术等等的发展是以经济发展为基础的。但是，它们又都互相作用并对经济基础发生作用。”③新闻传播是一种特殊的信息传播活动，新闻舆论是一种特殊的舆论形态。舆论是一种特殊的意识形态。因此新闻事业隶属于上层建筑的意识形态领域。准确地把握马克思主义这些基本原理，是准确把握马克思主义新闻观要义的关键。马克思主义新闻观中国化的当代探索，就是紧紧围绕如何深刻理解马克思主义的基本原理，并将其和当代中国的新闻传播活动的实际紧密结合而开展的探索。新中国成立之后，随着战争时期暴风骤雨般的阶级斗争逐渐停息，人民内部矛盾逐渐上升为社会发展的主要矛盾。在如何正确处理人民内部矛盾的构想中，毛泽东同志以很大的精力关注和研究新闻舆论问题。他提出了“舆论一律”和“舆论不一律”的著名观点，即“我们的舆论，是一律，又是不一律。在人民内部，允许先进的人们和落后的人们自由利用我们的报纸、刊物、讲坛等等去竞赛，以期由先进的人们以民主和说服的方法去教育落后的人们，克服落后的思想和制度”④。毛泽东同志提出的要“政治家办报”的观点，是对新闻舆论工作具有强烈的意识形态性质，对于经济基础具有巨大的反作用的深刻认识。这个观点批驳了资产阶级鼓吹的报刊是超阶级、无党派的“社会公器”的自欺欺人的观点，也改造了中国传统的“文人论政”的内涵，将旧时报人标举的文人“清谈”和“清议”式的“同人办报”思想，改造成为无产阶级新闻事业毫不隐晦自己鲜明的党性原则思想。这是马克思主义新闻观中国化当代探索的伟大创举，为社会主义革命和建设时期的新闻舆论工作，奠定了坚实的理论基石。

在深刻理解马克思主义基本原理的基础上，党的第二代和第三代领导

---

① 中共中央马克思恩格斯列宁斯大林著作编译局.马克思恩格斯文集：第 2 卷[M].北京：人民出版社，2009：591.

② 中共中央马克思恩格斯列宁斯大林著作编译局.马克思恩格斯文集：第 2 卷[M].北京：人民出版社，2009：592.

③ 中共中央马克思恩格斯列宁斯大林著作编译局.马克思恩格斯文集：第 10 卷[M].北京：人民出版社，2009：668.

④ 毛泽东.驳“舆论一律”[M]//毛泽东选集：第 5 卷.北京：人民出版社，1977：157-158.

集体，继承和发扬了毛泽东新闻思想，在建构中国特色社会主义新闻理论的过程中，高度重视新闻舆论工作在推动党的各项事业中的巨大作用。无论是邓小平同志提出的要使“党的报刊成为全国安定团结的思想上的中心”①，还是江泽民同志提出的“党的新闻事业与党休戚与共，是党的生命的一部分”②，都是对新闻舆论这种特殊的意识形态对于经济基础具有巨大的反作用这一马克思主义基本原理的深刻理解和与时俱进的认识。

实事求是是马克思主义的精髓，表现在如何看待真理问题上，就是坚持实践是检验真理的唯一标准。正是一场真理标准的大讨论，掀起了“文革”刚刚结束时中国的思想解放运动，打破了个人迷信的僵局，开启了中国共产党领导的“以经济建设为中心，坚持四项基本原则、坚持改革开放”的新征程。在改革开放新时期，党的领导集体始终坚持实事求是的思想路线，正确揭示新闻舆论工作要为经济建设保驾护航的功能和任务，党的新闻舆论工作沿着正确的路线开展。在国内发生“六四”政治风波，苏联、东欧发生巨变，国际社会主义运动遭受严重挫折的时候，以江泽民同志为核心的党的领导集体，吸取国内外深刻教训，提出了坚持正确舆论导向的时代命题，并对于正确舆论导向的标准，做出了“五个有利于”的判断。中国特色社会主义进入新时代以来，习近平总书记对正确舆论导向的标准，做了进一步阐发：“所有工作都有利于坚持中国共产党领导和我国社会主义制度，有利于推动改革发展，有利于增进全国各族人民团结，有利于维护社会和谐稳定。”③这些建立在中国特色社会主义事业这个最大实际之上的标准，是实事求是的思想路线在新时代党的新闻思想中生动和具体的体现。

（二）马克思主义新闻观中国化的当代探索，是在对于时代特征、新闻传播规律的深入认识和正确把握中展开的

马克思主义新闻观的中国化不是观念自身内在的、抽象的逻辑演化，而

---

① 新华社新闻研究所.邓小平论新闻宣传[M].北京：新华出版社，1998：114.

② 江泽民.舆论导向正确是党和人民之福[M]//江泽民文选：第1卷[M].北京：人民出版社，2006：564 .

③ 习近平.坚持党的新闻舆论工作的正确政治方向[M]//中共中央党史和文献研究院.十八大以来重要文献选编：下.北京：中央文献出版社，2018：215.

是具有鲜明的时代性和强烈的实践性，反映了“客观的真理性”①。一百年来，马克思主义新闻观的中国化进程，从一开始就直面中国的重大现实问题，并且根据重大的时代变革和新闻实践，探索党领导的新闻事业的性质、任务、功能、作用，探索中国特色新闻学的命题、范畴、内涵、方向和方法等逻辑线索和发展规律。在新民主主义革命到社会主义革命、建设、改革、发展和为新时代实现中华民族伟大复兴而奋斗的历程中，马克思主义新闻观中国化的当代探索，继承、发展和创新了“党性原则”“为人民服务”“新闻本源”“新闻真实性”“群众路线”“政治家办报”“思想中心”“舆论导向”“以正面宣传为主”“舆论监督”“三贴近”“社会效益”“媒体融合”“传播力引导力影响力公信力”“时度效原则”等一系列概念、命题、范畴和原则，努力探索什么是中国特色的新闻学，什么是中国特色社会主义新闻学。马克思主义新闻观的中国化进程，是把握世界发展大势，深刻体察中国的国情、社情、民情和舆情，并将中国共产党领导新闻事业的创造性与新闻舆论传播的规律性不断结合的过程，其重要成果就是初步构建了符合历史逻辑、理论逻辑和实践逻辑的中国特色社会主义新闻学的学术体系、学科体系和话语体系。中国特色社会主义新闻学的建构，不仅为当代中国新闻工作者开展新闻实践提供了重要的理论依据，也为世界范围内的新闻学学术宝库，贡献了来自当代中国的新闻实践经验和理论成果。

（三）马克思主义新闻观中国化的当代探索，是在对于形形色色的错误新闻观点开展批判中展开的

针对西方资产阶级新闻学鼓吹的新闻事业是“超阶级”“无党派”的抽象的“无冕之王”，毛泽东指出：“在阶级消灭之前，不管通讯社或报纸的新闻，都有阶级性。资产阶级所说的‘新闻自由’是骗人的，完全客观的报道是没有的。”②邓小平指出：“党报党刊一定要无条件地宣传党的主张。”③江泽民在视察人民日报社时指出：“旗帜鲜明地坚持党性原则，坚持以邓小平建设

① 中共中央马克思恩格斯列宁斯大林著作编译局.马克思恩格斯文集：第1卷[M].北京：人民出版社，2009：500.

② 中共中央文献研究室，新华通讯社.毛泽东新闻工作文选[M].北京：新华出版社，2014：244.

③ 新华社新闻研究所.邓小平论新闻宣传[M].北京：新华出版社，1998：19.

有中国特色社会主义理论和党的基本路线为指导,不管在什么时候、什么情况下,都要在思想上政治上同党中央保持高度一致。"①胡锦涛强调,新闻宣传工作"必须坚持党性原则,牢牢把握正确舆论导向"②。习近平提出:"我们必须高度警惕,切实增强政治意识、大局意识、责任意识,增强识别和抵制西方资产阶级新闻观侵蚀的能力,始终保持政治上的清醒和坚定,旗帜鲜明地坚持马克思主义的新闻观和新闻的党性原则,牢牢把握正确的舆论导向。"③在坚持理论联系实际、实事求是、维护新闻真实性原则的问题上,毛泽东强调:"假话一定不可讲。"④"无产阶级的最尖锐最有效的武器只有一个,那就是严肃的战斗的科学态度。共产党不靠吓人吃饭,而是靠马克思列宁主义的真理吃饭,靠实事求是吃饭,靠科学吃饭。"⑤他批评"不调查,不研究,提起笔来'硬写'"的不负责任的态度。⑥ 针对新媒体迅速崛起,传媒生态环境急剧变化,自媒体和社交媒体的一些虚假信息泛滥的情况下出现的所谓要求重新定义新闻信息真实性的论调,习近平多次论述维护新闻真实性的重要性。他强调:"真实性是新闻的生命。要根据事实来描述事实,既准确报道个别事实,又从宏观上把握和反映事件或事物的全貌。"⑦

(四)马克思主义新闻观中国化的当代探索,是在对于当代波澜壮阔、丰富多彩的中国特色社会主义新闻实践做理论总结升华中展开的

"实践的观点,就像一根红线,贯穿在马克思主义新闻观从起源到发展过程中的始终。实践是马克思主义新闻观的理论源泉,实践还是马克思主义新闻观发展的动力。"⑧从完善传统媒体时代的新闻手段到尊重互联网媒体的传播规律,马克思主义新闻观中国化的当代探索始终反映中国特色社

---

① 江泽民.江泽民同志视察人民日报社时的讲话(一九九六年九月二十六日)[N].人民日报,1996-10-21(1).

② 胡锦涛.在人民日报社考察工作时的讲话[N].人民日报,2008-06-21(4).

③ 习近平.干在实处 走在前列——推进浙江新发展的思考与实践[M].北京:中共中央党校出版社,2013:308.

④ 中共中央文献研究室,新华通讯社.毛泽东新闻工作文选[M].北京:新华出版社,2014:269.

⑤ 毛泽东.反对党八股.毛泽东选集:第3卷[M].北京:人民出版社,1991:835-836.

⑥ 毛泽东.反对党八股.毛泽东选集:第3卷[M].北京:人民出版社,1991:844.

⑦ 习近平.坚持正确方向创新方法手段 提高新闻舆论传播力引导力[N].人民日报,2016-02-20(1).

⑧ 雷跃捷.实践是马克思主义新闻观的理论来源与发展动力[J].中国广播电视学刊,2018(4):26-28.

会主义新闻实践的前沿。当前，以移动互联为代表的媒介技术的演进和国际秩序与传播格局的变化引发了我国新闻传播实践的巨大变革，从治国理政的工作大局和世界发展总体趋势出发，习近平总书记对新闻传播、舆论引导、新兴媒体、媒体融合、提升国际传播能力等方面做了深入的探讨，他还深刻阐述了新时代新闻舆论工作对于开展文化强国建设、推进国家治理体系和治理能力现代化、防范化解重大风险，维护国家安全及推动构建人类命运共同体等治国理政理念、实践及目标的重要作用，体现了马克思主义新闻观中国化在当代中国探索的实践创新和理论创新。

四、结语

在继承、发扬和践行毛泽东新闻思想，邓小平、江泽民、胡锦涛和习近平关于新闻舆论工作的重要论述基础上，初步形成的中国特色社会主义新闻学，为马克思主义新闻观中国化的发展作出了巨大贡献，是马克思主义新闻观中国化在当代探索的伟大成果。这些成果弥足宝贵，值得总结和珍惜：

必须坚持以马克思主义为指导，坚持以马克思主义新闻观武装新闻工作者的头脑，这是建设中国特色社会主义新闻事业的理论基础；

必须坚持中国共产党的领导，坚持党管媒体的原则，这是建设中国特色社会主义新闻事业的组织保证；

必须坚持以人民为中心的工作导向，坚持为人民服务，为社会主义服务，这是建设中国特色社会主义新闻事业的基本方针；

必须坚持新闻舆论工作的社会主义方向，大力宣传社会主义核心价值体系，这是巩固全党全国人民团结奋斗的共同思想基础，也是建设中国特色社会主义新闻事业的共同思想基础；

必须坚持正确的舆论导向，不断提高新闻舆论工作的传播力、引导力、影响力和公信力，这是建设中国特色社会主义新闻事业的使命和职责；

必须坚持实事求是，为维护新闻报道的真实性原则不懈奋斗，这是建设中国特色社会主义新闻事业的思想路线；

必须坚持遵守新闻舆论工作的基本规律，不断探索新闻事业出现的新情况、面临的新问题，这是建设中国特色社会主义新闻事业的基本要求；

必须坚持以社会效益为最高准则,坚持社会效益和经济效益的有机统一,这是建设和发展中国特色社会主义新闻事业的有力保障;

必须坚持以正面宣传为主,坚持团结、稳定、鼓劲的新闻宣传基调,这是新闻舆论工作为中国特色社会主义建设事业保驾护航的工作方针;

必须坚持统筹国际国内新闻舆论宣传两个大局,树立中国良好的国际形象,讲好中国故事,这是建设中国特色社会主义新闻事业的基本方略;

必须坚持开展社会主义新闻法制建设,发挥党领导下的社会主义民主和法治建设的优势,这是建设中国特色社会主义新闻事业的有效途径;

必须坚持抓好新闻队伍建设,这是保证中国特色社会主义新闻事业持续发展的前提条件。

马克思主义新闻观中国化的当代探索是建立在当代中国新闻舆论工作实践基础之上的。实践是马克思主义新闻观的理论来源,实践推动了马克思主义新闻观中国化在当代的创新和发展,实践将马克思主义新闻观中国化的当代探索不断地推向更加丰富广阔的思想空间和更加高远深邃的理论境界。

[本文由笔者和中国传媒大学博士生王娜合作撰写,原载于《现代传播》(中国传媒大学学报)2021 年第 9 期]

回顾·对比·创新:《中国新闻工作者职业道德准则》30 周年

摘要:《中国新闻工作者职业道德准则》明确提出了在新时代新闻工作者提升专业能力的相关要求。其中第四条第 1 款中明确增写了“提高业务水平,掌握融合技能”的要求,且对发展目标做出了明确表述,即要求新闻工作者成为“全媒型、专家型”的专业人才;第 2 款将“三贴近”修订为“坚持走基层、转作风、改文风,练就过硬脚力、眼力、脑力、笔力”。

在中国共产党建党百年、开启全面建设社会主义现代化国家新征程之际,在《中国新闻工作者职业道德准则》制定颁布 30 周年的时候,回顾我国在新闻工作者职业道德建设方面的历程,总结经验,探索其发展方向,对于我国新闻业的健康快速发展具有深远的历史意义和重要的现实意义。

一、回顾:三十年四次修订

新中国成立之初,我国没有制定相关的新闻职业道德规范性文件。直到改革开放时期,我国新闻界逐渐意识到新闻传播工作是一项专业性很强的职业,需要对该职业进行道德伦理的规范和约束。1991 年 1 月,我国第一部《中国新闻工作者职业道德准则》(以下简称《准则》)问世,在新闻业和整个社会引发了巨大的关注。至此,我国新闻业的职业道德规范建设迈上了正规、法治的轨道。

1991 年至今,《准则》历经 1994 年 4 月、1997 年 1 月、2009 年 11 月、

2019 年 11 月四次修订。这四次修订,是对新闻传播生态发生变化的反应,是社会提升了对新闻业关注度的反应,也是新闻行业自身对党和政府对于新闻舆论工作提出新要求的反应。

深刻认识中国特色社会主义新闻事业与资本主义新闻事业的根本区别是制定和颁布《准则》的基本原则,也是制定和颁布《准则》需要恪守的基本底线。正是遵循了这个基本原则,守住了这个基本底线,才使得《准则》历久弥新,始终是中国新闻工作者职业道德建设的标杆。《准则》在每一次的修订过程中都坚持了守正创新的基本原则,始终把守正作为制定和修订其内容的前提,保证了《准则》具有中国特色社会主义新闻事业的性质和特征。也就是说,《准则》在保证了中国新闻工作者职业道德规范所应具有的个性化特征的同时,也建构了具有中国特色社会主义性质和特点的新闻职业伦理道德话语体系,这是中国新闻事业对当今人类新闻事业发展做出的独特贡献。中国特色社会主义新闻职业伦理道德话语体系的建构,不仅仅是中国特色社会主义新闻事业的创新,也是当代世界多元化新闻事业的创新。中国特色社会主义新闻职业道德规范建设,将载入人类新闻事业发展史册,并焕发出独有的光彩和魅力。

二、对比:中外新闻工作者职业道德准则的异同

新闻职业道德规范是新闻业通过行业伦理道德的约束进行自律的集中体现,世界上大多数国家的新闻业都推崇这一规则,相继订立过新闻职业道德的规范性文件和条例。如美国的《新闻记者守则》(或译为《报人守则》)、《报业信条》、《记者道德律》,德国的《新闻工作伦理准则》,英国的《英国报人道德规则》,加拿大的《报业廉政章程》,日本的《新闻伦理纲领》《报纸贩卖纲领》,等等。世界上最早成文的新闻职业道德规范,是美国密苏里新闻学院首任院长瓦尔特·威廉(Walter Williams)制定的《新闻记者守则》,这一守则对于其他国家订立相关新闻职业道德规范有很大的影响。我国早期新闻业受欧美新闻业的影响很大,早期的新闻职业道德规范也可见到这方面影响的痕迹。

以美国新闻职业道德规范为例,美国记者公会颁布的《记者道德律》的

主要内容是：

第一决议：(1)新闻记者的第一责任，是报道正确的无偏见的事实，并展现在公众的面前，他与公众的接触，应遵守尊重团体与个人权利的原则。(2)新闻记者应知法律面前，人人平等。其报道，均应遵守正确与公正二原则，而不为政治的、经济的、社会的、种族的及宗教的偏见所左右。(3)新闻记者报道犯罪新闻时，对于有犯罪嫌疑的人，在法庭判决其有罪之前，只能当他为无罪者看待。犯罪新闻的写法，不可使读者大众引起误解或发生偏见。(4)有特殊关系的个人及团体，如广告户主、商业巨头、新闻记者亲友，凡是与他们有关的消息，应该刊出的不许扣押不发。本会会员应共同努力，或与发行人及编辑人取得协议，以限制此种扣押新闻的举动。(5)新闻记者应保守秘密，不许在法庭上或在其他司法机关与调查机关之前，说出秘密消息的来源。(6)一切新闻只能在编辑部内部处理，不许在业务部编好了新闻，拿来给新闻部使用。(7)在采访部门内与采访部门外，新闻记者均应举止大方，表述其独立的地位与自尊心，不许有任何举动，使人有向人献媚以谋利之印象。

第二决议：下列事情，本会以为失当。(1)把一切宣传材料，拿到新闻版上来，冒充新闻刊出。(2)有些事情，新闻记者明知其为虚伪欺骗，且对于个人或团体，有压迫与损害之影响者，一定要记者去采访去描写，这种流行的习惯，我们也认为失当。

当代中国的新闻事业是在中国共产党领导下的中国特色社会主义新闻事业，它既有新闻事业的一般规律，需要按照新闻事业一般的运行方式开展作业，同时中国新闻事业又兼具自身独特的个性特征：中国新闻媒体的性质是党和政府以及人民的喉舌；中国新闻事业要遵循为人民服务、为社会主义服务的基本方针；树立以人民为中心的工作导向；以社会效益为最高准则；坚持正确的舆论导向；坚持以正面宣传为主的方针等。坚持中国新闻事业所具有的这些特征和原则是中国特色社会主义新闻事业与西方资本主义新闻事业的根本区别。对照中西新闻职业道德规范，不难看出这种区别的深刻影响。

《中国新闻工作者职业道德准则》开宗明义："中国新闻事业是中国共产党领导的中国特色社会主义事业的重要组成部分。新闻工作者坚持以马克思列宁主义、毛泽东思想、邓小平理论、‘三个代表’重要思想、科学发展观、习近平新时代中国特色社会主义思想为指导，增强‘四个意识’，坚定‘四个自信’，做到‘两个维护’，牢记党的新闻舆论工作职责使命，继承和发扬党的新闻舆论工作优良传统，坚持正确政治方向、舆论导向、新闻志向、工作取向，不断增强脚力、眼力、脑力、笔力，积极传播社会主义核心价值观，自觉遵守国家法律法规，恪守新闻职业道德，自觉承担社会责任，做政治坚定、引领时代、业务精湛、作风优良、党和人民信赖的新闻工作者。”比较分析两者的异同可以发现：中美两国的新闻职业道德规范存在共同的、相似的地方，如两者都表述了要遵循新闻工作真实性的原则，还表述了新闻工作要保持清正廉洁、遵守法律、执行新闻报道与经营活动“两分开”等。以上相似之处都是新闻工作的基本道德规范，反映了人类新闻事业的基本规律，这些基本规律也反映了新闻事业作为一项人类共同的事业，在长期发展并不断交流和碰撞的过程中形成了许多的共识，共同推动了人类新闻事业的进步。但也要看到，新闻事业是一种特殊的意识形态，它属于上层建筑，受到经济基础的制约。所以，由不同经济基础决定其性质的新闻事业在本质上会呈现出根本性的差异。关于这方面，毛泽东同志曾有过精辟的论述：“在社会主义国家，报纸是在社会主义经济即在公有制基础上的计划经济通过新闻手段的反映，和资本主义国家报纸是无政府状态的和集团竞争的经济通过新闻手段的反映不相同。”毛泽东同志对于社会主义和资本主义新闻事业性质的论断，除却“公有制基础上的计划经济”这一表述过时之外，对两者之间区别的判断是非常正确，也是非常深刻的。

三、创新：与时俱进的鲜明特点

进入 21 世纪以来，信息传播技术迅猛发展。以数字技术为基础、通信遥感技术为先导的信息传播科技，带来了新闻传播业的巨大变革，引领了新闻传播业的发展。为适应这些变化和发展，2019 年 11 月修订的《准则》对媒体融合新形势下的新闻从业人员提出了新的职业道德规范要求，体现了时代性，把握了规律性，突出了改革创新的理念。

为适应媒体融合的新形势，增强新闻工作者的互联网思维，提升其应对新媒体迅猛发展带来的挑战的能力。《准则》第五条增加了“遵循新兴媒体发展规律”的相关论述，其中第1款增加了“适应分众化、差异化传播趋势，深入研究不同传播对象的接受习惯和信息需求，主动设置议题，善于因势利导，不断提高传播力、引导力、影响力、公信力”的要求；第2款明确提出要“强化互联网思维”“深刻把握传统媒体和新兴媒体融合发展的趋势”以及“善于运用网络新技术新应用，不断提高网上正面宣传和网络舆论引导水平”；第3款在原有条款的基础上修改为“保持思维的敏锐性和开放度，认识新事物、把握新规律，敢于打破思维定式和路径依赖，认真研究传播艺术，采用受众听得懂、易接受的方式，增强新闻报道的亲和力、吸引力、感染力，采写更多有思想、有温度、有品质的精品佳作”。这些都是针对媒体融合背景下新闻传播事业面临的新形势、新任务而增设的条款。作为新闻舆论工作中的主体，新闻工作者只有在媒体融合的新形势下不断研究新闻传播的新规律、创新新闻传播的作业方式，才能有效地应对媒体融合提出的新挑战和新要求，才能进一步推动媒体融合的进程，进而不断提高党和国家舆论引导的能力和水平。

新兴媒体在给新闻传播活动带来巨大的进步和发展的同时也带来了一些负面的问题和影响。自媒体和社交媒体的迅猛发展，打破了新闻传播原有的格局和态势，新闻传播活动的一些基本理念也受到冲击和影响。譬如，互联网世界中海量信息加速传播，泥沙俱下，导致虚假信息泛滥成灾，使得受众身处“后真相时代”的旋涡。如何在这种新闻传播生态中坚守新闻传播的真实性原则，这不仅仅是理念的问题，也是保证真实的新闻信息如何得以传播，虚假的新闻信息如何被避免和惩治的实践操作问题。《准则》虽然经过多次改版，但新闻真实性始终是其关注和表述的重点。2019年11月修订的《准则》，根据传媒业生态变化的情况，对新闻真实性的要求也做了相应的修订。其中第三条第2款增写了“根据事实来描述事实”，第3款增写了“摘转其他媒体的报道要把好事实关、导向关”，第5款增写了“坚持网上网下‘一个标准、一把尺子、一条底线’”。以上条款的增写体现了新闻报道在面对新时代和新挑战时仍应始终坚持事实第一性、新闻第二性的原则，同时也对新时代的新闻工作者贯彻落实新闻真实性原则给予了更具体、明确和全面的实施标准。

面对新挑战，《准则》还对新闻工作者的专业素养做出了进一步规范和要求，以此赋予《准则》作为新闻工作者职业道德素养标准的地位。这些新要求不仅是对原有传统媒体从业者的规范，而且是对一切提供新闻传播和舆论表达的新媒体平台从业者的规范。此次修订给新闻工作者提出了新媒体环境下的全新职业道德标准和伦理要求，对于打造风清气正的新闻行业大有裨益。其中，《准则》第六条中第 4、6 款明确规定“不渲染凶杀、暴力、色情”“尊重和保护新闻媒体作品版权，反对抄袭、剽窃，抵制严重歪曲文章原意、断章取义等不当摘转行为”，第 7 款也指出要“严格遵守新闻采访规范，除确有必要的特殊拍摄采访外，新闻采访要出示合法有效的新闻记者证”。

《准则》明确提出了在新时代新闻工作者提升专业能力的相关要求。其中第四条第 1 款中明确增写了“提高业务水平，掌握融合技能”的要求，且对发展目标做出了明确表述，即要求新闻工作者成为“全媒型、专家型”的专业人才；第 2 款将“三贴近”修订为“坚持走基层、转作风、改文风，练就过硬脚力、眼力、脑力、笔力”。

在国内外形势与传媒生态不断变化的时代背景下，《中国新闻工作者职业道德准则》经过四次修订，已经形成了具有鲜明特点的中国特色社会主义新闻工作者职业道德准则，《准则》坚持了守正创新的基本原则，体现了与时俱进的鲜明特点。

（本文由笔者和湖南大学硕士生苗壮合作撰写，原载于《传媒》2021 年第 15 期）

中篇

新闻实务

提高公开报道重大突发事件的能力

党的十六届四中全会通过的《关于加强党的执政能力建设的决定》指出：要“完善新闻发布制度和重大突发事件新闻报道快速反应机制”。其目的，我认为是为了提高对重大突发事件进行公开报道的能力。这是在新世纪，面对复杂多变的国际形势和处于社会转型期的国内形势，检验我党驾驭新闻宣传工作能力的一个重要考量。

继苏联解体之后，世界呈现出由两极对抗走向多极共存的格局。“和平与发展”是当今时代的主题。但是，世界并不太平。“单边主义”政策的推行，打破了旧有的国际均势，带来了地区间的冲突和全球性的震荡和不安。当前恐怖主义已经由地区性的问题蔓延为全球性的危机。而这种危机常常是以重大突发性灾害事件的形式表现出来。美国的“9·11”事件、俄罗斯的别斯兰人质危机、我国驻巴基斯坦援外工程师被绑架事件，都是重大突发性灾害事件的实例。

我国自改革开放以来，经济建设取得了举世公认的巨大成就。我国国力不断增强，国际地位日益提升，国内政治稳定，全国人民团结在以胡锦涛同志为总书记的党中央周围，为建设小康社会而努力奋斗。但是，我们也应该看到，处于计划经济向社会主义市场经济体制转型过渡的中国社会，也存在着许许多多的社会问题。按照别国发展的经验，国民生产总值人均在1000美元至3000美元之间时，正是社会矛盾容易爆发的时期，我国的经济发展水平正好处于这个敏感时期。当前我国存在分配不合理、贫富差距拉大、失业人员增加等问题，卖淫嫖娼等丑恶现象屡禁不止，刑事犯罪率有增高趋势……种种社会负面问题，或者以潜伏的形式，或者以突发的形式，在干扰着我国的政治、经济生活。另外，洪灾、旱灾、火灾、非典、禽流感等各种各样的自然灾害和瘟疫，也常常以突发的形式危及人民的生活。

由于多种原因，过去我们的新闻媒介对这些重大突发事件，尤其是重大突发性灾害事件，往往采取“无闻”“迟闻”“少闻”的态度，结果产生了“误闻”“不闻”的传播效果。“大道不通小道畅通”，受众对主流媒体产生信任危机，谣言、流言大行其道，其结果是：一方面，新闻媒体缺乏快速反映重大突发事件真相的能力；另一方面，受众缺乏辨别重大突发事件真相的能力。新闻传播监视环境的预警功能没有得到实现，这样轻则引起人们对新闻媒体的不信任，严重的则会引起社会不安甚至震动。

重大突发事件往往是引起舆论的契机。典论如洪水，正确引导舆论的办法是疏导。《战国策 · 厉王止谤》一文说：“防民之口，甚于防川，川壅而溃，伤人必多。民亦如之。是故为川者决之使导，为民者宣之使言。”两千多年前，我国的先哲已初步懂得了这个道理。当今世界已进入信息时代，经济全球化和传播网络化，已使全球真正变成了“地球村”。置身于这种环境中，任何重大突发事件的发生，靠“瞒”和“拖”的方式造成“不闻”“迟闻”“少闻”，都是不明智的行为。

公开报道重大突发事件，是新闻传媒的应尽之责，是受众对新闻传媒的要求和期待，是人民群众为获取知情权而呼吁“信息公开”的权利诉求。党的十六届四中全会把建立和完善“重大突发事件新闻报道快速反应机制”当作提高党的执政能力的一项重要内容，这不仅说明我们党遵循实事求是的思想路线，还进一步证明了中国共产党代表人民群众根本利益的真理。

公开报道重大突发事件，这是对新闻媒体水平和能力的考验，也是对党和政府驾驭新闻宣传规律、管理新闻媒体的水平和能力的考验。重大突发事件具有事发的突然性，这就要求我们的新闻媒体和新闻主管部门反应迅速，尊重新闻报道应讲求时效性的规律，抢在第一时间报道，以便占据报道先机，避免境外媒体先入为主地制造舆论和引导舆论。重大突发事件具有事发的不可预知性，这就要求我们的新闻媒体和新闻主管部门提高预警能力，建立和完善公开报道这类事件的快速反应机制。这种快速反应机制应由紧急报警系统和安全传播系统等多种保障体系组成，以保证新闻媒体灵敏的新闻嗅觉和万一遭到攻击时能够安全播出，使我们的新闻传媒具备在出现海内外危机事件时为党和政府的政策主张提供强大舆论支持的能力；具备一旦出现紧张局势时即可迅速上马的针对敌对新闻舆论开展舆论反击的能力。重大突发事件还具有性质复杂、影响力大、牵涉面广、引起舆情的时间长等特点，这就要求我们的新闻媒体和新闻主管部门具备正确引导舆论的能力。这种能力是一种综合的素质。它要求我们能够透过现象看本质，能够把握重大突发事件的发展趋势，能够引导舆论向正确方向发展。由此可见，提高公开报道重大突发事件的能力，不是一件容易的事情，高素质的新闻传播人才的培养和储备，是提高公开报道重大突发事件能力的关键。

（本文原载于《采写编》2004 年第 6 期）

电视民生新闻节目的创新探索

——浅析《大民讨说法》节目

台州广播电视总台新闻频道的《大民讨说法》节目，之所以会赢得群众喜爱，成为当地的电视节目品牌，我们认为大约有以下几个方面的原因。

一、创新民生新闻节目的内容和形式

《大民讨说法》是一档典型的民生类电视新闻节目，它所反映的是民情民意，所流露的是浓厚的人文情怀，所表达的是鲜明的社会正义主张。难能可贵的是，节目在内容上把为百姓维权和舆论监督的理念与题材有机地融合起来，大大地拓展了民生新闻的题材范围，也提升了电视民生新闻的品位。节目在形式上，以举案说法的方式，告诉百姓应该维权和如何维权；以体验式和介入式的报道方式，直接为百姓维权；以直播式的报道形式，现场为百姓化解矛盾，解决纠纷，为群众解难，为政府排忧；以随行律师出镜解说的方式，解释法理，增强节目的权威性和达到普法的效果。因此节目给人耳目一新之感。

二、发挥媒体服务社会、监测环境的功能

《大民讨说法》节目给当地群众提供了一个讨论公共事务的园地，提供了一个自我调节、自我教育的场所。因此，它也给当地舆论提供了一个安全阀，给舆情提供了一个通风口，给当地社会提供了一个减压器。

三、锻炼和培养了新闻节目主持人

主持人大民在当地蹿红,得益于这个节目,换句话说,是《大民讨说法》成就了主持人大民。当然,大民具有个性特征的主持,也给这个节目增添了亮点。

笔者认为,由于这个节目是融维权和舆论监督为一体的民生类电视新闻节目,所以,不仅老百姓关心它,社会方方面面都会关心它。内容丰富复杂,加之又容易涉及敏感的问题和领域,如社会群体事件、复杂的民事纠纷等等,这些无疑会给"大民讨说法"带来许多困难甚至困境。要做好这档节目,使之能坚持下去,并得以健康发展,就需要台州广播电视总台和主管新闻的宣传部门多多给以扶持和呵护,也需要节目主创人员掌握政策,知法懂法,不断提高法律和政策水平。以下几个方面的问题,需要引起注意并加以改进。

(一)选题要仔细斟酌

《大民讨说法》的选题一般都较敏感,加之涉及法律法规问题,稍不注意,就会造成节目有失公允,严重的甚至会卷入纠纷或法律诉讼。因此,从选题方面来看:(1)选择的事实应该是清晰的,没有太大的争议。对事实的法律解释应该是明晰和准确的,这样才会有权威性,不容易产生歧义。像"幼儿园孩子受伤理赔事件""儿童食物中毒事件""超市过期生鲜食品赔偿事件"等案例就比较好,而且随行律师给出的法律解释也较为清晰准确。相对来说,"餐厅丢失手机"这个案例有一定的争议性。律师是依据消费者权益保护法所做的法律解释。但是"提供服务的商店和场所有义务和责任保护消费者的人身和财产安全"这一条的司法解释余地很大,因此争议也就很大。

(二)报道要力求客观公正

坚持客观的立场,是办好这档节目最关键的因素。节目接了投诉,开展调查取证,然后通过随行律师做法律解释,最后进行调解。这样,投诉方似乎就成了当然的原告，而随行律师基本上是站在原告方立场的，这样被告方明显处于被动和无助的地位，有违法律面前人人平等的原则。最好能给当事人双方都配备律师。当然，这样做也许难以实际操作，且这是一般的民事纠纷的调解，不是法庭审判断案，要求遵循严格的法律程序。但作为一档电视新闻节目，随行律师和记者的立场应该是中立客观和公正的，表现在报道上，应该是两面俱呈，给双方当事人以同等的表达和申辩的机会和条件。

关于幼儿园孩子受伤事件的报道，记者直接和园方负责人发生争执，抢话头，咄咄逼人，这样显然不妥。我们能理解这档节目的宗旨和立场就是要为弱势群体维权，出发点很好，但要掌握好度和方法。从这个意义上讲，《大民讨说法》是老百姓在向大民（实际上是向新闻媒体）讨说法，大民在向律师讨说法，律师在向法律讨说法，最终的仲裁者是法律，不是青天大老爷。另外，由于新闻媒体的介入，弱势方就是一个相对的概念了。在我国，新闻媒体从目前来看还是强势方，因此，切忌搞越俎代庖，媒体审判。为使节目表现更客观公正一些，建议把随行律师改称法律专家。

（三）节目需要在深度上多下功夫

维权和舆论监督类节目的看点不仅在于告诉观众一个现象、一个结果，更好看的是节目能够深入挖掘现象背后隐藏着的原因和内幕。为什么深度报道受人欢迎？就是因为它能道别人不知道、能道别人不能道、能道别人不便道、能道别人不敢道的东西。从个别到普遍，从具体到一般，哲学的方法对于新闻报道有方法论的指导作用。如有一期节目是说过期生鲜食品的事情，本来有个亮点，可是被忽略了。出售生鲜食品的超市的某负责人辩解说，这是操作失误。这是什么意思呢？难道是指标签上的保质期写短了，还是说晚上偷偷换掉标签才不算操作失误呢？可惜大民没有深究下去，感觉节目做得有些急于求成，求得调解成功的大团圆结局。调解成功，给了当事人赔偿，这仅仅只是解决了一两个人的民事纠纷问题，但如果揭露了一个带有普遍性的现象，这就是在为解决一个社会问题寻找答案。

（四）主持人的点评要把握好度

维权主要是民事纠纷范围内的事情，其主体一般是公民或法人，而舆论监督的主体一般是政府部门，属于对公权范围的监督，因此对公共权力的监督，可加大评论的力度。如主持人大民对儿童食物中毒事件中的一位干部的言行所做的评论，运用了刚刚颁布的“政府信息公开条例”作为法律依据，做了尖锐的批评，显示了电视媒体舆论监督的力量。但对普通民众的评论就要慎重，以免带来侵害公民名誉权的纠纷。

（五）报道手法和节目包装要更专业精致

先说报道手法的问题。(1)镜头曝光要注意适度，尤其是对未成年人的曝光要慎重，必要的地方、敏感的部位要用“马赛克”遮挡。(2)非正常拍摄，即运用偷拍偷录的方法一定要慎之又慎。目前我国法律在这方面是盲区，不禁止也不保护。不要用猎奇的心态和迎合收视率的目的去搞偷拍偷录，除非为了公众利益取证不得已而为之。(3)注意不要搞煽情，尤其不要在标题上搞煽情，这样容易带来失实，也降低了节目的品位。

再说节目包装的问题。节目片头和片花有些粗糙，不太美观。记者出镜时，话筒的节目标识有些业余，弄不好会把被采访对象的脸都遮住。可以考虑给节目做个 LOGO，让品牌亮起来。

（本文由笔者和中国传媒大学副教授李丹林合作撰写，原载于《新闻实践》2009 年第 9 期）

广播访谈节目的创新之作

——宁波电台节目《小丽的面人有颗心》评析

浙江宁波电台的访谈节目《小丽的面人有颗心》综合运用广播通讯和广播专访的手法,将优美的描述和精彩的采访结合在一起,充分发挥广播运用声音和音响传播信息和塑造形象的特点和优势,并借鉴影视艺术的表现方法,把新闻报道的特质和文学创作的方法融为一体,听来令人动容,堪称精品。

1.选题好

第一,节目主人公形象饱满,故事性强,情节充满悬念,适合广播讲述;第二,故事的主人公生活在当地,有贴近性,容易吸引听众,打动听众;第三,节目是小丽爱心事件的综述性报道,将该事件从表层引向深入;第四,这个爱心事件具有多棱镜般的效果,反映出社会和人心向善的主旋律。

2.立意高

广播访谈节目是一种清谈类的节目,这种节目要想吸引和打动听众,一要选题好,二要立意高。所谓立意,就是指从题材中挖掘出其所包含的思想内蕴。立意高,就是要发掘出题材所包含的高远深邃的思想内蕴,这种深邃的思想内蕴能引人回味、发人深思。

正如《小丽的面人有颗心》创作者所说:"我们相信,访谈完成的不仅是对一个简单新闻事件的报道,而是通过回顾和访谈相结合的方式,对它的深层意义进行揭示和挖掘。这里有对尊重之爱的探讨,有对慈善事业本质意义的挖掘,有对小丽顽强人格与乐观个性的描述,更有对宁波市民无私大爱的赞颂……"

3.构思巧

这档节目时长34分47秒，由于结构严谨，各个版块的环节丝丝入扣，所以整个节目听起来简洁明了，一气呵成。节目整体构思巧妙，主人公小丽缺席，现场的三位嘉宾分别是采访小丽的记者、小丽的朋友及研究社会问题的何教授，前两人的讲述带有强烈的感性色彩，而何教授的评论则充满了理性色彩，节目一张一弛，就有了节奏感。除了在演播室的三位嘉宾，节目还现场采访了网友、市民，播放了主人公的讲述录音，为这个节目提供了一个立体的背景，而主持人在这个谈话的场景中隐身为一个陪衬，一个引领话题向纵深开掘、故事向结局发展的陪衬。

这个故事有两条线索，一条展示小丽的自尊和自强的事迹，另一条展示那些关心和帮助小丽的人们的心路历程，两条线索的交替穿插发展，丰富了节目的内涵，深化了节目的主题。

4.表现手法丰富

优秀的作品除了要有深邃的思想、巧妙的构思，还要有丰富的艺术表现手法。这篇访谈运用了许多表现手法，听起来跌宕起伏，扣人心弦。

一是诗意的语言。这篇访谈打动人的，不仅仅是故事曲折生动，立意深邃高远，而且整篇访谈注重对语言的锤炼，用诗一般的语言抒情状物，因此给人以听觉上的强烈美感。

她站在宁波最热闹的街头，是世间和煦的目光发现了她，正如她手中的一个个面人，微笑着，走向千家万户。她用美丽的劳动、善良的心灵，升华着自身对苦难的理解，她用自强的精神、执着的信念，坚守着一种平等的爱与尊重"。

诗意的片头、片花，点明了这档节目的主题和意义，把听众牵入故事的气氛中，给这个故事添上了童话一样的色彩。

二是善用新闻报道的元素。这是一档新闻访谈节目，在坚持新闻真实性的前提下，善于运用新闻报道的一些基本元素，是做好新闻类节目的重要方法。在这档节目中，创作者善用了新闻报道中的“反常性”元素，这使得新闻事件具有了新鲜和个性特征的性质。这种反常性表现在三个方面。(1)题材上的反常：小丽婉拒了人们的帮助，在宁波街头捏着五元钱一个的小面人，回避着媒体的报道。宁波市民在她的摊位前排起了长长的队伍。(2)报道形式上的反常：访谈主角缺席。(3)标题的反常：“小丽的面人有颗心”，这是点题之笔，更是点睛之笔，这是在前两个反常基础上的大反常。这个大反常是一种提炼，是一种升华。“小丽的面人有颗心”，正是有颗爱心，有颗自尊自强的心，才使得小丽捏的面人具有了鲜活的生命。

三是恰当地运用广播剪辑手法。这档节目音响资料丰富，音响效果饱满，旁白、采访录音、现场同期声、专家访谈、背景音乐、效果音乐等各种音响穿插交替使用，合理、艺术地剪辑编排，给节目增添了现场感、真实感和亲切感。比如下面这一段：

旁　　白：小丽是个不幸的姑娘。

采访录音：其实我得病的时候，我感觉我妈因为我一夜之间头发白了很多那种感觉。

旁　　白：小丽是个坚强的姑娘。

采访录音：最后一次我跟我妈讲，我说，妈，别人得了这种病会死，我不会死的，你就看着好了。

旁　　白：小丽是个聪明的姑娘。

采访录音：然后我就学完面人，我自己就跑出来了，慢慢地我自己迈出之后，我更有信心了。

旁　　白：小丽是个幸运的姑娘。

采访录音：我跟她认识也是偶然的机会，我们也在给她想点办法，其实也不是我一个人，我们一帮子人都在想着办法。

旁　　白：小丽是个善良的姑娘。

采访录音：我感觉，我感觉没有必要的。有的人比我受的苦还多，他们更需要帮助的。

这一片段，交融了采访录音、旁白和背景音乐三类音响，运用了类似一问一答式的音响剪辑手法，牵引着听众一步步走进小丽的内心世界，引导着听众从不同侧面感知、认识、理解小丽。

四是片头和片花运用得好。这档节目通过片头片花的穿插，来联结和协调节目的各个版块。广播访谈节目有一种内在的律动，这种律动是通过符合听觉规律和接受心理以及故事情节发展需要的节奏来表现的。在这个节目里，片头和片花作为故事的引子和题头，在一步步推动着故事向纵深发展。

这个节目也有不足，有包装过度的痕迹，现场采访应该更自然一些。另外，节目结尾处用了一段流行歌曲《感恩的心》，显得突兀，与节目的整个背景音乐不协调。主持人雪莉有点宁波口音。但这些缺点没有影响这档节目作为一个广播精品节目应有的光彩。

这档节目给我们做广播节目的启示是：

1.片头、片花对于包装和打造主持人，形成广播品牌很重要

节目开始的大片头推出了《雪莉时间》，“可以有多种解读它的方式，我相信，这是一条最迷人的途径，听《雪莉时间》”。这个片头，突出《雪莉时间》这个栏目的个性特征，强调雪莉作为主持人的独特魅力。这个独特魅力，就是在传统媒体和新媒体共存的当下，广播媒体在解读新闻、传播信息时所具有的迷人魅力。

2.配乐和节目内容要做到水乳交融、自然贴切，以达到相得益彰的效果

一档广播节目中，配乐虽不是主体音响，但是一种主观音响，制作者可以通过对配乐的选取，或引领特定场景，延伸听众情绪，或抒发内心情感，渲染背景气氛，或深化内容主题，增加节目厚度。配乐运用得当，胜过万语千言。

3.媒介融合除了技术、传播形态等层面的融合之外，更重要的是传播内容的融合，或者说是媒介联动

广电媒体整合多种媒体资源来实现“新闻立台”，是必然的发展趋势。这种融合和联动，拓宽了广播新闻报道的选题范围，丰富了广播节目的表现形式，提升了广播的传播品质，这也将是其他媒体的发展趋势。

4.广播节目的创作，也要追求一种内在和外在相融合的美

这种美，表现形式之一就是节奏。在《小丽的面人有颗心》这个节目中，这种节奏的律动，体现在节目的构思中，体现在主持人和嘉宾的访谈过程中音乐所营造的气氛及听众收听过程中所产生的心理感受中。准确把握这种节奏，是做好节目的重要途径。

（本文由笔者和中国传媒大学教授詹新慧合作撰写，原载于《中国广播电视学刊》2010 年第 8 期）

虚假新闻的治理对策

摘要:虚假新闻报道不仅严重损害新闻媒体的公众形象,削弱媒体公信力,而且会使媒体的舆论导向和典型示范作用产生扭曲畸变,最终影响和破坏新闻宣传职能的履行。本文对当下虚假新闻的传播特点、产生动因进行剖析后认为,治理虚假新闻是一项长期的系统工程,需要各方形成合力,“更正制度”等“补救机制”是降低虚假新闻危害的必要手段。

关键词:虚假新闻;治理对策;补救机制

虽然多数媒体注重所刊播新闻的真实性和可信度,能注意防范和杜绝虚假新闻,但是,虚假新闻、虚假信息仍不时出现在不同媒体上。个别媒体和新闻从业人员的虚假新闻报道不仅损害自身声誉,而且损害了新闻媒体的公信力和新闻界的良好形象,令新闻从业者的职业操守受到质疑,甚至危害党和政府的形象。

制止虚假新闻绝不是小题大做,虚假新闻给媒体及其从业人员所带来的负面影响是十分严重的。如果受众以怀疑的态度看待新闻媒体,新闻报道的社会影响就无从谈起,长此以往,媒体的导向作用、凝聚作用和典型示范作用将产生扭曲畸变,并最终影响和破坏党和政府新闻宣传职能的履行。

大众传媒不但反映现实,也建构现实,它让我们生活在一个“拟态”环境里。对于新闻受众来说,虚假新闻会误导其认知和行为,导致他们做出错误判断。从大处来说,虚假新闻与社会诚信背道而驰,频发的虚假新闻会损害整个社会的信任基础。

虚假新闻报道不仅会带来无形影响，也会带来实际危害。例如，虚假新闻会侵害当事人和受众的合法权益，会使媒体和作者卷入隐私权、名誉权等侵权法律纷争；虚假新闻还可能危害社会正常的秩序。

一、新形势下虚假新闻传播呈现新特点

在新的形势和条件下，虚假新闻传播呈现出新的特点：

虚假新闻的制造者日趋多源。近年来，向媒体提供新闻线索的“新闻线人”“爆料人”，以及直接投稿的社会自由撰稿人日益增多。社会自由来稿、读者来信和电子邮件等已成为虚假新闻的重要源头。

网络成为虚假新闻传播的新渠道。随着传统媒体从网络获取新闻线索的常态化，越来越多的网络原发不实信息通过“网络+传统媒体”的形式得以迅速传播。从近年来虚假新闻的案例来看，一些虚假新闻借助网络的传播力，迅速大范围传播，网络媒体成为不实信息和流言传播的加速器和放大器。有的网站更是为了追求“卖点”和“点击率”，甚至蓄意炒作虚假新闻，给社会带来极大危害。

权威媒体及其从业人员参与造假。从《新闻记者》杂志连续多年评出的假新闻来看，为数不少的虚假新闻也刊登在传统媒体甚至权威主流媒体之上，其中，都市生活类报纸堪称虚假新闻多发区。

舆论监督类内容成为虚假新闻的新热点。由于存在关注度高、公众舆论情绪化及相关信息不够透明等诱因，此类虚假新闻往往一触即发，造成轰动效应。

虚假新闻的传播途径日益多元化。随着传播科技的发展，虚假新闻的传播途径正由传统的人际传播，转变为人际传播、群体传播、组织传播和大众传播等各种形式的相互渗透、融合传播。传播格局的变化、传播途径的多元，无疑加剧了虚假新闻的危害性。

基于虚假新闻之上的“虚假时评”也屡见不鲜。新闻媒体的激烈竞争，使时评作者、编辑都分外强调时评的时效性，当日新闻当日评成为惯例。在这样的情况下，一些时评作者为抢“第一时间”，难免受到虚假新闻的蒙蔽，这类时评事实上充当了虚假新闻“二传手”的角色。

另外，文化娱乐、体育和经济报道等也是虚假新闻丛生的重点领域。社会纪实、口述实录、情景再现等造假现象也相对严重。

二、虚假新闻何以屡禁不止

虚假新闻作为新闻界的痼疾，其成因复杂。概括起来，主要有以下几个方面：

存在新闻失实的政治和社会语境。中国人民大学郑保卫教授认为，从历史上看，重大的失实报道大都有其政治背景和原因。现在仍有一些人以"某种需要"为借口，不讲客观事实，任意制造典型，编造新闻，搞虚假报道。这种情况虽不多见，但在群众中却产生了十分恶劣的影响。① 另外，社会风气不良，诚信理念不彰，也是虚假新闻不断滋生的土壤。

从业人员思想松懈、业务素质不强是虚假新闻频发的内因。虚假新闻传播暴露出一些从业人员马克思主义新闻观淡漠、政治意识和法制意识淡薄、职业精神和职业道德缺乏的问题。由于自身素质不高和工作态度扭曲，有的新闻工作者作风浮躁，业务不扎实，不愿深入采访或根本不采访，随意编造或摘抄他人稿件，成为虚假新闻的"制造者"。

媒体商业化倾向和不良竞争环境也为虚假新闻提供了市场。在"眼球经济""注意力经济"的时代大背景下，利益驱使是个别媒体及其从业人员放松社会责任，传播虚假新闻，甚至铤而走险制造虚假新闻的重要原因。同时，一些媒体将发稿量、收视率、收听率、点击率作为内部考评的首要标准，这也是许多传假、造假者置新闻真实性原则于不顾的重要原因。

内部管理不完善，把关不严，使虚假新闻失去应有的约束。有些媒体内部管理存在疏漏，缺乏责任意识和把关能力，没有形成有效制约虚假新闻的严密制度，或对制度执行不彻底，造成把关人事实上的缺位，以致不能及时发现和制止虚假新闻。另外，外部监督不健全，对造假者的惩治力度不够，导致造假者违规成本过低，也是造假、传假猖獗的重要原因。

---

① 郑保卫.新闻职业道德误区之一——虚假新闻[J].军事记者，2001(1).

三、治理虚假新闻的对策

虚假新闻的表现多种多样,其成因也十分复杂。笔者认为,防范和杜绝虚假新闻是一项系统工程,应该多管齐下,综合治理。

1.严格执行新闻行业从业规范,加强媒介及其从业人员自律

严格遵守新闻职业道德规范,同时充分发挥新闻行业协会制定专业规范与专业道德准则,进行专业仲裁与行业维权,维护新闻自由的重要作用,是防范和杜绝虚假新闻的制度保证。中华全国新闻工作者协会颁布的《中国新闻工作者职业道德准则》、国家广播电影电视总局颁布的《中国广播电视编辑记者职业道德准则》和《中国广播电视播音员主持人职业道德准则》,是新闻从业人员必须严格遵守的道德准则和行为规范,在日常工作中必须严格执行。

不断提高从业人员的专业素养和职业道德操守,改进从业人员的思想作风。记者、编辑作为信息传播者,只有不断全面提高自身能力素质,加强自律,才能确保稿件的真实性。应该牢固树立马克思主义新闻观,为抵制虚假新闻打好思想基础;一线记者要切实做到"三贴近",编辑人员要增强责任意识,充分发挥虚假新闻"过滤器"的作用;彻底做到采编和经营相分离,即经营人员严禁从事采编事务,采编人员也不能介入经营业务,这是坚持新闻职业道德、保持新闻真实性和纯洁性的重要举措。

新闻单位要严格执行行业资格准入与退出制度。严把用人关,让那些真正具备马克思主义新闻观、职业素养过硬的人进入新闻队伍;将那些和新闻工作职业要求背道而驰,严重损害新闻工作者整体形象的人,坚决清理出新闻队伍。对虚假新闻制造者进行纪律惩戒和道德鞭挞,应该成为治理虚假新闻的首要路径选择。此举的好处是,不用提到政府介入或法律规制的高度就能遏制或者解决问题,又能充分保障新闻机构及其从业人员畅所欲言,充分发挥新闻监督职能。

2.活跃媒介批评,接受公众监督

媒介批评是新闻领域扶正祛邪的重要手段。活跃媒介批评,既要培育

专业的媒体监督组织，也要鼓励广大群众广泛参与媒介批评。

由社会人士组成的媒体监督组织，凝聚社会各方的力量，代表来自公众的声音，以公正的第三方的角色对媒体从事批判与提出建议，有助于推动媒体规范化运行，并可代表广大公众行使监督的权利。

广大普通受众的参与也有助于形成良好的外部制约环境，以阻止虚假新闻的产生和蔓延。要鼓励公众对媒介进行监督，创造必要的条件固然重要，而提升公众的媒介素养更是当务之急。

3.健全法律政策规制，构建治理虚假新闻的责任体系

制度是最好的保障，责任是最好的约束。各级立法机关、宣传主管部门和新闻单位要加强采编管理的制度建设，构建虚假新闻治理的刚性责任体系，规范管理，构筑一道坚实的“防假堤坝”。当然，法律规制既应充分尊重我国传播制度的精神，也须考虑传播科技形态迅速进步的现实，广纳社会各界的意见。

另外，还要真正落实新闻主管部门已经制定的规范性文件精神，加大对传播虚假新闻者的惩处力度。

4.采取适当的行政干预

传播学者霍金（William Hocking）认为，政府为“剩余责任的承受者”，即媒体问题应先由媒体自行处理，再由大众（社会性的媒体监督机制）督责，再次为政府介入。政府作为传播行业的规则制定者、争议仲裁者和公共服务的提供者，有其特定的职责，即在民间的媒体监督力量薄弱时有义务予以必要的协助。针对媒体违背专业伦理所产生的弊端，政府也应有行政上的防微杜渐机制，透过现有的行政管理手段约束媒体，促使媒体健康发展。此外，亦可由政府出面，促成媒体从业人员完善伦理守则及行为规范，推动媒体自律机制更充分发挥作用。政府还应强化新闻学行业协会及相关研究机构的功能，并由政府提供资源，强化对公民的媒介素养教育。

四、合理的“补救机制”是降低虚假新闻的必要手段

实际上，很多国家的媒体都被虚假新闻困扰。虚假新闻出现之后，如果

采取开放、透明的方式解决应对,尤其是在公共传播、对外传播上处理得当,是可以降低乃至化解虚假新闻的危害的,甚至可以借此创造对媒体、政府形象有利的正面结果。相反,越要掩盖事实,越不透明,就越会助长谣传、误报、假消息滋生与传播,对媒体、政府形象造成更大损害。[①] 因此,在虚假新闻应对中,要确立这样的意识,不把虚假新闻个案危机变成媒体危机,更不能把个案危机变成党和政府的危机。笔者认为,只要建立开放、公开、透明的信息公开机制,虚假新闻自会在传播过程中被不断纠正。

因此,建立合理的"补救机制"是降低虚假新闻危害的必要手段。对于媒体来说,合理、有效的纠错机制是降低负面影响、挽回媒体声誉的有效做法,也是新闻职业道德的基本准则。

这就要求凡是失实报道和有重大差错的报道,一经发现,相关媒体应立即更正并公开道歉。公开纠错最普遍的一种形式即所谓"更正制度"。更正制度应成为负责任媒体日常内容的一部分。近年来,国内的《南方都市报》《新京报》在言论版固定位置设立"更正栏",这种做法有助于正本清源,更有助于维护媒体自身的公信力。

(本文由笔者和吉林大学文学院副教授刘学义合作撰写,原载于《中国广播》2011 年第 4 期)

---

① 林任君.从《联合早报》看中国的国家形象[EB/OL].(2010-12-29).http://www.zaobao.com/special/china/cnpol/pages3/cnpol101229c.shtml.

民生冷暖传天下 人文华彩入梦来

——天津人民广播电台生活频道《夜访百家》专栏评析

天津人民广播电台晚间10点钟的访谈节目《夜访百家》，创办于2001年1月1日，至今已走过十余载。节目在全国范围内选取具有独特人生经历的嘉宾作为访谈对象，采取主持人与访谈对象“一对一”的交流方式，探求大千世界中积极的人生真义，以获得听众、主持人、访谈对象三方参与的情感共鸣效果。节目自创办以来，先后获得中国广播电视十佳栏目、天津市十佳栏目等荣誉，节目主持人先后获得中国播音主持政府奖、中国广播电视金话筒奖、天津广播电视十佳主持人等荣誉。节目在天津获得了听众广泛的喜爱，产生了晚间广播节目的名牌效应。

《夜访百家》作为一档人物访谈节目，有内涵，品位高，听完之后富有余味，能发人思考，给听众以人生启迪。这个栏目的名称起得也好，《夜访百家》，简洁明了，听众容易记住，且和节目的形式非常契合。“百家”有两层含义，一是访谈对象大部分是名家，是名家的访谈；另一层含义是就听众而言，夜间生活频率访问千家万户的老百姓，体现了广播媒体浓厚的民生关怀。另外，节目形式也有变化。《夜访百家》以人物专访为主，也有热线电话、听众参与和其他嘉宾的访谈。节目制作者的思路比较开放，不拘一格。从节目内涵看，精英意识和草根意识相结合。节目的嘉宾大部分是知名人士，也是各个领域的精英人士，但也有一些嘉宾是名不见经传的小人物，这种含有民生关怀、草根意识的节目更具有打动人的魅力。下文以该栏目2010年3月20日播出的《草原夜莺——德德玛》、2010年6月21日播出的《“征人吃饭”的乙肝科普宣传先锋——锄草》这两档节目为分析对象，对该栏目做简要评析。

一、《草原夜莺——德德玛》

其一，这个节目题材抓得好。德德玛是一位音乐家、歌唱家，妇孺皆知，听她的歌是一种享受。广播是一门声音艺术，音乐是广播的灵魂。对德德玛的专访从《美丽的草原我的家》这首优美的歌曲切入，所以，节目一开始就很吸引人。做节目，开头一定要吸引人，广播节目尤其如此。开头如果不能吸引人，听众很有可能换频率。这和报纸、网络讲究标题要吸引人是一个道理。

节目片头男播音员的音色很好，语言叙述精炼，简洁明了地介绍了本期专访的主要内容。这是广播节目，特别是广播访谈节目借鉴说唱艺术的表现形式，即开门见山，把要讲的主要内容先做简要介绍，以引起听众往下听的兴趣。

题材抓得好，还体现于德德玛不仅是一位著名的歌唱家，而且是一位有故事可讲的蒙古族女歌唱家。她的人生经历，是一部浓缩了成功、磨难、追求、坚守的生命赞歌。专访的进行，就是德德玛生命意志的长卷舒展，真是如歌如诉，感人肺腑。

其二，节目主题思想提炼得好。好题材是节目创作成功的一半，另一半则由许多因素构成，其中对题材所蕴含的思想内蕴加以提炼，对人物品质和事件的内涵加以升华，是创作成功的又一个关键性因素。《草原夜莺——德德玛》的访谈，通过讲述德德玛在歌唱艺术走向事业巅峰时突然遭受病患打击，在磨难岁月里振作的事迹，提炼出这次访谈的主题——草原赤子之心。节目升华了德德玛的感人事迹——爱的力量。听完德德玛的故事，相信听众对《夜访百家》片头的那一段独白“解读生命中最深邃的故事，呈现人文世界最经典的华章”，会细细地回味。

其三，细节生动，有感染力。德德玛讲述了她没有出名时，一位蒙古族妇女听了她的歌，很喜欢，追着汽车跑，给她送奶豆腐的故事。德德玛说，以后演出歌唱时，经常想起她来，歌声中就融进了她的影子。这个细节感动人，原因有两个方面：一是德德玛之所以日后能成功，誉满天下，因为她是一个有德的君子，懂得感恩。她瘫痪在轮椅上，想的事情是办艺术学校，让贫苦的牧民子弟能上学圆梦。这样的善举,是有思想基础的,不是一时冲动,也不是空穴来风,是德德玛的秉性和舞台歌唱生涯以及承受爱的人生经历所使然。二是辽阔的草原,养育的是具有辽阔胸怀、心灵纯洁的人。这位追着汽车、喊着德德玛名字送奶豆腐的蒙古族大婶,一和德德玛非亲非故,二不为追星,也就是说,全然没有利益关系和追慕虚荣。主持人在评论德德玛说不知怎样才能感谢和回报歌迷朋友时说了一段话:“其实,德德玛老师,我知道这是为什么。什么样的歌唱家,就拥有什么样的听众和歌迷。”这话如果倒转过来说,就应该是“有什么样的歌迷听众,就会造就什么样的歌唱家”。一个细节,具有一石双鸟的效果,真是内涵丰富,境界深远。所以,细节决定成败,不是虚言。

其四,主持人采访到位。人物专访节目难做。因为访谈节目主要靠故事讲述来吸引听众,所以主持人和嘉宾的对话是故事得以讲述的条件,而主持人和嘉宾的成功对话,是故事得到挖掘、提炼、升华的关键。听这档节目,能感受到主持人做了许多案头工作,了解了德德玛的许多背景资料。从这些背景资料中挑选出最感人的问题让德德玛回答,这就是德德玛讲述自己故事的引子。

二、《“征人吃饭”的乙肝科普宣传先锋——锄草》

和德德玛的访谈不同,锄草的访谈,不是对锄草一个人的专访,而是有对专家的访问和借助热线电话对听众的访问,因此,这档人物访谈节目是一档听众参与性的人物访谈节目,它具有以下特点。

一是新闻性特点。锄草“征人吃饭”在天津万达广场出现是一件新闻,天津市民关注。节目抓住这个热点事件做访谈,突出了节目的新闻特征。

二是草根性特点。和德德玛这位媒体大力宣传、知名度高的人物不同,锄草是一位普通的乙肝病毒携带者,甚至锄草都是化名。她的事迹并不是什么惊天动地的伟业,甚至都不是官方认可的、体制内赞同的。锄草关于乙肝防治的科普宣传行为,完全是自发的民间行动。支持她的、质疑她的,也都来自民间,所以节目具有浓厚的草根性特点。

三是戏剧性效果。节目一开始,主持人就设置了悬念。随着锄草的讲述，故事逐渐展开，各种矛盾冲突一一展现出来，有锄草和家庭、亲人的矛盾冲突，和社会上不理解的人的矛盾冲突，有热线电话里乙肝病毒携带者与他人的矛盾以及与社会的冲突，正是这一个个冲突，构成了这期访谈节目的丰富性，使得这档节目听起来峰回路转、起伏跌宕，富于戏剧性。

四是接近性。正是该节目具有草根性的特点，所以该节目离普通观众的距离很近。中国乙肝病毒携带者人数众多，在听众身边的同事或亲友中就有不少。这个节目容易引起听众的共鸣，因为这事不仅有可能发生在听众身边，而且这些普通的科学常识又是如此被曲解、误导，而这些曲解、误导所带来的对乙肝病毒携带者的歧视和伤害，竟是如此深重。

五是参与性。听众的参与，特别是一位被要求离婚的女听众的参与，增强了节目的真实性和感染力。

当然，《夜访百家》也存在种种不足。

作为一档晚间入睡前的广播节目，《夜访百家》的整体风格过于严肃、高亢，无论是主持人的语调和语速，还是配乐、片花都比较铿锵，建议柔和一些、轻松一点。《夜访百家》，应该是轻轻地叩门，得到听众认可之后，与其促膝谈心，娓娓道来。建议节目向婉约风格靠拢，应达到“随风潜入夜，润物细无声”的效果。

《夜访百家》的节目定位还需进一步明确，面向的目标听众是谁？这需要做一些受众调查。收听率只能反映一般的收听状况。节目的定位明确了，选题问题、嘉宾问题、节目的风格和形式问题才好解决。以高端访谈为主，还是以草根意识为主？或者两者平分秋色？这些，需要听众来衡量，来决定。

（本文由笔者和中国传媒大学博士生解植岗合作撰写，原载于《中国广播电视学刊》2011 年第 5 期）

让信仰的力量伴随交广一路同行

倡导和践行社会主义核心价值观，其根本目的，就是要在当下的社会中重建价值观，使人们树立正确的信仰。信仰既抽象又具体，从哲学层面看，它表现为一种世界观，从日常生活层面看，它渗透在衣食住行中，具象化为一种世道人心。信仰既是观念，更是力量，它给人以前行的方向，更给人以前行的力量。

交通广播在倡导和践行社会主义核心价值观方面做出了有益的探索，取得了值得推广的经验。作为广播改革的一朵奇葩，交通广播从诞生起，就把自己定位在服务于人们日常生活的“行”上。广播的“服务性”和“伴随性”特征，在交通广播的实践中，又延伸出“移动性”的特点。交通广播正是结合广播的普遍性特征和自身独特的优势，将倡导和践行社会主义核心价值观融入日常新闻传播活动的点点滴滴中。这种不经意、不刻意的传播理念和方式，如春风化雨，润物无声。它把看似抽象的价值观、信仰问题，具象化为车窗内外的小小空间和大千世界所呈现出来的爱与温暖、和谐与互助等人世间美好的景观和情怀，忠实地记录下来、传播出去，让听众的感动化为行动，去共同诠释核心价值观的思想内蕴。这种将社会主义核心价值观在日常生活中落细、落小、落实的要求，具体化为交广的实践，就如北京交通广播所总结的：社会主义核心价值观，正隐含在一个个人物故事的背后，生动而色彩斑斓地展现在听众耳畔，听着这些普通人的故事，我们不仅可以亲身体会朴素的情感，我们还有机会将普通人的勇气、希望、信心和坚持传播出去，让同一片蓝天下的人们，少些顾虑，少些牢骚和抱怨，多些谅解和宽容，多些美好的感觉，多一份伴随前行的力量。

“做爱心媒体、责任媒体”“知行合一”，交通广播还以高度的社会责任意识，践行着社会主义核心价值观。正是这种既做社会主义核心价值观的传播者，又做社会主义核心价值观的践行者的双重身份，使得交通广播在弘扬社会主义核心价值观方面，呈现出立体丰满、为听众所喜闻的姿态。在交通广播的宣传实践中，有许多“生命大救援”的故事。无论是2006年浙江交通广播的“生死时速大救援”，还是今年9月18日凌晨上海交通广播开展的“生命大营救”，都是交通广播在面对突发事件时，启动应急预案，快速整合各类资源与信息所开展的爱心接力生命大救援。这种媒体的社会责任担当，传达的是社会的正能量，虽然当下也有“小悦悦”事件、“摔婴”事件的社会戾气，但从爱心接力这种千钧一发之际所迸发的社会正气中，人们看到了希望。

二十四字的社会主义核心价值观，其中有“文明”和“法治”。党的十八届四中全会提出了“加强社会主义法制建设”和“依法治国”的理念。“文明社会”和“法治社会”是相伴相随的，传播文明和法治观念，也是媒体社会责任担当的重要体现。传播交通文明，宣传交通法规知识，提高人们自觉遵守交通法规的公民意识，这是交通广播宣传社会主义核心价值观的重要内容，也是交通广播区别于其他专业媒体的一大特色。辽宁交通广播常年把“文明交通”作为宣传主题之一，通过一系列的活动和宣传，在听众中强化文明出行、文明行车的意识。在节目中，形象生动的公益广告、主持人的温馨提示，潜移默化地影响着听众。节目在宣传法治观念的同时，还辅以道德的教化功能，为“文明交通”的宣传插上了双翼。

交通广播在倡导和践行社会主义核心价值观的实践中，还不断创新传播方式。河北交通广播、黑龙江交通广播等，通过和网络、手机客户端等新媒体联手策划大型新闻报道和活动，增加了交通广播的传播渠道，扩大了交通广播的传播范围，提高了交通广播的传播效果。实践证明，交通广播和新媒体的融合，为传统交通广播注入了生机和活力。

弘扬社会主义核心价值观，这是建设中国特色社会主义事业的重大主题之一，是需要传媒长期开展的一项重大主题宣传任务，交通广播以富有创新性的实践，取得了阶段性的丰硕成果，但前行的路还很长，那么，就让信仰的力量伴随交通广播一路同行吧。

（本文原载于《中国广播电视学刊》2014年第12期）

让新闻更易抵达受众

——近年来我国媒体的实践探索

摘要:党的十八大以来,我国的新闻舆论宣传工作进入一个新的发展时期。在媒体融合的形势下,我国的传媒业在新闻宣传、舆论引导、机制创新、管理创新、平台建设等各个方面加大了实践探索的力度。本文全面分析了在改革的常态下,我国的新闻宣传、舆论引导工作取得的新进展,具体体现在理念与时俱进、方式推陈创新、平台不断拓展、机制更加灵活、舆论引导水平不断提高等五个方面。

关键词:新闻舆论;机制创新;舆论引导;媒体融合

党的十八大以来我国的经济和社会发展进入了新常态,与此相适应,我国的新闻舆论宣传工作,也进入了一个新的发展时期。在媒体融合的形势下,我国的传媒业在新闻宣传、舆论引导、机制创新、管理创新、平台建设等各个方面加大了实践探索的力度。从总体上看,当前我国传媒业积极改革、主动变革的意识和行动,已经蔚然成风,我国新闻舆论宣传工作的改革已经进入了常态。在改革的常态下,我国的新闻宣传、舆论引导工作取得了新的进展,主要表现在以下五个方面。

一、增强引导意识、服务意识

党的十八大以来,我国的新闻舆论工作出现了许多新的举措,生发了新气象。这与党和政府高度重视新闻舆论工作密不可分,与以习近平同志为核心的党中央面对新媒体迅猛发展的新形势,鼓励我国传媒业积极应对、锐意进取密不可分。

党的十八大以来,习近平总书记高度重视新闻宣传工作,并多次作出重要指示。

2013 年 8 月,习近平总书记在全国宣传思想工作会议上指出,宣传思想工作创新,重点要抓好理念创新、手段创新、基层工作创新,努力以思想认识新飞跃打开工作新局面,积极探索有利于破解工作难题的新举措新办法,把创新的重心放在基层一线。[①] 2014 年 8 月,习近平总书记在中央全面深化改革领导小组第四次会议上强调,推动传统媒体和新兴媒体融合发展,要遵循新闻传播规律和新兴媒体发展规律,强化互联网思维,坚持传统媒体和新兴媒体优势互补、一体发展,坚持先进技术为支撑、内容建设为根本,推动传统媒体和新兴媒体在内容、渠道、平台、经营、管理等方面的深度融合,着力打造一批形态多样、手段先进、具有竞争力的新型主流媒体,建成几家拥有强大实力和传播力、公信力、影响力的新型媒体集团,形成立体多样、融合发展的现代传播体系。[②] 2016 年 2 月,习近平总书记在党的新闻舆论工作座谈会上提出"高举旗帜、引领导向,围绕中心、服务大局,团结人民、鼓舞士气,成风化人、凝心聚力,澄清谬误、明辨是非,联接中外、沟通世界",为新闻舆论战线履职尽责指明了努力方向。[③] 我国的新闻媒体在增强引导意识和服务意识方面更加自觉,并取得了成果。

1.主流意识不断巩固

近年来,我国媒体不断强化主流意识,以马克思主义作为指导思想,唱响主旋律,传播正能量,充分反映了伟大时代的波澜壮阔。以党中央治国理政新理念新思想新战略为主线,人民日报、新华社、央视等媒体围绕中国梦

---

① 习近平在全国宣传思想工作会议上强调胸怀大局把握大势着眼大事努力把宣传思想工作做得更好 刘云山出席会议并讲话[N].人民日报,2013-08-21(1).

② 习近平主持召开中央全面深化改革领导小组第四次会议强调共同为改革想招一起为改革发力群策群力把各项改革工作抓到位 李克强刘云山张高丽出席[EB/OL].(2014-08-18).http://www.xinhuanet.com/politics/2014-08/18/c_1112125779.htm.

③ 着眼全局做好党的新闻舆论工作——一论学习贯彻习近平总书记在党的新闻舆论工作座谈会上重要讲话精神[EB/OL].(2016-02-19).http://www.xinhuanet.com/politics/2016-02/20/c_1118103018.htm.

及“四个全面”战略布局、经济发展新常态等重大理念，组织播发了大量权威重点报道，彰显了党的理论创新成果的科学性和真理性。在中国共产党成立95周年等重要纪念日前后，媒体报道再现波澜壮阔的历史，展现顽强奋斗的精神，引导受众重温光辉历程，汲取精神力量。在全国“两会”、二十国集团领导人峰会(G20)等重要会议期间，媒体报道紧紧围绕主题，全面反映会议盛况，深入报道和解读会议精神，增强信心、鼓舞士气。在春节、端午等传统节日期间，各家媒体精心组织、周密策划，生动展现各地群众欢度佳节的热闹景象，充分反映社会方方面面的巨大变迁，营造喜庆热烈、欢乐祥和的氛围。

2.服务意识不断增强

随着时代发展，受众对资讯类报道的需求日益增加，新闻媒体也积极转变思路，增强服务意识。节假日期间，不少媒体围绕出行、消费、安全等主题，通过体验式采访，播发大量提示性、服务性报道，获得受众广泛欢迎。如每年“十一”长假期间，央视记者总会前往国内各大景区，直播现场的客流情况，为受众出行提供实时参考。2016年春节期间，新华社推出“2016年春运报道”专题，联合中国铁路总公司发布铁路服务信息，在全国主要城市的机场、火车站屏幕上播出，非常实用。

在为受众提供资讯类报道的同时，我国媒体以加强舆论监督的方式切实服务受众，有力推动实际问题解决，忠实履行“社会进步的推动者、公平正义的守望者”的职责。如在校园“毒跑道”、高考违法违规、电梯“吃人”等报道中，央视、新华社等媒体深入调查、持续追踪，揭露乱象、剖析原因，促使问题得到有效解决。

3.贴近意识不断深化

党的十八大以来，我国新闻宣传工作不断调整报道理念和报道风格，呈现出新的气象，既有高屋建瓴、气势磅礴的精品力作，也有角度巧妙、见微知著的清新佳作。即便是重大主题宣传和时政报道，也注意通过较小的角度切入，突出时政报道的平易性和接近性，让受众易于接受、乐于接受。2015年9月22日，习近平主席开始对美国进行国事访问，人民日报于当天推出视频短片《习主席来了》(*Who is Xi Dada*?)。在短片中，来自15个国家的留学生面对镜头,说出自己对习近平主席的印象,自然轻松,原汁原味。短片在YouTube等平台发布后,迅速引发海外舆论热议。路透社推出长篇报道进行解读,并称短片“很时尚”“酷酷的”。①

此外,近年来,一些媒体摒弃传统报道思路,不再采取“我说你听”式、与受众没有交流的单向传播策略,转而采取“我说你听,我听你说”的互动传播策略,以在线访谈、网上调查、知识竞答、互动游戏等积极与受众互动,有效拉近了与受众的心理距离,显著增强了报道的贴近性。如在2016年“两会”期间,央视在新浪微博、Twitter等海内外多个平台发起“中国问与答”(#Ask China)活动,邀请网友提出自己关心的热点问题,然后请相关权威人士(如人社部新闻发言人等)在节目中作答,获得受众热烈响应。

二、方式推陈创新

随着相关技术的不断进步,媒体呈现报道的方式与手段也日益丰富。如今,在运用文字、新闻照片、图表漫画、音频、视频等传统形式的同时,不少媒体努力学习新技术,大胆突破,勇于创新,将说唱动漫MV、H5(即HTML5,第五代超文本标记语言)轻应用等形式,以及VR(虚拟现实)、无人机拍摄等技术广泛运用于报道中,推出了一大批形式新颖、表现力强的新闻作品,显著提升了报道的吸引力。

在2016年的全国“两会”报道中,人民日报加大创新力度,研发推出了一系列人气产品,引领了新媒体报道的新潮流。如H5报道《傅莹邀请你加入群聊》,以模拟微信群聊的方式,再现人大新闻发布会现场,文字、图片、音频兼备,重点突出,内容全面,令人耳目一新,一经推出就在微信平台形成“刷屏”之效。

2016年2月,新华社先后推出中文和多语种版本的《四个全面》说唱动漫MV,以受众喜闻乐见的形式,生动阐述“四个全面”战略布局的精神内涵。2016年6月,为献礼建党95周年,新华社制作了微电影《红色气质》,用9分

---

① MEGHA R,ZHANG Q.Using fawning foreign students,China tries to polish its image[EB/OL].(2015-09-25).Reuters.

5秒时长高度浓缩了中国共产党95年的光辉历程。该片不仅在受众中广泛传播,还受到业内人士高度赞誉,被中国记协评价为“震撼之作”。①

2015年9月3日,纪念中国人民抗日战争暨世界反法西斯战争胜利70周年大会在北京隆重举行。央视在天安门城楼、人民大会堂、长安街沿线布置了多个机位进行直播,多角度、全景式呈现大会盛况,还提前48小时开启“走向胜利”倒计时特别直播。最引人注目的是,央视在空中架设了560米长的摄像机索道,通过正面纵深、跟踪移动等手法,精彩呈现了分列式排山倒海的气势。

三、平台不断拓展

目前,我国大部分媒体都在着力推进媒体融合,不仅全面布局“两微一端”(微博、微信、客户端),还不断拓展了新的传播渠道与展现平台。

以人民日报、新华社、央视为例,它们分别拥有新闻客户端“新华社”“人民日报”“央视新闻”,以及“新华社”“人民日报”“侠客岛”“央视新闻”等多个微博、微信账号,各自形成了新媒体矩阵,覆盖了相当广泛的受众。

还有一些媒体,巧妙借力互联网公司搭建新型平台,思路新颖,效果良好。如湖北广播电视台与国内某互联网公司联合研发的“长江云”平台,是利用云计算、大数据技术开发的移动政务新媒体平台,聚合湖北省17个市州、100多个厅局政务“两微一端”产品200多个,实现全省新闻、政务、生活资源的便捷汇聚,成为贴身服务百姓的“市民之家”。

更值得注意的是,随着我国媒体“走出去”的步伐不断加大,海外平台也成为传播中国声音的重要阵地。Twitter、Facebook、YouTube、Instagram(全球最大图片分享平台)、VKontakte(俄罗斯最大社交网站)、Line(日韩最受欢迎的社交平台)等国际主要社交平台,我国媒体均有涉足。

以新华社为例,目前在上述几个社交平台均开有账号。其中,Twitter英文主账号粉丝数量已超过733万(截至1月23日21:00),不仅在国内媒体

---

① 新华社推震撼之作《红色气质》主旋律作品照样“火”[EB/OL].(2016-07-01).http://news.xinhuanet.com/zgjx/2016-07/01/c_135480048.htm.

账号中稳居第一，还远远超越法新社、半岛电视台、今日俄罗斯电视台（同一时点的粉丝数量分别为86万、354万、256万）等国际知名媒体，影响力非常可观。

在纪念中国人民抗日战争暨世界反法西斯战争胜利70周年报道中，新华社在Twitter等海外社交媒体平台推出了多语种的文、图、视频直播，获得了近500万的互动浏览量与大量积极评价。美国网友留言："习近平展示出世界领袖的风范，他的讲话也向世界展示出中国将和平友好崛起。"塞尔维亚网友留言："向全中国人民及其他为二战胜利做出贡献的国家表示祝贺，伟大的阅兵式！"

四、机制更加灵活

随着融合进程的不断推进，不少媒体过去条块分割、各自为政的情况大有改观。即便是体制机制总体偏于保守的传统主流媒体，也在大力变革的过程中取得了重大突破。

2014年12月，广州日报报业集团率先成立"中央编辑部"，开创了我国媒体设立"中央厨房"的先河。中央编辑部是广州日报报业集团推进媒体融合发展的中枢平台，主要承担新闻的组织策划、内容采集、信息集成、把关发布等职能，在其统筹指挥下，广州日报报业集团建立起了"统一指挥、统一把关；滚动采集、滚动发布；多元呈现、多媒传播"的全媒体内容生产体系。①

2015年"两会"前，人民日报成立全媒体新闻平台（俗称"中央厨房"），创造了由指挥员、信息员、采集员、加工员、技术员、推销员等岗位构成的一套全新业务流程，具有"一体策划、一次采集，多种生成、多元传播，全天滚动、全球覆盖"的生产特点。②

2015年7月，新华社的"中央厨房"——新华社全媒报道平台也正式启动运行。这一平台由社总编室组织协调、各编辑部和技术人员共同组成专业团队，进行跨部门、跨媒介、跨终端全媒体新闻产品的生产、发布和监测评

---

① 中央编辑部启智媒时代[N].广州日报，2016-01-15.

② 何炜，张旸."中央厨房"烹制新闻美味——人民日报全媒体平台创新融合发展途径的实践[J].中国报业，2016(07).

估,旨在推动各种新闻要素深度融合、各种报道资源充分共享、各种媒介互联互通。

此外,新华社还通过发起、举办金砖国家媒体峰会、世界媒体峰会等活动,着力深化与国际主流媒体以及联合国等国际组织和机构的交流合作,为进一步拓展新华社的国际影响力提供机制保障。

五、抢占舆论引导主动权的意识不断深入

如今,以互联网为代表的新媒体已经成为舆论传播的重要平台,对传统的舆论引导模式提出了严峻挑战。① 针对这种情况,我国媒体主动顺应新媒体传播规律,积极打通"两个舆论场",在引导国内舆论和海外舆论方面,都显示了较高的水平。

2016 年春节之后,一篇题为《春节纪事:一个病情加重的东北村庄丨返乡日记》的文章在微信等社交平台热传,文中呈现的种种乱象令人震惊。而新华社记者实地走访发现,事实并非如此,于是迅速推出《哪来"礼崩乐坏"的东北村庄?——一则虚假报道的背后》。报道采访扎实、分析深入,一一指出"返乡日记"中的不实之处,体现了高度的社会责任感。

此外,在国际舆论场,我国媒体也积极抢占舆论引导的主动权,发出越来越响亮的中国声音。2016 年 7 月,海牙临时仲裁庭就菲律宾单方面提起的南海仲裁案做出所谓裁决。新华社等我国主流媒体组织播发了大量报道,权威专业,有理有节,清晰传递我立场主张,积极回应海外关切,有效化解负面舆论、放大正面效果,获得了海外受众的高度关注与积极评价。据不完全统计,仅新华社在 Twitter 等海外社交平台发布的英文稿件,即获得超过 3000 万次的浏览量、超过 100 万次的总互动量,辐射面相当可观。

尽管我国新闻宣传工作近年来取得了许多新进展,也仍然存在着一些有待改进的问题。比如,不少媒体都开设有多个微博、微信账号,尽管可以彼此补充、形成矩阵,但也面临着分流受众、分散资源、无法形成合力的问题。不如集中优势资源,着力打造少数精品账号,以进一步聚拢、放大品牌

---

① 李宗建.舆论引导重在打通"两个舆论场"[M].学习时报,2016-08-15.

效应。又如，在一些报道中，媒体的着力点与受众的关切点不够契合，没能满足受众信息获取的需求。如 2014 年底的“手术室自拍”风波，就是由个别媒体不负责任的报道造成的。在报道医患关系等敏感问题时，媒体应坚守社会责任，秉持职业良知，保持冷静、平和、客观、理性的态度，不缺位也不越位，做好“观察者”而非“审判者”。

（本文由笔者和中国传媒大学博士生蒋玉鼎合作撰写，原载于《新闻与写作》2017 年第 5 期）

媒体转型期电视新闻的艰辛探索

——第二十七届中国新闻奖电视和视频类参评获奖作品评析

摘要：媒体转型期，电视媒体为应对挑战做出哪些转变？这从本届中国新闻奖评选中反映出来。本文对电视及视频类参评作品反映出的这些变化做了剖析。

关键词：电视视频；获奖作品；变化评析

第二十七届中国新闻奖评选活动于 2017 年 8 月下旬在北京落下帷幕。在 605 件参评作品中，电视作品 105 件，获奖作品 43 件，占全部获奖作品的 15%。检阅 2016 年度参评获奖的电视类和视频类作品，可以发现，在当下媒体转型时期，以往电视媒体作为第一媒体的地位受到巨大挑战，为应对挑战，电视业正在探索转型之道，表现在电视新闻报道方面，则呈现出以下几个方面的变化——

一、传统电视新闻报道开始向融媒体视频呈现转化

在今年的中国新闻奖评奖大会上，评委会提请评审专家们要关注融媒体性质的作品。而这种具有融媒体性质的作品，主要是以视频呈现的方式表现出来。被誉为 2016 年现象级的主题宣传作品——由新华社全媒体报道平台出品的微电影《红色气质》，在评委会上引起了评委们的关注。该作品以融媒体的理念和呈现方式，以口述历史的形式讲述了中国共产党 95 年来艰苦卓绝、不忘初心的奋斗历程，给评委们留下了深刻的印象。该作品时长

9分5秒,在这个短暂的时长里,运用了VR、航拍、特技、H5轻应用、动漫、Flash等新技术,将新华社国家图片库里那些封藏已久的照片和影像,通过数字技术的各种表现手段鲜活灵动起来。这个作品是媒体融合时代新闻生产的一个典型案例,体现了融媒体新闻生产的“大创意、大策划、大制作、大传播”的特点。从艺术创作的角度看,这个片子可谓匠心独运。作品通过两条线索:一条是中国共产党成立95年来从艰难困苦走向辉煌的历史进程,另一条是新华社作为国家通讯社,在报道和传播中国共产党艰苦和辉煌的历史进程中留下的一个个经典瞬间。前一条线索是明线,后一条线索是隐线,两条线索交织在一起,通过将主持人陈小波和故事的讲述者瞿独伊——瞿秋白的独生女、和中国共产党同龄的、新华社驻莫斯科的首席记者讲述的声音、不同乐器变奏的国际歌的声音,和历史影像、以及通过特技让静态的图片活动起来的画面有机地融为一体,节目产生了令人耳目一新的观感。这个片子在微信朋友圈里得以广泛转发、点赞和评论。

微信名为“冰糖”的网友说:“当一张张珍贵的新华社典藏图片串联、灵动、鲜活起来,仿佛徜徉于漫漫的历史长河。配乐创意奇妙,不同乐器演奏的《国际歌》贯穿全片,尤其喜欢结尾时空灵感,意境悠远!给制作团队100个赞!只要是经典精品,主旋律作品照样能震撼人心!”微信名为“momo”的网友说:“坐在动车上,窗外的风景向后退,仿佛时光倒流,伴随着国际歌熟悉的旋律和新华社一张张在岁月中沉淀下来的老照片,讲述人沉稳平静地述说中透出信念之光,我的眼泪掉了下来,远方不只有诗和田野,还有梦想”。

网友们以自己的肺腑之言,表达了对这个作品的感受和褒奖。可以说,除却高远的立意和深邃的内涵,此片奇妙的呈现方式和各种不同传播技术手段的融合运用,也是作品产生直抵人心、具有强烈视觉效果的重要原因。

二、一些实力雄厚的电视媒体运用大投入、大制作的生产方式开展重大主题宣传

2016年是中国共产党成立95周年、中国工农红军长征胜利80周年纪念的年份,以这些题材为主题宣传的新闻报道是当年主旋律和正能量传播

的主打作品。另外,对在杭州召开的G20峰会的报道、对实施“一带一路”倡议的宣传等等也成为当年新闻报道的重头戏。从参评获奖的2016年度电视新闻作品来看,这方面的作品是主体。中央电视台作为国家电视台,继续发挥主力和示范的作用。获第二十七届中国新闻奖一等奖的直播报道,央视的“二十国集团领导人杭州峰会系列直播节目”,以全景式报道形式,向观众展示了峰会的盛况。节目包括二十国集团工商峰会、国家主席习近平发表主旨演讲、与会领导人陆续抵达G20会场、二十国集团领导人杭州峰会开幕、国家主席习近平致开幕词、习近平主席夫妇举行欢迎晚宴等6场直播活动。

央视这次现场直播报道,是G20杭州峰会特别报道中最重要的部分,这场直播报道由央视台领导现场指挥,新闻中心时政新闻部牵头,全台各部门通力配合,协同作战。央视直播团队精心谋划、设计大批创新镜头,实现了全流程、全景展示国家主席习近平参加G20杭州峰会的各项重要活动,充分展现了中国的大国形象和领导人风采。此外,报道团队积极发挥各种设备功能,首次动用先进的夜视摄影设备,为峰会报道增添了创新的色彩。

如果说央视作为国家队,在电视新闻报道方面起着示范和先导的作用,而一些过往办台理念偏向于娱乐或其他方面的电视媒体,尤其是那些实力雄厚的省级卫视台,近年来,办台理念和节目取向也发生了悄然变化,“新闻立台”的理念开始回归。长期以来以娱乐节目为主打产品的湖南卫视,近些年来在新闻报道方面加大了力度,不仅打造了一批新闻名节目和名栏目,如《新闻大求真》(第二十七届中国新闻名专栏一等奖),而且在日常新闻报道中,特别是在重大主题宣传中,实施大投入、大创意、大策划和大制作策略,一批既叫好又叫座的主旋律新闻报道脱颖而出,引起电视业界和观众的关注,在网上也广受好评。作为湖南省第十一次党代会献礼片,湖南卫视制作的大型电视系列片《初心璀璨》(获第二十七届中国新闻奖电视系列三等奖),以大手笔的策划,讲述了湖南的几代共产党人艰苦创业、勇攀高峰的事迹。报道将镜头聚焦于江南工业集团、中车株洲电力机车研究所、中南勘测设计院、醴陵陶瓷城、南山牧场、湘西吉首大学和湖南杂交水稻研究中心等单位的杰出代表人物,通过他们的故事,彰显了共产党人不忘初心、砥砺前行的品质。为了拍好这个大型系列片,摄制团队远赴戈壁沙滩、水库大坝、高山牧场,深入科研实验室、杂交稻试验田、工厂车间,把一个个经典故事,拍摄得既大气又细腻,看完片子,使人得到回肠荡气、余音袅袅的艺术享受。

湖南卫视另一个参评的电视系列节目《我家的长征——纪念红军长征胜利80周年特别报道》是主题宣传的一部佳作。湖南省桑植县是红二、红六军团长征的出发地,也是湘鄂边革命根据地的核心区域。在纪念红军长征胜利80周年之际,如何展现这块红土地的革命牺牲精神?湖南卫视没有做宏大叙事,而是选取了两个家庭——贺龙一家十口人和跟随贺龙长征的侯清芝一家八口人在长征中的传奇故事。在节目策划过程中,记者根据侯清芝一家跟随贺龙部队参加长征的线索,在桑植县了解到,当年跟着贺龙元帅参加红军的数千名父老乡亲大都牺牲在革命途中,而贺龙自己带着出生仅18天的女儿在长征路上也历尽生死劫难,记者为此受到深深的震撼,于是决定以这两个家庭的长征故事为主线,探访红二、红六军团长征的足迹。摄制组从湖南出发,辗转前往四川、甘肃、陕西、北京等地,行程近万公里,走访了数十名相关当事人和他们的后人,积累了大量第一手素材和资料,特别是在北京对贺龙元帅女儿贺捷生老人的专访,让记者掌握了许多感人的细节。摄制组在高原、雪山、沼泽等地采访,克服种种困难,充分挖掘故事,最终制作了五集系列报道。播出时配发的宣传片,以桑植民歌《马桑树儿搭灯台》为主旋律,感人至深。80年前的历史有些是无法重现的,在文稿上,记者通过贺、侯两家在牺牲、草地、孩子、庄里、战场等五个方面的共通点组接故事;在画面处理上,没有过多使用万能的影视资料,而是通过油画、后期特技处理等方式精准呈现人物关系和战争环境。节目不仅讲述了在波澜壮阔的革命洪流中那一代人不畏牺牲、坚定信仰的故事,而且还结合今天的改革发展状况,弘扬了不忘初心、砥砺前行的时代精神。此系列片在艺术表现手法上的特点是运用纪录片的表现方法艺术地呈现特定的主题宣传,创作者对时空转化的历史把握和音响画面的艺术演绎,赋予了这部五集电视系列片史诗般的恢宏和行板式的流畅。

《海上丝路看深商》(第二十七届中国新闻奖电视系列二等奖)是深圳卫视在2016年国庆期间推出的12集电视系列报道。"一带一路"倡议是中国国家战略发展的重大命题,也是新闻素材的"富矿",相关报道是近年来的热门选题,如何做出特色和深度是一个难点。《海上丝路看深商》从"一带一路"倡议三年来获得的早期收获的角度出发,紧扣深圳作为"21世纪海上丝绸之路”重要港口城市的区位特点，以具有强烈现代意识的“深商”为切入口，用“小视角”阐发时代大主题，展现深圳企业在海外拓展打拼的生动故事，重点阐释“一带一路”的“共赢”理念。

该系列报道精选南太平洋、东南亚、中亚、中东、欧洲、非洲等地区有代表性的20多个国家，采访对象既有比亚迪、中兴这样的知名大公司，也有WOOK、正义网络等中小微公司；既有深圳中集、深圳地铁这样的国有企业，又有基伍手机、大族激光等民营公司；既有IT等高科技行业，也有不为人所熟悉的现代农业、远洋渔业。

该系列报道与央视等国家级媒体在同类型报道上，打出了差异牌，为地方台结合本土特色，做好国家战略题材的宣传报道做出了良好示范，有针对性地阐释和剖析企业“走出去”的真实经历，提供一手资料，有业界专家评价此系列报道“可作为推进‘一带一路’的教学片”。

三、应对媒体融合大势，电视新闻跨界融合报道初见成效

媒体融合时代，以“互联网+”的思维方式开展的新闻传播实践，打破了传统的行业壁垒、专业壁垒、职业壁垒和媒介壁垒，界外的参与和融合，成为媒体融合的一个重要途径与方式。电视新闻报道领域的界外参与和融合，在今年的中国新闻奖参评获奖作品中已经是“小荷已露尖尖角”了。新华社作为国家通讯社，这些年来打破以文字新闻和新闻摄影为主打产品的固有模式，大力打造和建设音视频媒体、网络媒体、移动互联网媒体，形成了新闻传播的矩阵态势，其中新华社全媒体报道平台（获第二十七届中国新闻名专栏一等奖）尤其出色，该平台近年来制作了一系列优秀融合视频作品。在今年参评的中国新闻奖作品中，除了上述的微电影《红色气质》之外，获本次电视新闻系列报道一等奖的《新华社特约记者太空日记》，也是由该平台出品的。这个系列报道呈现出立体多元的传播效果。在融合报道方面，开创“天地结合”的全新报道形式：两位航天员以“新华社太空特约记者”的全新称谓，首开世界新闻史上记者从地球之外的太空上发回报道的先河，有效吸引了受众和网友们的关注。

海外网友CHEN说：“收看太空人的日记，太有意思了。新华社这个创

意真绝妙。”BBC 记者罗宾·布兰特在社交媒体通过个人认证账号发文评论称：“新华社太空特约记者报道比 BBC 的报道领先一步。”

“新华社特约记者太空日记”系列报道，围绕重大主题进行突破性创新，用互联网思维构建新的报道视角，内容独家，跨界融合，表达新颖，互动充分，全媒体呈现，成为全国媒体融合报道的标志性作品之一，在我国新闻报道史上，会留下浓墨重彩的一笔。

四、面对媒体融合的挑战与机遇，电视新闻报道转型和创新任重道远

媒体融合的大趋势给电视新闻业带来了极大冲击，受众分流现象明显，电视开机率持续走低，电视业的危机日益明显。但也应该看到，以移动互联网为先导的媒体融合，给电视业的转型提供了机遇。美国学者戴维·阿什德在其《传播生态学》一书中说，“信息技术和社会行为之间的互动是信息文化的一部分，信息技术被融入某些社会行为的方式，而同时它又为所有不同的社会行为提供发展的机会”。互联网技术改变了传统的信息传播模式，给不同行业、不同介质的传播渠道提供了跨界融通的机会，这样媒体融合就有了技术平台和实施条件。对于传统媒体而言，抓住机遇，乘势而上，这就是最好的机遇；抱残守缺，不思进取，无异于束手待毙。新的电视传播模式代替旧的传播模式，这是一个自然规律。检阅第二十七届中国新闻奖参评获奖的电视类和视频类作品，我们既看到电视业在当下面临危机时所做的艰辛探索和由此取得的成果，也看到一些旧的观念和传统报道模式仍然在束缚着电视从业者的头脑和手脚的痕迹。正因为如此，在参评获奖的作品中，堪称精品的寥若晨星，相当一部分节目仍然固守着传统电视新闻传播的一些条条框框，给人以似曾相识、缺乏新意之感。反观一些创新的作品，恰恰是跨界的媒体生产制作出来的。这从另一个角度说明走融合创新之路，对于传统电视媒体转型具有多么重要的意义。衷心祝愿中国电视业在融合创新的转型之路上，迎来新的青春。

（本文由笔者和中国传媒大学硕士生张伟、田晓凤合作，原载于《中国记者》2017 年第 11 期）

中国新闻奖首设的“媒体融合奖项”获奖作品评析

摘要：2018年11月2日，第二十八届中国新闻奖评选结果公布，共评选出348件获奖作品。与往届不同的是，今年的中国新闻奖首次增设了“媒体融合奖项”。在参评的100件媒体融合作品中，共有50件作品获奖，其中特别奖1件，一等奖10件，二等奖15件，三等奖24件。获奖作品包括融媒短视频、融媒直播、融媒互动、融媒栏目、融媒界面和融媒创新六大类型，形式多样、别具一格的融媒体作品让人耳目一新。本文对这些获奖作品进行评析。

关键词：媒体融合；中国新闻奖；主流媒体

一、重大直播报道技术化

新闻融媒体作品的一大特色是数字技术在新闻报道中的创新与应用。《中国新闻奖媒体融合奖项评选办法》明确规定了参评作品的范围为“于上一年度应用数字技术、移动互联网技术进行融合传播的新闻作品”。今年中国新闻奖的媒体融合奖特别奖作品《两会进行时》是人民网法人微博发布的融媒直播作品。2017年两会期间，平台累计直播时长超过120小时，累计观看达1.38亿余人次，其时间之长、规模之大、成果之突出，开创了传统媒体新闻网站长时段直播历史的先河。直播的节目内容丰富，有部长通道、人大闭幕式、总理答记者问等环节的同步直播，还有人民日报记者在两会现场进行的独家点评。前方报道与演播室访谈相互穿插,并配有会场花絮和创意微视频,形式可谓丰富多样。

而这场直播面临的最大挑战就是技术问题,如何在全天候直播的过程中保障信号稳定传输,如何打造可靠的网络环境,人民网在技术层面进行了充分准备。基于2016年研发的移动直播平台这一技术储备,节目团队在极短时间里,搭建了一站式移动直播解决方案,包括内容采集、实时转码、分发加速、网络优化等核心功能。在输出端口方面,除PC端、手机客户端口外,网络电视部为《两会进行时》制作了微信小程序,通过小程序的"两会"和"推荐"两个板块,实现微信实时观看及分享。

两会中的VR直播是今年获奖作品的又一大亮点。二等奖作品《"钢铁侠"VR直播:全国政协十二届五次会议新闻发布会》是2017年3月光明网"钢铁侠"多信道直播云台首次开展的全国两会报道,这套直播设备一亮相,就引起了广泛关注。"钢铁侠"多信道直播云台是光明网打造的全媒体报道单兵设备,记者通过穿戴式云台,单人操作该系统集成的平板电脑、VR全景相机、高清摄像头、录音设备等,通过云控制台、云存储及流媒体服务系统,同时为15家平台提供高达3K画幅、4M码流的视频和VR信号,记者还可以一键同步实现PC端、新闻客户端及H5页面等跨平台视频内容的分发与适配,观众无须安装任何软件,就可以通过手机裸眼观看高清VR直播。

在获奖作品中,还有诸如抠像技术、人脸识别、3D空间设计等都得到淋漓尽致的体现,极大地丰富了新闻作品的表现手法。中央出台的《关于推动传统媒体和新兴媒体融合发展的指导意见》指出"推动媒体融合发展,要将技术建设和内容建设摆在同等重要的位置",要"以新技术引领媒体融合发展、驱动媒体转型升级"。新传播环境下,新闻生产必须适应新媒体传播特点,依托先进技术,优化呈现和传播方式。通过综合运用多媒体表现形式,实现新闻作品从可读到可视、从静态到动态、从一维到多维的升级,满足多终端传播和多种体验需求。

二、突发危机事件报道现场化

利用手机开展直播报道,打破了以往广播电视直播装备重、声势大、受各种因素影响，难以深入突发事件现场的局限。记者手持手机，可以方便地深入突发事件现场，开展直播报道。受众同步跟随记者的视角和解说，观察突发事件，体验突发事件报道。获融媒短视频一等奖作品《柳州融水突围记丨广西日报记者“失联”数十小时，在穿越 40 处塌方后发回灾区最新画面！》，报道的是 2017 年 8 月，广西柳州融水杆洞乡突发两次山洪，通信、水、电全部中断，成为“孤岛”。广西日报社紧急成立融媒体专项报道组，记者第一时间赶赴灾区一线，用手机记录和直播了当地乡镇干部组织营救、自救的珍贵视频画面，并结合背景信息，运用网络语言将拍摄的短视频精心编排成为一篇记者突围险境的冒险新闻故事。

这组短视频新闻全面、迅速、准确地采集与传播了新闻现场的关键信息，回应了社会关注，新闻价值巨大，成为很多媒体的暴雨灾情权威信源，获大量转载；在微博、微信、客户端等多条渠道发布，新闻素材得以充分有效利用，呈现形式融合了图文、视频、直播等多种媒体报道形式，现场感强，引发了读者强烈的共鸣。在回应社会关注焦点、及时辟谣的同时，生动呈现基层党员干部在暴雨洪水灾情面前，把人民群众生命放在第一位，勇于跑在灾情第一线，有组织、有纪律、有担当、有作为的优良品质。

如此重大的题材，广西日报反应迅速，充分利用了融媒体报道时效性强、新闻信息容量大的特点，采用新闻事件现场目击加直播的直击报道方式，由于报道及时，真实、现场感强，有效制止了流言及谣言的传播，起到了正确引导舆论的作用，提高了传播的影响力。

三、呈现方式多样化

融媒体新闻报道的最大优势，就是涵盖了所有媒体的报道形式，呈现方式丰富多彩，无论文字、图片、音视频还是 VR、H5，融媒体作品中都可以灵活运用。在融媒体获奖作品中，可以看到，除了文字稿件、图片、音视频之外，还有很多是“产品”“朋友圈直播”“互动问答”“报告”“思维导图”等新鲜的形式。多种呈现方式，也更加吸引受众注意，提供给他们更多的选择空间。

澎湃新闻制作的《长幅互动连环画丨天渠：遵义老村支书黄大发 36 年引水修渠记》获得融媒体界面类一等奖，该作品不落俗套，创新了主旋律报道和典型人物报道的表达方式，取得了很好的传播效果。作品是一幅长达17页的H5作品，以水为主线，用下拉式长幅连环画、渐进式动画、360度全景照片、图集、音频、视频、交互式体验等多种报道形式，全景展现了黄大发带领老一代修渠脱贫、带动新一代致富的历史长卷。背景音乐浑厚雄壮，凸显了黄大发的人物形象；民谣、山洪、炸药的音频增加了报道的接近性，让受众有身临其境的感觉；为了提高新闻的真实性，采用村民的同期声，也借由村民之口，评价黄大发为修渠不懈努力、无私奉献的大半辈子，同时配以文字解说，方便受众明白理解。整个H5制作与画风选用了朴实且带有平面装饰意味的黑白风格创作，角色处理采用写实的手法，同时穿插人物照片，生动传神，画面背景与人物主体关系黑白布局得体，以金色作为点缀，稳重大气又不失活跃的细节，提高了事件还原的真实度，在这个新媒体与手机阅读时代，带给了读者更全面立体、更轻松，却更震撼的阅读体验。

另外一部一等奖作品《"央广主播的朋友圈"系列H5报道》是央广新闻节目中心新媒体部成员内部创新生产的原创作品。该作品是业内首次使用虚拟朋友圈与主播实拍视频抠像结合的方式，来构建一个适合在受众朋友圈传播的两会报道产品。用户点击链接进入后，好像进入了真正的微信朋友圈，在一个全屏模拟朋友圈的画面中，央广主播王小艺就站在屏幕右下角，通过滑动、点击等肢体动作，口播解读朋友圈里的内容，少了宣传解读式的报道，朋友圈的内容更像是同事朋友之间的交流对话，容纳了图文和音视频等各种内容，生动、有趣又具备良好的内容价值，具有鲜明的新媒体产品特点。虽然不是用户亲自点击，但是王小艺点击朋友圈图片的放大效果、点击朋友圈视频的播放效果，与受众自己的点击感受完全相同，没有丝毫违和感，这一场景像是普通人们的日常生活常态，极易使受众产生沉浸式的体验，必然能吸引受众注意，产生良好的传播效果。

四、受众参与互动化

观察融媒体类获奖作品可以发现，与其他类型的获奖作品相比，这类作品与受众的互动性更强，受众的参与度更高，这与融媒体作品本身具有的技术手段、呈现方式等方面的优势密不可分。无论是《柳州融水突围记丨广西日报记者“失联”数十小时，在穿越 40 处塌方后发回灾区最新画面！》《长幅互动连环画丨天渠：遵义老村支书黄大发 36 年引水修渠记》《“央广主播的朋友圈”系列 H5 报道》，还是其他诸如《你收到的是 1927 年 8 月 1 日发来的包裹》《最奇妙的一日游 看砥砺奋进的浙江嘉善》等，融媒体获奖作品大部分都呈现出竖屏化的观看特征，只要动动手指，轻轻一划，就可以轻松参与。这与人们选择观看新闻的接收渠道有关，移动互联网时代的崛起，使手机成为人们获取信息的首要工具，竖屏化的呈现更加符合受众的观看习惯，提高了受众的观看体验。《中国新闻奖媒体融合奖项评选办法》规定了“原创并在其移动端首发”，契合了新闻产品移动化的趋势。

除此之外，今年中国新闻奖融媒体获奖作品中，H5 作品占了很大比重。在一等奖作品中，除了《长幅互动连环画丨天渠：遵义老村支书黄大发 36 年引水修渠记》《“央广主播的朋友圈”系列 H5 报道》，还有人民日报客户端推出的引爆朋友圈的《“军装照”H5》。为纪念建军 90 周年，人民日报客户端借助人脸识别、融合成像等技术，制作了互动 H5 作品《快看呐！这是我的军装照》（简称“军装照”H5），只要扫描二维码，选择年代和性别，再上传正面照，就可以生成自己的虚拟“军装照”。流程方便简单，互动性强，实现了“沉浸式传播”。“军装照”H5 发布后，立即形成了“裂变式”的传播，不同年龄、区域、行业的网友都踊跃生成、分享自己的“军装照”，在网络上形成刷屏效应。“军装照”H5 成为把爱国主义植入融媒体作品的现象级力作，也成为融合报道的经典成功案例。

同样为纪念建军 90 周年制作的还有由中国军网、军报记者微博、腾讯新闻客户端等联合开发的 H5 作品《你收到的是 1927 年 8 月 1 日发来的包裹》。该作品依据军报刊登的文章——《波澜壮阔 90 年，难忘的 90 个第一》进行的二次创新。主体设计成文字快闪与答题抽奖两部分，在文字快闪部分，首先出现在眼前的是一份包裹，显示的是从 1927 年穿越而来，点击签收后出现一枚八一军章和一把火炬，作品由此展开，以快闪的形式展示了从 1927 年南昌起义开始的中国人民解放军 90 年的光辉历程。观看完毕后受众可以传递火炬，进行转发并参与互动答题。这成为纪念建军 90 周年众多作品中效果突出的优秀作品。该 H5 作品上线后，全网总计参与人数达到 688 万，通过头条问答、微头条等渠道参与传递活动的人数总计约有 5400 万。

《中国新闻奖媒体融合奖项评选办法》中,在中国新闻奖中设立媒体融合奖项是顺应传统媒体和新兴媒体融合发展趋势,巩固宣传思想文化阵地、壮大主流思想舆论的重要举措,有利于贯彻落实中央关于推动媒体融合发展的决策部署,发挥新媒体传播优势,提高新闻舆论传播力、引导力、影响力、公信力。通过这些获奖作品,我们也确实看到融媒体的强大生命力。习近平总书记曾强调,要研究把握现代新闻传播规律和新兴媒体发展规律,运用互联网思维,推动传统媒体和新兴媒体融合发展,构建立体多样、融合发展的现代传播体系。而作为中国新闻行业的风向标,中国新闻奖此次进行如此重大的奖项新设,更是代表了行业内对媒介融合发展的高度关注,相信有了融媒体作品入驻中国新闻奖,媒体融合结出的果实,将会以更加新鲜娇艳的颜色,展示在大众的面前。

(本文由笔者和中国传媒大学硕士生田晓凤、张伟合作撰写,原载于《中国记者》2018 年第 11 期)

保持人民情怀　记录伟大时代

——第二十八届中国新闻奖获奖作品评析

2018 年 11 月 2 日，第二十八届中国新闻奖评选结果揭晓。来自全国各级各类媒体的 348 件作品获奖，其中特别奖 5 件，一等奖 62 件（含 10 个新闻名专栏），二等奖 98 件，三等奖 183 件。阅览 2018 年中国新闻奖获奖作品，抚卷遐思，感慨万千。这一篇篇获奖作品浸透了新闻工作者的辛勤汗水，凝聚了新闻工作者的集体智慧，展示了新闻工作者积极探索的创新步伐，体现了新闻工作者敬业求实的专业品质。他们报道的这些优秀作品，将激励更多新闻工作者生产出有思想、有温度、有品质的新闻作品，尽职尽责做党的政策主张的传播者、时代风云的记录者、社会进步的推动者和公平正义的守望者。本文将从三个方面，对第二十八届中国新闻奖获奖作品做出评析。

一、获奖作品的主要特色

本届获奖作品，除了符合“中国新闻奖评委员会倡导坚持正确的政治方向、舆论导向、价值取向和工作志向”①的基本要求以外，还具备以下几个鲜明的特点：

（一）政治导航，突出主题宣传

习近平总书记在“2 · 19”讲话中强调，党的新闻舆论媒体的所有工作，

① 中华全国新闻工作者协会.中国新闻奖评选报告（第二十七届）[M].北京：新华出版社，2018：12.

都要体现党的意志、反映党的主张，维护党中央权威、维护党的团结，做到爱党、护党、为党。① 而牢牢把握正确政治方向和舆论导向，做好主题宣传，让党的主张成为时代最强音，更好服务党和国家工作大局，是所有新闻作品的应有之义。本届获奖作品，从“两会”、建军90周年、十九大等重大主题主线活动，到脱贫攻坚、反腐倡廉、科技创新、港珠澳大桥建设等热点话题和热点事件，都一一囊括。这些主题主线报道都成为时代的“风向标”，为新时代中华民族实现伟大复兴的中国梦提供了积极健康的舆论氛围。

2017年，主流媒体和广大新闻工作者紧紧围绕以习近平同志为核心的党中央治国理政的伟大实践，“忠实记录人民群众的伟大创造，充分展现时代的精彩画卷，高声唱响民族复兴的奋进凯歌”②。其中关于扶贫攻坚和十九大的报道，成为获奖的“富矿”。

宣传十九大这一重大主题的作品，包括特别奖文字评论《领航，思想的力量开辟新时代》、网页设计《央视网零首页十九大特别报道矩阵设计》，一等奖新闻摄影《习近平等领导同志亲切会见出席党的十九大代表、特邀代表和列席人员》、广播消息《拥抱新时代，担当新使命——习近平参加党的十九大贵州省代表团审议侧记》、融媒创新《领航》和融媒互动《“点赞十九大，中国强起来”》等，多达24项，约占总获奖作品的7%。这些报道从不同角度介绍了十九大、传播了习近平新时代中国特色社会主义思想的内涵及其对中国和世界的影响等。

据统计，本届获奖作品中，与脱贫攻坚主题相关作品有38篇，约占总获奖作品的11%。特别奖深度报道《中国反贫困斗争的伟大决战》，一等奖电视专题《刘桂珍：四副担子一肩挑》、电视系列《为了人民》、网络专题《绝壁上的“天路”》和国际传播《你所不知道的中国（第三季）》，二等奖广播专题《中国扶贫第一村脱贫之后》，三等奖文字消息《河池脱贫经验“出口”亚非国家》、广播直播《精准扶贫，我们在路上——隰县第七届玉露香梨花节》、广播系列《决战贫困——莽莽黔山脱贫攻坚纪行》、电视系列《扶贫周记》、电视消息《“一户一马”？“一户一码”！》、国际传播《“苏区”脱贫攻坚彰显山东力

① 习近平在党的新闻舆论工作座谈会上强调 坚持正确方向创新方法手段 提高新闻舆论传播力引导力 刘云山出席[N].人民日报，2016-02-20(1).

② 白瀛，史竞男，施雨岑.记录伟大时代 凝聚奋进力量[N].新华每日电讯，2018-08-17(3).

量 红都瑞金长出绿色“寿光菜”》和网络评论《“一口水也没喝上”的扶贫问题出在哪儿?》等,从不同主角、不同地域,以不同形式、不同角度展现了中国扶贫攻坚、全面奔小康的时代进程。

2017年是中国人民解放军建军90周年。新闻工作者以H5、文字报道等不同形式,报道了建军90周年纪念活动和中国人民解放军的发展历程。一等奖文字消息《习近平首次沙场阅兵 号令解放军向世界一流军队进发》、文字系列《以习近平同志为核心的党中央领导推进强军兴军纪实》、电视直播《庆祝中国人民解放军建军90周年特别节目》和融媒互动《“军装照”H5》,二等奖融媒互动《铁血铸军魂H5》和融媒创新《军报纪念建军90周年特刊·阅兵专号:沙场点兵》,都以不同的报道形式和报道手法,将人民解放军建军90周年的主题宣传生动形象地表现出来,引起了社会的强烈关注。

关注2017年热点事件,有关港珠澳大桥这一伟大工程建设的报道,有一等奖文字消息《创造港珠澳大桥的“极致”》、二等奖新闻摄影《龙腾港珠澳》和三等奖融媒互动《我为港珠澳大桥完成了“深海穿针”》3件。一等奖电视评论《减产为何却增收?》、广播专题《归途》、广播系列《大漠风流》,二等奖广播评论《“藕遇白鹤”是喜是忧》和《生态资源大省的尴尬与抉择》,三等奖文字通讯《一粒小麦变身500种产品》《“一颗土豆”的供给侧改革》、文字系列《乡镇污水去哪了》、广播专题《幸福王家“规矩”多》、广播访谈《那片绿,那群人》和电视专题《“治沙愚公”王银吉》等作品,则记录了供给侧改革、生态治理等经济和社会进步的进程。

(二)不忘初心,保持人民情怀

为中国人民谋幸福,为中华民族谋复兴,是中国共产党人的初心和使命。新闻事业是党的事业的重要组成部分,要保持人民情怀,就要求作品以人民为中心,把视点对准人民群众,讴歌人民。这是新闻媒体保持“初心”的最重要的标志。聆听百姓呼声、反映群众心声、回应人民关切,既是我国新闻媒体坚持“以人民为中心”的工作导向的生动体现,也是新闻媒体积极承担社会责任的应有之义。本届中国新闻奖参评和获奖的作品中不乏大量围绕民生、反映民意的优秀新闻作品,不仅扩大了新闻的社会影响力,更有力地传递了社会正能量,达到了凝聚共识、引领舆论的效果。

聚焦平凡人物，讲好民生故事。一等奖文字通讯《“见字如面”23年》是记者在兰州火车站采访时偶然获悉的线索，记者把镜头对准一对平凡夫妻在23年里共同写下的“家庭日记”。日记记录了他们在工作中的聚少离多和牵肠挂肚，反映了普通中国人的爱情故事和纯情家风。二等奖文字消息《收养脑瘫儿14年 环卫工夫妇感动众人》是一篇“从平凡中发现不平凡、以小人物传播大能量”的报道，记者深入基层时获悉上述故事，随后深入环卫工人家里，真实记录下孩子与一家人相处的过程，展示了这个特殊家庭的悲欢喜乐。二等奖网络专题《十八洞的19张笑脸》关注了十八洞村村民的脱贫生活，以具像的手法记录了19位脱贫村民最具代表性的笑脸。

坚持直面问题，回应民生关切。二等奖调查性报道《这28项治疗我都没做过》正视医疗弊端。为了做这项报道，记者历时一个多月，三次赴现场明察暗访，揭露某些公立医院利用老人虚开治疗费，套取财政资金的乱象。这篇调查性报道揭露了少数基层医疗机构存在的问题，及时回应民众关切，也带出了对现有医疗机构管理制度的思考，具有很强的现实意义。电视专题三等奖《翠翠的艾滋高考纪念册》以高三学生翠翠为报道对象，反映了艾滋病学生面临高考难、入学难、学习难等诸多问题。获新闻名专栏一等奖的华龙网《百姓故事》栏目，聚焦基层，对准小人物，着力挖掘普通人物的闪光点，讲述百姓故事，彰显基层人物的担当与大爱，以达到“用中国人和中国家庭的精彩故事阐释‘中国梦’”的目的。二等奖文字评论作品《民生实事莫沉迷于“数字突破”》就是以此为切入口，关切百姓关注的热点，指出关乎民生实事的每个数字，都应是沉甸甸的，切不可患上“数字焦躁症”，追求所谓“乘数效应”“几何级增长”的“数字GDP”。二等奖文字通讯《共享单车停放难倒13条热线》，及时捕捉社会现实生活中出现的新问题，记者通过采访手记的方式，为解决问题提出了建议，最终督促政府有关部门开始对“共享单车停放混乱”问题进行治理。

发挥融合优势，贴近民生热点。二等奖融媒直播《浙江一小时·急救|记者跟拍直升机到山区接病人》，关注浙江空中急救网络，以记者视角进行直播，完整客观地记录了一次空中医疗急救的全过程，从各个视角、各个方面全方位捕捉到过程中的具体细节，展现了浙江省为民打造的“一小时医疗圈”。二等奖融媒栏目《现场新闻》推出《别再传了，北京大雨的真实视频都

在这儿》《留守儿童足球梦》等一系列优秀新闻作品，紧跟民生热点、难点、焦点事件，主题鲜明、形式灵活。二等奖融媒短视频《网红店假排队调查》关注网红店排长队、一座难求的社会热点问题。记者通过三个月的卧底，以顾客、黄牛、网红店主等身份进行实地暗访，探究"网红店排队热"背后的深层本质——究竟是供需不平衡还是恶意炒作，在给公众还原了真相的同时，也为市场监管部门提供了线索和帮助。

这些作品，为受众提供了一幅丰富的民生图画，生动地再现了百姓的真实生活情景；这些作品使受众感动，使群众受益，字里行间流淌着温润与执着，是对"以人民为中心"思想的最生动的诠释。

（三）深入生活，记录伟大时代

"文章合为时而著"。作为时代记录的新闻报道，更需要与时代同频共振。优秀的新闻报道，始终与党中央保持高度一致，弘扬主旋律，发出时代最强音，有效回应现实关切。习近平总书记说，"我们正在进行具有许多新的历史特点的伟大斗争"①。置身时代洪流中，书写伟大斗争，记录民族复兴伟业，是新闻工作者的职责与使命。优秀的作品，能展现出新闻工作者"四力"的深厚功底，记者不但要学会"站在田间地头找感觉"，在细微深处感受时代的变化，还要学会"站在天安门上想问题"，于大局中洞察时代的发展。

优秀的新闻作品往往善于立足当前的重点工作和社会热点，从中发现能够反映社会发展进程和时代前进方向的选题。一等奖新闻名专栏《今日评说》坚守主流媒体价值观，注重新闻评论的深度、精度和力度，及时传递重大决策，回应群众关注话题，引导社会舆情。在选题和内容上，围绕党的十九大、全国两会、G20 杭州峰会、世界互联网大会、"一带一路"国际合作高峰论坛等大事要事，及时传递重要精神。同时，以问题意识和传播效果为导向，在转型阻力、改革堵点、干部作风这样的问题上，精准发力，推出《该拆不拆 难在哪儿?》等一批舆论监督类作品，积极响应当前中国和浙江的改革攻坚进入深水期的时代要求。一等奖广播编排类作品"10 月 1 日《央广新闻》

---

① 习近平在全国宣传思想工作会议上强调 胸怀大局把握大势着眼大事 努力把宣传思想工作做得更好[N].人民日报，2013-08-21(1).

（10：00—10：30 档）”，在《国歌法》施行首日这一重要时间节点，从国家电台首次执行《国歌法》切入，半个小时内串联起国歌诞生历程、开国大典场景回顾、国歌立法背景及意义拓展等内容。作品条理清晰，声音丰富，体裁多元，灵活运用各种新闻手段，充分解读中国人民在不同历史时期展现出的坚定的爱国信念和民族精神。通过对《国歌法》的解读，鼓励和倡导正确表达爱国情感，培育和践行社会主义核心价值观，弘扬和传承爱国精神，提升公民国家观念和爱国意识，是一件着眼细微解读历史事件核心意义的匠心之作。

记录伟大时代要能够做到大处着眼，小处入手，巧妙设置议题，善于谋篇布局，围绕主题进行深入浅出的分析，呈现大主题中的小细节，挖掘大时代里的小故事，让受众可知可感，真正使新闻作品发挥举旗帜、聚民心的导向作用。一等奖报纸副刊《大风歌》紧扣建军九十周年的历史节点，呼应“建设世界一流军队”的时代号召，选取极具代表性和特殊性的革命队伍——叶挺独立团为切入点，文笔流畅，情感真挚，细节翔实，人物立体，使宏大主题的书写变得可触可感，可读性强。二等奖文字消息《寸土寸金地 让与贫困户》，通过简短的救灾事实巧妙体现出基层党员干部思想认识的提高，视角独特，以小见大，在众多扶贫报道中脱颖而出，为推进湖南全省易地扶贫搬迁提供了好的经验，起到了示范作用。习近平总书记在 2015 年 2 月 10 日提出，要疏解北京“非首都功能”，北京由此拉开了疏解各类批发市场的序幕。二等奖广播消息《再见，天意市场》选取北京规模最大的小商品批发市场——天意市场闭市为切入点，通过生动的广播语言，展现了闭市前市场各方的态度，以小见大地展示了疏解整治的现实成果，凝聚了社会各方对疏解北京非首都功能的共识。

“纸上得来终觉浅，绝知此事要躬行。”对伟大时代的记录，需建立在记者深入生活的基础之上。记者没有深入生活、深入实际、深入人民的精神，没有用脚丈量中国大地的行动，就创作不出优秀的作品。正如本届中国新闻奖获奖者、新华社国内部主任记者何雨欣在采写手记中所言，《中国反贫困斗争的伟大决战》这篇报道就是“用脚绘出时代最动人的画卷”。自 2016 年 8 月开始，新华社总社和 7 个分社的 13 名记者，历时整一年，深入 14 个集中连片特困地区，采访了成百上千的贫困家庭和扶贫人物，收集了六七十个故事，才成就了这篇特别奖。她坦承：“调研报道没有捷径，用脚写出的稿子才最有力量。”在采写这篇报道时，他们把绝大部分时间都花在了路上，因为贫困地区的交通一般都非常不方便，道路往往艰险无比。在几次采访中，他们还遇到了泥石流。一次在采访一个“悬崖村”时，山下的村小组和山上的村小组之间，都要走大半天，而且还要在悬崖峭壁上爬一段。为了给听众展现一幅纵贯 60 多年的辽宁西北部生态治理画卷，《大漠风流》的记者在彰武县就采访了两个多月，采访对象多达 100 多人，从年过八旬的第一代造林人，到新一代的“海归”科研工作者，再到沙产业的创新、创业人，从而挖掘出这片大漠上不同时代的“风流”故事。湖南广播电视台新闻中心在报道《为了人民》时，曾派出 8 个摄制组，组织近 30 名记者、摄像师，分赴湖南省脱贫攻坚的主战场武陵山片区和罗霄山片区，新闻工作者与扶贫队员同吃同住同思考，多次往返拍摄，行程近万里，真实、细腻地记录了 8 位驻村扶贫队长扎根一线、甘于奉献的扶贫故事。二等奖新闻摄影作品《孤岛 · 夫妻 · 三十年》，是记者花了三年时间，经常冒着八级海风深入人迹罕至、条件艰苦的孤岛跟踪拍摄，才记录下的“孤岛夫妻哨”的感人故事。《创造港珠澳大桥的“极致”》这篇消息，是记者深入伶仃洋水下近 50 米深的海底隧道现场，意外捕捉到的“活鱼”。这些精品之作，都是新闻工作者用脚丈量大地的结果，而“脚到、眼到、心到、笔到”也成为记者的“绝技”。

（四）守望正义，突出问题导向

舆论监督是党和人民赋予新闻媒体的一项基本的社会功能。习近平总书记多次强调舆论监督和正面宣传是统一的，要求新闻媒体要直面工作中存在的问题，直面社会丑恶现象，激浊扬清，针砭时弊。舆论监督工作始终致力于发现社会生活中的矛盾和问题，引导社会公众及相关部门进行反思和讨论，最终以提升工作质量和水平、解决实际问题、维护社会稳定、推进公平正义为根本目的，真正将新闻媒体成风化人、凝心聚力，澄清谬误，明辨是非的职责使命落到实处。这要求新闻工作者树立正确的舆论监督观念，掌握专业的舆论监督方法，真实、客观地反映问题，进行有建设性的批评，最终推动实际问题的解决。通览本届中国新闻奖参选作品，不乏通过建设性的舆论监督推动我国政府及相关部门改进实际工作，扭转社会不良风气的精品力作，充分体现出当代新闻记者、媒体的社会责任。

二等奖通讯作品《半年要评比 5 次 交叉检查变“拆台”》的记者调研发现内蒙古脱贫攻坚工作中出现的频繁迎评送检、填表报数等问题，以扶贫领域的四风问题为切入口，揭示了形式主义对脱贫攻坚工作带来的不良影响，有力推动了政府转作风，遏制了无效评比检查的蔓延。二等奖文字评论作品《警惕形式主义披隐身衣卷土重来》的记者从一篇题为《送温暖无需兴师动众》的读者来信中获取灵感，结合自身在基层挂职、蹲点调研的亲身体验和一手资料，对形式主义更隐蔽的表现进行了深层画像。作品引经据典，蕴含思想性，结合案例，可读性强。

问题是创新的起点，也是创新的动力源泉。只有聆听时代的声音，回应时代的呼唤，认真研究解决重大而紧迫的问题，才能真正把握住历史脉络，发现社会发展规律，推动理论和实践创新。新闻舆论工作者要树立问题意识，以新闻报道引领社会、警醒社会、影响社会，使新闻报道成为激浊扬清、守望社会公平与正义、推动社会和谐发展的助推器。

本届新闻评选当中涌现出一大批具有问题意识，敢于直面社会生活和工作中的重大问题，针砭时弊、激浊扬清的优秀新闻作品。2017 年前三季度，山西省 GDP 增速达 7.2%，三年来首次超过全国平均水平，乐观欣喜之声迭起。对此，《山西日报》敏锐地察觉出其中隐藏的问题，率先发表评论《不要让耀眼数字迷了眼睛》，指明当前山西正处于爬坡过坎转型疾行时期，要摒弃小富即安、沾沾自喜的心态，杜绝打退堂鼓、走回头路的倾向，切勿被耀眼数字迷了眼睛。评论高点思考，痛点落笔，及时厘清错误倾向，扭转错误认识，对于全国经济的发展也具有一定的参考价值，获得中国新闻奖二等奖。

三等奖作品《“一口水也没喝上”的扶贫问题出在哪儿?》，瞄准扶贫干部一口水也没有喝上的现状，敏锐地察觉出扶贫工作背后的四风问题，提出扶贫工作要努力做到进得了门、说得了话、交得了心，化解百姓心愁，打开百姓心结，敞亮百姓心扉。记者具有强烈的问题意识，切入点巧妙，一针见血地指出问题，起到了良好的舆论引导作用。

2017 年，以“解决最后一公里”为口号的共享单车席卷全国各地。而三等奖摄影作品《共享单车，谁惹了谁?》并未跟风报道共享单车的火热现状，而是冷静思考，用 8 幅图片展现“共享红利”的另一面——共享单车“失控”

问题。组图既有全景拍摄,又有细节抓取,系统而较全面地记录了共享单车带来的惊人的资源浪费和对城市交通的影响,具有强烈震撼力,引人反思。有志愿者利用鄱阳湖周边藕田为越冬白鹤"建食堂",不仅解决了白鹤觅食栖息问题,也吸引了不少游客前来观鸟。江西广播电视台制作《"藕遇白鹤"是喜是忧》,在"藕遇白鹤"引发一片喝彩之时,没有一味追捧热点,而是冷静思考其带来的生态保护新问题和潜在压力,提出未来候鸟保护的市场运作和长远机制新思路,角度新颖独特,对鄱阳湖越冬候鸟长远保护意义重大。

当前涉华舆论泥沙俱下,舆情复杂。一等奖新闻论文《理性对待西方涉华舆论》敏锐察觉到我国国内存在非理性地看待涉华言论的苗头,针对当前舆论场"一听到批评就满腔怒火,一看到赞扬就沾沾自喜"的不良倾向可能带来的不利影响,明确指出我国作为一个大国,应以一种成熟和理性的心态对待国际舆论场中的各种声音,避免盲目乐观和消极悲观,以防落入圈套,具有很强的现实针对性和实用性。

(五)聚焦典型,讲好中国故事

先进典型身上烙有时代的印记,是时代精神的优秀代表。每一个先进典型的背后,都有着一个动人的故事。抓准了先进典型,也就抓准了时代主旋律;报道好了先进典型,在一定意义上也就讲好了中国故事。我国主流媒体历来都重视典型报道,因为典型报道是传播正能量、引导舆论的有效手段之一。习近平总书记强调,要多宣传报道人民群众中涌现出来的先进典型和感人事迹,丰富人民精神世界,增强人民精神力量,满足人民精神需求。

抓准典型,报道好典型,是讲好中国故事的重要方法。正面的典型,并不需要十全十美,但一定要有时代精神,符合主流价值审美取向。"典型形象的魅力,更多来自于独立自主生命个体的特殊经历、精神气质和个性品质。"①这也意味着典型人物虽然是时代的先锋和代表,但并不是说他完美无瑕、没有个性,恰恰相反,不回避现实矛盾,不隐瞒典型人物的缺点,把典型人物还原成有血有肉、吃五谷杂粮的"现实人",反而更接地气,更能引起共鸣。好的作品还善于把典型人物放在现实的环境中进行刻画,因为"人创造

① 陈伟军.典型人物的报道策略与文学技法[J].新闻与写作,2018(9):110.

环境，同样环境也创造人”，自然环境和社会环境对典型人物的思想和个性都会产生深刻的影响。在外部环境中，“人通过社会化的实践活动，作用于外部世界，实现自身的主体性”①。而除了真实的细节描写以外，对典型环境如自然景观、社会环境、人物关系等的描写，都是塑造典型人物、讲好故事的重要手段。

在全媒体时代，讲好中国故事，是主流媒体增强舆论引导力和影响力的基础。主流媒体不但要对外讲好中国故事，对内也要传播好中国故事。讲好中国故事，要以习近平新时代中国特色社会主义思想为指导，重点抓住五类故事：中国共产党治国理政的故事、中国人民奋斗圆梦的故事、中国坚持和平发展合作共赢的故事、弘扬中华优秀传统文化的故事和践行社会主义核心价值观的故事。

本届获奖作品，针对五类故事推出了许多先进典型。一等奖融媒短视频《公仆之路》以一镜到底的方式，再现党和国家领导人习近平从黄土地到中南海的公仆历程，树立了初心不变、始终如一、为民服务的公仆形象。《湖南日报》尝试创新科学家的典型人物报道，从趣味性、故事化、可读性入手，于 2017 年 3 月 20 日起连续推出 14 篇名为《走近科学家》（一等奖）的文字系列报道。该系列报道用生动的事实讲述了科学家鲜为人知的事迹，彰显了科学家务实创新的科学精神。二等奖深度报道《生命，为祖国澎湃》，刻画了黄大年这位时代楷模的爱国追求与科学情怀，展现了以黄大年为代表的科研工作者忘我拼搏、无私奉献的时代精神。二等奖电视系列《追忆钟扬》分别从一名科学家、一位援藏教师、一位追梦者三个角度，还原钟扬教授生前的点点滴滴，为观众树立了一个时代楷模的先进形象。三等奖报纸副刊《一个温暖的“发光体”》追述了政和县县委书记廖俊波的先进事迹，将人物精神品格融入时代背景和地域文化，抒写了新时代领导干部的新风范。

抓准典型、写好典型，离不开深入形成典型的环境中去观察调研。福建赤溪村因脱贫成功而全国闻名，记者深入赤溪村五天六夜，和村民、干部同吃同住，跟随村民生活、劳作，记录了赤溪村十几位受访对象的亲身经历以及真实的点滴生活，用广播的形式推出作品《中国扶贫第一村脱贫之后》，真

---

① 陈伟军.典型人物的报道策略与文学技法[J].新闻与写作，2018(9)：111.

实、客观、多角度、鲜活地展示脱贫之后村民朴实且幸福的精神面貌,生动地揭示了村民的主观能动性和内生动力。在习近平总书记提出精准扶贫四周年的节点,华龙网将目光瞄准巫山县下庄村的修路工作,派出了十余人的采访团队,前后持续一月余,深入天坑中的下庄村进行蹲点采访,并辗转多地联系走访,先后采访 20 余人,录制了近 500 分钟的视频素材,拍摄了 200 余张照片,最终推出网络专题《绝壁上的"天路"》。正是记者俯下身、沉下心的工作作风为新闻作品的深度、厚度、温度奠定了坚实的基础。

抓住典型、写好典型,也离不开记者敏锐的新闻嗅觉。除了从社会热点、焦点、难点中发现有价值的新闻线索之外,记者还应以发展的眼光追踪整个新闻事件的发展脉络,另辟蹊径,选择新的视角,在旧话题中发现新思路,使选题进一步深入。20 世纪 90 年代末,云南西畴县就以"苦熬不如苦干,搬家不如搬石头"的精神奋战石漠化而闻名。记者多年来持续关注这个老典型,并深入偏远村寨采访,挖掘提炼了"西畴精神"在打赢精准扶贫攻坚战中的新内涵——等不是办法,干才有希望,以小切口、讲故事的方式,用群众语言突出展现了贫困群众脱贫致富的内生动力,写作的消息《等不是办法,干才有希望》荣获中国新闻奖二等奖。

纵观本届中国新闻奖获奖作品,不难得出一个结论:唯有脚沾泥土,手抓"活鱼",才能真正写出反映人民生活、记录伟大时代的典型"中国故事"。

(六)抢占先机,展现中国形象

本届中国新闻奖参评作品,也不乏国际传播方面的力作。在重大国际问题上,我国新闻媒体始终坚持旗帜鲜明、立场坚定,对国际热点、焦点事件及时发声,抢占先机,主动设置议题,传播真实的信息,提供鲜明的观点,做出有力的回应,为维护我国政治安全、文化安全和意识形态安全作出了贡献。

近年来,中美关系存在诸多敏感问题,让很多关心中美关系的人对未来两国关系走向表示担忧。二等奖国际传播作品 *Uncertainty clouds China-US ties*(《笼罩中美关系的不确定性》)发表在美国总统特朗普就职当日,该报道通过对美国多位有影响力的中美问题专家的采访和分析,就中美贸易、朝鲜半岛无核化、"一个中国"原则、南海等重要、敏感的问题进行了全面、深入的分析,既有效传播了我方主张,其呈现方式又符合美国等国外读者的阅读习惯,体现了把我们要讲的和国外受众想听的结合起来的要求。面对贸易保护主义在美国抬头的趋势,针对美国总统竞选期间竞选人提出的一系列贸易保护主义承诺,《光明日报》以国家利益为出发点,立足国际公义,及时发表国际评论《谁抢走了美国人的饭碗》(一等奖),从就业、贸易、政治等各个角度对美国强词夺理的论调予以有力批驳,不仅澄清了谬误,也彰显了公理,发出了清晰有力的中国声音。

二等奖国际传播作品 *Commentary*: *Is China's B&R initiative just hegemony in disguise*?(《评论:中国"一带一路"倡议是披着外衣的霸权主义?》)发表在"一带一路"国际合作高峰论坛召开之际。该评论有针对性地批驳了海外舆论对"一带一路"倡议的误读,阐明中国立场,响亮发出中国声音。文章论述有力,有理有据,驳斥海外妄称中国利用"一带一路"谋求地区霸权或搞新殖民主义,强调倡议绝非中国寻求霸权的工具,而是在合作共赢基础上追求共同发展,构建人类命运共同体,成功地影响和引导了国际主流舆论,有力地配合了中国重大主场外交,取得了出色的国际传播效果。中国国际广播电台新闻中心于 2015 年 6 月 1 日上线微信公众号"国际锐评"(原名"环球锐评"),围绕国际政治、财经、军事、科技等题材,紧跟习近平新时代中国特色社会主义思想、中美元首互访、美俄关系、朝鲜半岛局势、世界经济走势、中国经济和科技成就等国际热点事件,按照"国际视野、中国立场、民众关注"的定位,综合图文、音频、短视频等多种呈现方式,深耕原创评论,力图成为国家主流媒体在新媒体传播领域的一面旗帜。"国际锐评"不断追求社会效益与市场效益、国内传播与国际传播的有机统一,推动国际时事"入眼、入脑、入心",极大提升了主流媒体在国际新媒体舆论场的引导力和影响力,获得新媒体品牌栏目一等奖。

在以互联网为核心的传播新格局下,做好对外传播工作,不仅要敢于发出中国声音,更要善于发声,使中国声音传得开、传得远、传得好,引导人们更加全面客观地认识当代中国,看待外部世界。要求新闻媒体精心做好对外宣传工作,创新对外宣传方式,着力打造融通中外的新概念新范畴新表述,在顺应社交化、可视化趋势上下功夫,在构建对外传播话语体系上下功夫,在乐于接受和易于理解上下功夫,让更多国外受众听得懂、听得进、听得明白，向世界展现真实、立体、全面的中国，不断提升对外传播的实际效果。

解放军报社以建军90周年为契机，派出两个报道小组四名记者，冒着生命危险，不惧战火和恐怖袭击等威胁，历时一个多月，深入全球公认最危险的马里、黎巴嫩、南苏丹、苏丹、刚果（金）五个国家，亲历式采访我军派出的维和部队，对中国"蓝盔"部队进行独家全景式报道，写成《中国维和部队巡礼·战地手记》（二等奖国际传播项目）。报道从不同角度展现了中国维和军人风采，以小见大，故事细节生动，人物形象饱满，充分展示了中国军队负责任、爱和平的良好形象，彰显了中国军队为维护世界和平作出的重要贡献，被凤凰网等多家境内外媒体转载，增进了国内外对中国维和部队的了解，提高了维和官兵的自豪感。

为迎接党的十九大，中国日报网推出系列外宣短视频，*Changing China: The Hometown of Pandas Goes Global*（《变革中的中国：熊猫故乡走向世界》）（英文），紧扣"讲好中国故事，讲清中国道路"主题，以一个外国记者的视角来认识成都，从中展现"变革中的中国"这一主题，将"中国梦"等当代中国的价值观念巧妙地融汇其中，小入口，大主题，以小事件透视大时代，以小故事揭示大趋势，打开了中外共通的情感空间，增强了中国价值理念对国外年轻族群的内在吸引力。《变革中的中国》系列作品在海外视频社交网站的观看次数突破了1.2亿人次，成为名副其实的海外"现象级"产品，获得国际传播三等奖。三等奖国际传播作品《刻度上的五年》是人民日报社推出的系列融媒体产品，包括人民日报社首部三维动画片、H5小游戏、电子画册、特刊报道等。该专题用新鲜的"刻度尺"框架串联起五年成就，用通用的国际视听语言，借助新技术、新手段把历史大事件具象化，做到了思路创新、产品创新、传播创新。英文版《刻度上的五年》"在Facebook、Twitter和YouTube三个平台上的点击量约15000次"①，成为国际社会理解中国的一扇窗口，是"中国表达"形象化、可视性的一次有益尝试。

---

① 第二十八届中国新闻奖、第十五届长江韬奋奖评选结果公示[EB/OL].(2018-11-02)[2019-10-30]. http://www. pingjiang. zgjx. cn/NewsAwardingSys/WksPublicNetworkAction/todetails. do? id = 8a89901063748f5001637c2271e705a6.

（七）融合创新，推出“全媒”精品

近年来，随着传播技术、媒体格局和舆论环境的深刻变化，新闻传播的融合创新显得越来越重要。2014 年，中共中央深化改革领导小组通过《关于推动传统媒体和新兴媒体融合发展的指导意见》。推动媒体融合发展，不但事关推进国家治理体系和治理能力现代化，还与满足人民日益增长的美好生活需要和提升国家文化软实力息息相关。

为顺应当前媒体融合的大趋势，本届中国新闻奖评选首次增设媒体融合奖项，包括“短视频新闻”“移动直播”“新媒体创意互动”“新媒体品牌栏目”“新媒体报道界面”“融合创新”等 6 个类别。纵观 50 件获奖作品，可以看出我国媒体在新闻生产各个环节中全面拥抱新技术、推动全媒体转型、打造新闻精品所做出的努力，也为日后我国融媒体新闻生产树立了标杆。

1.坚持移动优先，推动全程传播

随着互联网技术的不断发展和受众对新闻信息需求的不断提升，移动互联网终端已成为信息来源、传播和接收的重要渠道，重视移动互联网在新闻传播中的作用既是顺应时代潮流的应有之举，也是新闻媒体重视传播时效性，把握新闻“第一落点”的必要手段。本次获奖融媒体作品借助移动互联网的传播优势，坚持移动优先，重视“首发效应”，实现“直播态”报道的特征也尤为突出。2017 年，广西壮族自治区柳州市融水杆洞乡爆发山洪，记者第一时间赶赴灾区一线，在风雨中用手机记录下当地乡镇干部组织营救、自救的珍贵视频画面，并综合运用图文、音视频等多种媒体形式，将事件的起因、经过以及受众的反馈等融合进了报道当中，从而形成一组类似新闻日志式的突发新闻事件系列短视频报道——《柳州融水突围记丨广西日报记者“失联”数十小时，在穿越 40 处塌方后发回灾区最新画面!》，借助移动互联网，覆盖微信和微博等平台数百万网友。该作品迅速披露关键信息，及时回应受众关切，架起灾区与外界沟通的桥梁，具有极强的新闻价值，获得融媒体短视频作品一等奖。二等奖融媒直播作品《浙江一小时 · 急救|记者跟拍直升机到山区接病人》共设置了 4 个直播机位，利用地空联动的形式，从各个视角、各个方面全方位记录了山区医院空中急救通道的首航。作品在浙

江新闻客户端、浙江在线新闻网站、北京时间、风直播、网易新闻等直播平台一经推出，就受到广大网友的广泛关注，起到了很好的宣传引导作用，传播了正能量，取得了全国影响力和美誉。“融媒直播”特别奖《两会进行时》、一等奖《“天舟一号”发射任务 VR 全景直播》均以直播的形式实时跟进事件发展，并在移动客户端首次发布，保证受众随时随地获取新闻事件的最新信息，跟进事件发展进程。

2. 多种方式呈现，打造全息传播

新的技术环境下，图文、音频、视频、虚拟现实技术（VR）、增强现实技术（AR）及人工智能（AI）等技术的发展，使得新闻传播的表达方式和呈现形式更加丰富和多元，受众也不再满足于以往传统的视听阅读体验，日益体现出对于新闻传播沉浸感、现场感的极致追求。本届中国新闻奖融合报道获奖作品，大多综合运用了不同的表现方法和呈现方式，使新闻报道形式更加新颖灵活，表达更加丰富多样，大大强化了传播效果。一等奖融媒互动产品“点赞十九大，中国强起来”系列融媒互动报道产品以音频互动为主打形态，辅以 H5 轻应用、人工智能、文字、图片、短视频等多种形式和技术，打造设计精美、体验良好的融媒创新产品，充分发挥了传统媒体与新媒体融合报道的优势。新华社客户端推出的二等奖融媒栏目“现场新闻”密切关注新技术、新应用的发展，着力增强即时互动、自主导播、数据分析、分享拓展等功能，打造全息直播态报道模式，解放全媒体生产力，涌现了《动车时代 体验穿行在大凉山顶的扶贫慢火车》《两会上的“部长通道”》《惊险！直击中越边境排雷尖兵现场排雷》等一批“刷屏”的精品力作。一等奖新媒体品牌栏目“侠客岛”，以通常不超过 2000 字的原创时政解读文章为主，图文结合，排版风格清晰简明。此外，栏目还综合运用视频、H5、动漫、小游戏、在线直播、线下活动等传播形式，不仅扩大了栏目的影响力，还丰富了用户的阅读体验。央视新闻移动网在中国人民解放军建军 90 周年之际，精心策划并制作推出拥有最新新媒体展现形式、互动功能的创意 H5 系列产品《铁血铸军魂》，产品包含“铸魂”“砺剑”和“红色记忆”三大板块，与阅兵系列直播《沙场点兵》组成独家创意 H5 产品集，获二等奖。H5 产品《春风春雨度关东》（二等奖）融入了视频、音频、背景音乐等新媒体传播手段，以时间轴的形式呈现习近平总书记两次参加辽宁代表团审议、到辽宁考察等重大事件，实现了新闻性、互动性、传播性的融合。融媒直播一等奖《“天舟一号”发射任务 VR 全景直播》，使用虚拟现实技术（VR）进行直播，并以多屏互动的形式呈现。本届获奖融媒体作品对于多种传播形式的综合运用，无疑是我国媒体在打造全息媒体、实现全息传播道路上的有益尝试和探索。

3.拓宽传播渠道，实现全员传播

全媒体时代，新兴媒体的发展使新闻发布的门槛极大降低，传播主体和传播渠道极大扩张。顺应多主体传播的新趋势，综合运用多种渠道、多种平台、多种主体的传播优势，推动传统媒体与商业媒体、社交媒体发展，发挥专业生产内容（PGC）和用户生产内容（UGC）的传播优势，努力打造全员传播的新模式。

《人民日报》“一本政经工作室”陆续推出三个关于廖俊波先进事迹的系列创意短视频，向受众介绍廖俊波生前的感人事迹。作品经人民日报客户端、人民日报微信公众号和人民日报微博等多个渠道发布，腾讯、搜狐、网易、凤凰、秒拍、今日头条等上百家门户网站和手机客户端广泛转载，每个短视频点击量均超过 300 万次，累计点击量超过 4000 万次，获得融合创新二等奖。本届“融媒互动”一等奖作品《“军装照”H5》，借助人脸识别、融合成像等技术，帮助网友生成自己的虚拟军装照，在微信朋友圈借助人际关系链实现裂变式传播，大大扩展了产品的传播范围，提升了产品的影响力。

新媒体环境下，受众在重大新闻事件中的角色不容忽视，可以提供许多专业记者无法捕捉的细节信息，提供新鲜的观点和角度，日益成为专业记者内容生产的一大补充，对于丰富新闻报道的内容、创新新闻生产模式具有极大的推动作用。一等奖作品《柳州融水突围记》在短视频中添加了用户的朋友圈截图内容，反映民众的心声，使报道更加真实、生动、接地气。

4. 注重精准推送，追求全效传播

受众是新闻传播的出发点和目的地，唯有新闻信息传得开、传得远，被广大受众所接受和认可，新闻传播才有价值。自习近平总书记提出建设全效媒体以来，全效传播的概念越来越明确，成为媒体追求的一大目标。所谓全效传播，即媒体的新闻报道要更加注重传播效果。这要求新闻媒体及其工作者准确把握新闻传播规律,特别是新兴媒体发展规律,深入了解受众的阅读心理、信息需求和收受习惯,实现信息投放更加精准、新闻传播更有效率,变非全效传播为全效传播,全面提升传播力、影响力、引导力、公信力。

以《点赞十九大,中国强起来》系列融媒互动报道作品为例。该作品顺应受众移动端阅读习惯和互联网传播规律,首次采用"音频点赞互动"方式宣传党代会,并针对微博、微信、客户端、"二次元"平台设计差异化互动,实现新闻产品的"可互动、可体验、可分享"。其次,报道紧扣十九大议程和关键节点,先后推出"进入新时代,中国强起来"特刊、"我是报告诵读者"等迭代深化报道,取得阶梯递进式传播效果。同时,产品聚焦民众的利益交汇点、情感共鸣点、价值共生点,有效探索主流媒体社交互动模式,引导受众持续关注、参与、互动、转发。该作品实现了优质创意与先进技术的深度融合,成为十九大期间覆盖面最广、最有影响的主流互动产品。二等奖融媒创新作品《总书记说四川话 你听过吗?》以2017年习总书记参加全国两会四川团讨论时说的一句四川话——"祝四川人民的生活越来越安逸"为切入点,用"海采"的形式,整合大量视频画面,配合原创编曲,在"说唱"中融入四川五年来的建设成就。3分24秒的原创歌曲,融思想性和趣味性于一体,赋予了主题报道以适应新媒体的全新传播方式,在以报道总书记为题材的众多新媒体作品中脱颖而出。

二、获奖及落选作品中存在的问题

细品本届获奖与落选作品,我们发现如下几方面问题。

(一)新闻时效性有待加强

时效性是衡量优秀新闻作品的重要维度,也是新闻作品新闻性的重要表现。公开报道与事件或事实发生的时间差越短,新闻价值越大,作品的新闻性也就越强。而媒体技术的进步也为新闻报道的时效性提供了极大的便利。反观本届参评作品和获奖作品,一些作品的时效性并不强,获奖的突发性报道、现场新闻比例依然较低,一些报道的首发时间与事实发生之间的时差长达2—3天,甚至更长。我国当前正处于前所未有的伟大变革时期,伴随经济社会的高速发展，新事物、新现象、新情况不断涌现，新闻媒体如何抓住新闻性，及时回应舆论焦点，真正承担起新闻事业反映社会生活、记录伟大时代的历史使命，更值得记者们进行深入思考。

(二)个别融合作品存在"炫技"倾向

随着AI、VR、交互式地图等传媒技术手段的应用，新闻报道给受众带来了越来越多的视觉体验。但纵览参评作品，发现部分获奖作品存在着为形式上的融合而融合的现象，甚至有个别并不适合用融合报道呈现的新闻事件，也被生硬地做成"融合报道"。个别作品的报道选题、内容、手法等与新媒体的传播方式不协调，存在"炫技"倾向，有悖融合报道的本义和初衷。技术的发展是为报道内容服务的，它要求新闻工作者深耕内容创作，以此拥抱新技术给新闻生产创新带来的机遇和福利，绝不能陷入技术决定论的陷阱之中。

(三)作品的创新性有待进一步提升

从整体上看，本届获奖作品体现了形式多样化的特征。但仔细比较一些参评作品，仍然能发现"东施效颦"现象存在。简而言之，只要有"爆款"，就有跟风模仿之风。这实则反映了个别媒体创新意识不足，专业技能不强的问题。比如"央广主播的朋友圈"火了之后，很多地方媒体也推出了自己的"朋友圈"报道；《人民日报》"军装照"H5火爆，带旺了全国H5作品古风照热潮。作品的创新，离不开技术创新、传播形态创新和传播观念创新和内容创新等。而其中技术创新又是传播形态创新的逻辑起点，参评作品尤其是媒体融合产品以前沿技术引领作品创新的力度有待增强。

(四)国际传播意识仍然较弱

当今世界正处于全球化、信息化的大变局当中，国际范围内，经济、政治格局深度调整，世界各国的交流不断深入，交锋也日益频繁。随着中国"硬实力"的不断增强，如何掌握与之相匹配的国际话语权，使我国声音实现有效传递，扭转他国对我国的误解和偏见，维护我国国家利益和国家形象成为我国新闻工作的一大重点。

从本届中国新闻奖参选作品可以看出,当前我国的国际报道仍然存在一些问题:首先是内宣与外宣密不可分的报道意识需要强化。全媒体时代,内宣与外宣的界限日益模糊,要树立"内宣也是外宣"的一体化传播思想。在互联网时代,就没有被固化的新闻信息,流动的国内新闻信息,也是国际受众认知我国的重要载体。其次是媒体的选题策划能力仍有待提高。我国不缺少好的故事,但对于"好故事"的挖掘和开发尚不充分,导致一些新闻素材未能在国际上发挥应有的传播效果,主题同质化倾向也给海外受众带来了一定的审美疲劳。最后是话语体系有待进一步创新。一些对外新闻报道仍缺少国际化的表达方式,也没有进行因地制宜的创造性转化,有自说自话之嫌。

三、创造无愧于时代的新闻精品

中国新闻奖是我国新闻报道的最高奖项,对新闻报道的发展有很强的引导作用。新闻工作者要做新时代的瞭望者,在今后的报道中奏响新时代的最强音,不断创造无愧于人民、无愧于时代的新闻精品。

(一)坚持政治方向,创造引领时代的新闻精品

新时代做好我国新闻舆论工作既要不断创新,打造新闻新品、精品,更要时刻牢记初心,不忘使命,坚守根本,坚持正确的政治方向、舆论导向、价值取向和工作志向。因此,我国新闻工作者要始终坚持正确的政治方向,树立牢固的政治意识、大局意识、核心意识、看齐意识,勇于肩负起时代和历史所赋予的职责使命,全心全意为人民服务,为党和国家工作大局服务,自觉地把新闻传播工作同党和国家的工作大局、同社会主义的各项事业、同社会稳定和人民幸福紧密结合起来。

首先要围绕党和政府在不同时期的中心工作,积极做好新闻策划,服务大局,将思想性、时代性和生动性紧密结合起来,以更加鲜明的政治立场、更加精准的事实依据、更加敏锐的新闻嗅觉帮助受众正确认识客观世界,坚定"中国信心",积极弘扬社会主旋律,传播时代正能量,服务于改革发展稳定大局。

其次，针对我国当前面临的复杂多变的国内外形势，以及当前日趋多元的社会思想观念和价值取向，我国的新闻工作更要主动承担起高举旗帜、引领导向的职责使命，始终坚持马克思主义新闻观的指导，坚持正确的舆论导向，坚持团结稳定鼓劲、正面宣传为主的基本方针。在新闻实践中注重统筹社会价值与新闻价值两个追求，以更崇高的价值追求，把弘扬社会主义核心价值观作为新闻传播工作的一条主线、一种底色，叫得更响亮，亮得更鲜明，更加积极有效地做好释疑解惑工作，提高新闻舆论传播力、引导力、影响力、公信力，巩固壮大主流思想舆论，巩固全党全国各族人民团结奋斗的共同思想基础，促进形成服务大局全局、服务社会和谐稳定的良好氛围。

（二）不断增强“四力”，创作服务人民的优秀作品

“坚持以人为本，把实现好、维护好最广大人民的根本利益作为工作的出发点和落脚点”是中国共产党一切工作的根本遵循，也是我国新闻媒体工作的价值取向。因此，新闻工作者要始终保持人民情怀，不断解决好“为了谁、依靠谁、我是谁”的根本问题，努力践行“走转改”，不断增强“四力”。广大新闻工作者要积极主动走进人民群众，走进新闻现场，将镜头和话筒更多地对准基层一线和广大群众，既要深入挖掘和展现百姓生活实践中的感人故事和生动案例，也要主动反映人民呼声，关注人民群众所思所想所忧，通过不断深入的调查研究，捕捉鲜活的细节，获取扎实的新闻素材，以跟踪报道、连续报道、深度报道、新闻评论等方式不断揭开新闻背后的事实真相，推出真实、客观、可信，沾泥土、带露水、冒热气，具有吸引力和感染力的新闻作品。

完成好聚民心、育新人的职责使命，引导人民群众心往一块想、劲往一处使，也是新闻舆论工作保持人民情怀的应有之义。习近平总书记曾多次强调，人在哪儿，宣传思想工作的重点就在哪儿。在媒体融合时代，要更好地服务人民群众，实现传播效果最优化，新闻记者还需在坚持正确导向的基础上，牢固树立以用户为中心的传播观念。遵循新闻传播规律和新兴媒体发展规律，强化互联网思维，善于运用分众化、差异化、互动式的服务方式，不断转变表达和话语方式，用大众化、生活化的话语努力贴近受众，服务受众，使新闻作品既满足受众的信息需求、价值追求，也符合受众的阅读兴趣

和阅读习惯。

（三）提高业务水平，采写出新出彩的新闻报道

新闻工作者的业务水平，直接影响新闻作品的质量水平以及传播效果。创作新时代的新闻精品，必须着重提高新闻工作者的业务水平，打造一支业务精湛的新闻工作队伍。首先，新闻工作者必须树立专业理念，尊重新闻传播的基本规律，以真实性为生命，做到客观公正、真实准确地报道新闻，既要做到事实信息准确无误，又要能够在运动、变化和联系中看待事物，从宏观上把握事物的全貌，做到正面宣传与舆论监督相统一；既要直面工作中存在的问题和社会丑恶现象，又要事实准确，论证合理，真正做到激浊扬清、针砭时弊。

同时新闻工作者还必须努力提升专业技能，发扬“工匠精神”，不断优化新闻策划、生产和传播的各个环节，努力做到“人无我有、人有我优”，努力提升新闻报道的质量和水平，丰富传播形态，创新传播样式，提供内容多样、价值多元、形式多变的优秀新闻作品，奉献人民喜闻乐见、有思想、有温度、有品质、经得起时代检验的精品力作。

在媒体融合时代，新闻工作者的专业技能突出体现为融媒体报道的技能。面对当前新闻传播领域时时新、日日新的发展现状，新闻工作者必须不断转变传统新闻报道的理念和模式，提升融合报道的意识和能力，不断跟进新兴媒介技术的发展，提高全媒体新闻采编能力。但与此同时，新闻工作者也要明确一点——强调媒体融合并不是一味追求新技术、新形式、新载体，使融合报道成为徒有其表的“空架子”。无论时代如何发展、技术如何进步，内容永远是新闻报道根基，是新闻媒体核心竞争力之所在。因此，新闻工作切勿舍本逐末，而要始终将深耕内容作为自己的核心工作，在保证内容广度、深度的基础上，综合运用各种传播技术、渠道、手段，努力推出内容丰富、形式新颖、传播广泛的新闻作品。统筹处理好传统媒体和新兴媒体、中央媒体和地方媒体、主流媒体与商业平台的关系，积极贯彻落实中央关于推动媒体融合发展的决策部署，加快推进建设资源集约、结构合理、协同高效的全媒体传播体系，让主流媒体更好发挥“中流砥柱”作用。

（四）面向世界，推出有影响力的国际报道

在经济全球化、政治多极化、文化多样化的当代，做大做强国际传播、争取国际话语权，讲好中国故事、传播中国声音，展现真实、立体、全面的中国，是我国更加有效地应对激烈的国际竞争、维护本国生存和发展利益的重要手段，也是我国新闻工作者必须肩负起的历史使命。因此，我国新闻工作者必须在思想上高度重视，在行动上有所作为，不断加强国际传播能力建设，统筹国内国际两个大局、发展安全两件大事，既聚焦重点，又统揽全局，有效防范各类风险连锁联动，讲好中国故事，传播好中国声音，为我国改革发展稳定营造良好外部环境，在复杂激烈的国际竞争中赢得主动，占领先机。

首先，做好国际报道必须坚守政治站位，保持立场坚定，始终将维护本国利益、传递本国声音放在首位，在重大国际热点、焦点问题上及时发声，主动回应，抢占先机，赢得主动。其次，做好国际报道要讲求策略，创新形式、方法、手段，用新概念、新范畴、新表述阐明中国立场，发出中国声音，展现中国形象。我国新闻工作者要牢固树立文化自信，善于依靠新闻事实的力量，讲述带有鲜明中国特色、中国风格、中国气派的中国故事。同时要做好"他者叙事"，在顺应分众化、差异化、社交化、可视化趋势上下功夫，在构建对外传播话语体系上下功夫，在乐于接受和易于理解上下功夫，努力增强针对性、贴近性和实效性，做到内外协调一致，减少传播障碍，让更多国外受众听得懂、听得进、听得明白，以求得传播效果的最优化。

四、结语

2017 年 11 月 8 日，习近平总书记致信祝贺中华全国新闻工作者协会成立 80 周年，指出"希望广大新闻工作者坚定'四个自信'，保持人民情怀，记录伟大时代，讲好中国故事，传播中国声音，唱响奋进凯歌，凝聚民族力量，为实现'两个一百年'奋斗目标、实现中华民族伟大复兴的中国梦不断做出新的更大的贡献"。习近平总书记的贺信为当代中国新闻工作者明确了责任使命，指出了目标方向。作为全国优秀新闻作品最高奖，中国新闻奖的评选坚持以马克思主义新闻观为指导，坚持正确的政治方向、舆论导向、价值取向和工作志向，重视综合考量新闻作品所呈现出的价值观念、传播理念和社会效果，所遴选的本届中国新闻奖作品基本上代表了过去一年我国新闻报道的最高水平。这些获奖作品政治方向正确，党性原则强，主题鲜明，彰显了主流价值观，弘扬了时代精神，践行了新时代"高举旗帜、引领导向，围绕中心、服务大局，团结人民、鼓舞士气，成风化人、凝心聚力，澄清谬误、明辨是非，联结中外、沟通世界"的职责和使命。

（本文由笔者和赣南师范大学新闻与传播学院副教授、中国传媒大学博士生龙鸿祥，中国传媒大学硕士生白欣蔓、何晓菡、靳佳合作撰写，原载于《中国新闻奖评选报告（第二十八届）》，中华全国新闻工作者协会编，新华出版社 2020 年版）

眼力是新闻工作者观察力和判断力的关键因素

“增强脚力、眼力、脑力、笔力”是习近平总书记对新形势下宣传思想战线人才素质建设提出的具体要求。“四力”之间紧密联系,相互贯通,同时各有侧重,是对宣传思想战线特别是新闻工作者基本素质的辩证、系统的表述。好“眼力”是新闻工作者善于发现新闻、准确判断新闻、及时报道新闻的基本素质,也是新闻工作者职业特征的要求和表现。新闻工作者只有不断增强“眼力”,才能看得见问题、看得清真假、看得准方向,才能勇立时代发展潮头。

一

新闻工作者是时代风云的观察者。“倘若一个国家是一条航行在大海上的船,新闻记者就是船头的瞭望者。”作为船头的瞭望者,新闻工作者需要练就一双“慧眼”,将气象万千的景象尽收眼底,再加上手中的如椽之笔,将其记录下来,就能为公众描绘出一幅波澜壮阔的时代画卷。

新闻工作者要履行好自己的职责和使命,观察就是首要的条件。观察是记录的基础,“看得见”“看得准”是新闻工作的基点。敏锐的观察力可以提升新闻工作者的发现力和挖掘力,让他们能够在纷繁复杂的新闻素材中寻找到好问题、好故事、好观点;敏锐的观察力还可以提升新闻工作者的判断力和鉴别力,帮助他们更准确地探寻新闻现象的本质。

新闻工作者是新生事物的发现者。优秀的新闻工作者能够在新闻事件刚刚露出苗头的时候发现其蕴藏的巨大新闻价值,并且敏锐地把这些代表时代发展趋势的新生事物报道出来，以“拨响时代最敏感的那根弦”来彰显其职责和使命。对新闻信息的接触、感知、判断及传播，都需要新闻工作者有超拔的认知能力。没有好的“眼力”，即使有再好的“脚力”，也很难找到有新闻价值和传播意义的报道角度。1881 年，恩格斯在写给爱德华·伯恩斯坦的信中说：“对于编辑报纸来说学识渊博并不那样重要，重要的是善于从适当的方面迅速抓住问题。”恩格斯在这里所说的“问题”，是指新闻现象背后的本质问题，也是指事物身上蕴含的预示某种发展趋向的问题。

新生事物萌芽时，有“眼力”的新闻工作者可以迅速辨识并通过舆论加以引导。著名报人范敬宜就是这样一位对新生事物有着高度新闻敏感的新闻人。1978 年冬，党的十一届三中全会召开，吹响了我国改革开放的集结号，家庭联产承包责任制开始在农村试行。但由于经历了长期“左”的思潮的影响和危害，思想僵化的坚冰一时还没有完全打破，因此这个新生事物并没有马上被社会理解和接受，社会上还一度刮起了一股怀疑、抵触农村经济体制改革的歪风。面对家庭联产承包责任制这一新生事物，当时在辽宁日报社做记者的范敬宜凭借过人的“眼力”，深刻领会党的十一届三中全会精神，敏锐地捕捉到了这个现象的新闻价值，他决心深入基层了解情况，通过与县、公社、生产队干部和社员深入交流获知，广大农民群众不仅没有认为农村改革的政策“过头”，而且对决定开展农村经济体制改革的政策十分满意，不听指挥搞自由化的现象只是支流。十天的调研工作让他确信：刚刚萌芽的农村经济体制改革只是“开头”，党的十一届三中全会确定的政策是真正符合广大农民群众愿望的政策。1979 年 5 月 13 日，《辽宁日报》刊载了范敬宜写的新闻述评《莫把开头当过头》，这篇文章在全国引起了很大反响。有农民赶集时，把这天的《辽宁日报》挂在扁担上。《人民日报》头版头条全文转载了这篇文章，并号召广大新闻工作者向范敬宜学习，多做扎实的调查工作，新华社也向全国发了通稿。在改革开放初期，范敬宜和《辽宁日报》能以新闻报道的形式传达和解释中央精神，对拨乱反正和推动农村经济体制改革起到了重要的舆论推动作用，这和他们高超的“眼力”分不开。

新闻工作者是事物发展趋势的判断者。好的“眼力”有助于新闻工作者“看得清”“看得准”时代发展趋势，使其在新闻宣传工作中做到因势而谋、应势而动、顺势而为。当前，中国特色社会主义进入了新时代，中国的发展显示出一系列阶段性新特征。新闻工作者必须准确研判和把握这些新特征、新趋势，围绕中心、服务大局，挖掘内涵、把握规律，找准方向、做好报道。

拥有睿智“眼力”的新闻工作者善于从新闻事实中发现深层次的问题，做出清醒的判断，能够写出紧扣时代脉搏、反映社会发展方向的佳作。1978年5月11日，《光明日报》在头版刊发特约评论员文章《实践是检验真理的唯一标准》，文章阐明了马克思列宁主义的实践第一的观点，指出任何理论都要经受实践的考验。当天，新华社将这篇文章转发全国，迅速在中国引发了一场关于真理标准问题的讨论，推动了全国性的马克思主义思想解放运动，为党的十一届三中全会的召开做了重要的思想准备，是党的十一届三中全会实现新中国成立以来党的历史上具有深远意义的伟大转折的思想先导。

二

增强新闻工作者的“眼力”非一日之功，既要在培养训练中提升“眼力劲儿”，又要在工作实践中造就一双“新闻慧眼”。

首先，要掌握科学的思想方法，坚持用辩证唯物主义和历史唯物主义的世界观和方法论指导新闻实践。辩证唯物主义和历史唯物主义的世界观和方法论，是马克思主义的理论基础。新闻舆论工作是处在意识形态领域最前沿的重要工作，中国特色社会主义新闻事业需要用辩证唯物主义和历史唯物主义的世界观和方法论作为指导。新闻工作者学习掌握这一科学的方法论，需要从以下几方面入手。第一要强化辩证思维，从事物各个方面的相互联系中进行考察，从整体上、本质上完整地认识被考察对象。在实际工作中把握现象和本质、对立与统一、原因和结果、偶然和必然、内因和外因、共性和个性的关系。第二要坚持问题导向，承认矛盾的普遍性和客观性。人的认识活动和实践活动，从根本上说就是不断认识矛盾、解决矛盾的过程。宣传思想工作向来是在发现问题、解决问题中创新发展的。面对新闻实践中出现的新问题，要积极分析和解决，要把握好主要矛盾和次要矛盾、矛盾的主要方面和次要方面的关系，把认识和化解矛盾作为解决问题的突破口。第三要厘清认识和实践的辩证关系，用新的、鲜活的实践丰富和发展马克思主义。马克思主义是与时俱进的,它兼收并蓄地吸收了人类的文明成果,并且不断用新的理论和实践对自身进行充实完善和创新发展。只有坚持用新的实践来检验和创新理论,马克思主义才能够始终保持鲜活的生命力。

其次,要提高马克思主义新闻观的修养。马克思主义新闻观是新时代加强和改进党的新闻工作的指导思想,是保证社会主义新闻事业健康发展和新闻人才队伍建设的指南针。持续深入地学习马克思主义新闻观,有助于新闻工作者增强政治意识、大局意识、核心意识、看齐意识,更好地履行职责使命。2016 年 2 月 19 日,习近平总书记在党的新闻舆论工作座谈会上指出:“要深入开展马克思主义新闻观教育,引导广大新闻舆论工作者做党的政策主张的传播者、时代风云的记录者、社会进步的推动者、公平正义的守望者。”这一重要论述指出了学习和践行马克思主义新闻观的重要性和深远意义。树立马克思主义新闻观,需要认真学习马克思主义新闻观的核心理论。马克思主义新闻观是马克思主义的世界观、人生观和价值观在新闻传播领域的反映和体现,是马克思主义对新闻现象和新闻传播活动的总看法及规律性认识。牢固树立马克思主义新闻观,必须系统地学深悟透其理论体系和基本观点,深入领会其科学性和连续性。树立马克思主义新闻观,还需要学习和掌握马克思主义新闻观的中国化发展及理论成果。以毛泽东同志、邓小平同志、江泽民同志、胡锦涛同志为主要代表的中国共产党人,根据我国党情、国情和新闻工作的实际情况,不断丰富和发展了马克思主义新闻观,并赋予其鲜明的中国特色。党的十八大以来,以习近平同志为核心的党中央高度重视新闻舆论工作,创造性地提出了一系列新时代党的新闻舆论工作的新思想、新观点、新论断。习近平总书记关于新闻舆论工作的重要论述是新时代马克思主义新闻观的生动体现,为马克思主义新闻观的中国化谱写了崭新篇章。新闻工作者要用马克思主义中国化的理论成果武装头脑、指导实践、推动工作。

再次,要拓宽视野,不断拓展知识和实践领域。新闻工作者要拓宽视野,增强“眼力”,就必须多学习、多思考、多实践,真正做到学思用贯通。新闻工作者的工作性质决定了他们时时刻刻需要接触新的事物,面对新的问题。新闻工作者知识素养的高低决定了他们捕捉新闻线索、判断新闻价值的能力。这种能力集中表现为新闻工作者的新闻敏感性。所以,新闻工作者必须树立终身学习的理念，不断扩充自身的知识储备，尽可能多地涉猎其他知识领域。增强新闻工作者的“眼力”，还需要训练新闻工作者的思维能力。从本质上看，一个人的观察能力是其思维能力的映射，面对新闻事件，新闻工作者总是会根据已有的知识、经验和思维方式做出判断和阐释。无论是策划、采访还是写作，新闻采集生成的任何一个环节都需要新闻工作者掌握正确的思维方法。新闻工作者要加强训练发散思维、逆向思维、多向思维、比较思维、辩证思维等思维方式，为开展丰富多彩的新闻报道做好思想准备。增强新闻工作者的“眼力”，还需要不断拓展新闻实践的领域。新闻工作是一项常干常新的工作，也是一项极富挑战性工作。新闻工作者需要在不同领域摸爬滚打，才能成就一番事业。

最后，要坚持正确的新闻工作志向，不断提高新闻工作职业素养。当前，媒体融合迎来了快速发展阶段，只有能熟练运用各种新媒体开展新闻传播业务的全能型新闻工作者，才能做好新形势下的新闻舆论工作。具体来说，全能型新闻工作者需要练就“十八般武艺”：了解媒介前沿的发展变化，熟悉不同新闻体裁，熟练运用多种传播手段和采编工具，掌握搜集网络信息和数据的能力。新时代的新闻工作者还要树立崇高的职业道德和职责精神。新闻工作者要有高度的责任感、奉献精神和协作精神；要严守新闻纪律，严把新闻质量关，确保新闻报道的公平、公正、真实、有效，惩恶扬善，弘扬正气，正确引导社会舆论。

当前，我国广大新闻工作者正以习近平新时代中国特色社会主义思想为指导，开展增强“四力”学习实践。我们坚信，一支“四力”过硬的社会主义新闻人才队伍，一定能自觉履行好新时代宣传思想工作的职责使命，为新时代党的新闻舆论工作再创辉煌贡献力量。

（本文由笔者和中国传媒大学博士生吕文宝合作撰写，原载于《光明日报》2019 年 12 月 18 日第 6 版）

《闪耀的平凡》:外国人视角的中国故事

摘要:在新的传播生态下,外宣片要做到让本土和海外观众喜闻乐见,需要从多个层面创新。《闪耀的平凡》开拓了外宣片述事新方式,该片在叙事视角、内容呈现和共情表达等方面做了创新的尝试。

关键词:《闪耀的平凡》;外国人;中国故事;国家形象塑造

《闪耀的平凡》是由国务院新闻办对外推广局和湖南省政府新闻办指导、国家广电总局网络视听节目管理司支持、芒果 TV 出品的外宣短视频集。其采用新的切入视角,开拓讲述国家成就的新路径,以“讲故事”的方式来进行国家叙事,激活了包括海外观众在内的观众情感共鸣,满足了新的传播生态下观众的收视需求。这种表达通过个体故事来消解传统的宏大叙事,用观众心中的个人情感来激荡民族情感和国家认同,也为文化产品“划船出海”提供了新的实践参考和解决方案。

一、切换视角:外国人眼中的中国发展

与过去“内视角”的外宣片不同,《闪耀的平凡》采取了“外视角”来讲述“中国故事”。节目选择了两位不同职业的外籍嘉宾安东尼·莫尔斯与欧生·优丽为观察者和体验者,在每一集中为故事的展开穿针引线,以外国人好奇的视角来看待和表达中国在一系列发展建设中的表现。通过外籍嘉宾视角,发现了许多中国人习以为常的事物,却有着引发外国人兴趣的亮点。

电子商务是中国人熟悉的日常生活中的一部分，从乡村到城市人人身处其中，但这种如同吃饭喝水一样熟悉的行为却令世界感到惊讶。许多国人并不知道，互联网虽非肇始于中国，但相关技术以及相关行业的蓬勃发展却在中国最为兴盛。即使在西方发达国家，电子商务的普及也远远不如我国。外籍嘉宾带着浓厚的好奇和疑问来到中国的乡村——乡村通常被认为是互联网最后普及的地方，而两位普通的中国劳动妇女思秀和居悦，用她们的故事做出了朴素的回答。

思秀和居悦分别来自贵州农村和四川山区，前者是教育水平不高的农村妇女，后者是受过高等教育的知识女性，都在自己家乡借由互联网干出了自己的事业。思秀每天举着手机，穿行在各个村庄，在城市和乡村之间搭建了一条畅通的交易渠道。居悦大学毕业后回到家乡，将家乡传统的羌族刺绣发扬光大。她建立了一个合作社，将当地手艺好的绣娘们联合起来，通过互联网承接订单，不但极大地提高了她们的收入，甚至改变了这些妇女们依附他人的命运。这两个不符合西方传统叙事的农村女性，其实是当下中国最普遍的缩影。文化知识不是关键条件，敢于努力和改变、敢于拥抱新变化才是互联网下成长起来的新一代改变命运的重点。

外籍嘉宾发现，正是因为有许许多多的思秀和居悦们的觉醒、努力和改变，才有了整个中国农村和山区的改变。我们早就被各种形式的电子商务所包围，习惯了任何地域任何行业任何年龄的人直播卖货，早已是“久居兰室而不闻其香”，但这种新现象让外国人感到惊讶和神奇。借由外籍嘉宾的视角，他们不加掩饰的惊讶让我们重新认识到我们国家和我们人民的了不起。比如在节目中，外籍嘉宾毫不含蓄地多次追问主人公和相关人员当下的收入。最后，外籍嘉宾承认，“这里的经历让我感受到，科技确实可以缩小贫富差距，这也得力于那些敢于站出来适应快速变化的年轻人”。

这种神奇的视角，就像卞之琳的诗句：“你站在桥上看风景，看风景的人在楼上看你。明月装饰了你的窗子，你装饰了别人的梦。”同时，对于西方观众而言，当面对陌生的东方文化和东方故事时，有一个熟悉的视角和外籍主持人来引导体会，能更快地进入故事。

二、具象呈现：场景构建与沉浸体验

外宣题材通常比较宏大、深刻和理性，而要做到以视频的形式让人喜闻乐见，就需要对这些内容进行具象呈现，用感性的文字和画面来表达。《平凡的闪耀》构建了一系列生动场景，创造了让嘉宾沉浸体验的节目方式，让抽象的宏大主题回归到鲜活的生活场景。

节目以实地采访为主要呈现方式，嘉宾深入每一个“现场”，比如田间地头、乡镇集市，或者车间实验室，亲自去感受和体验。跟随着嘉宾，观众看到了一个个最鲜活的场景和一个个最前沿的现场。人们可以直观感受到，那些伟大的成就是怎样由一个又一个平凡的人在一个又一个场景中努力一步步获得的。在《闪耀的平凡》中，中国近些年的伟大成就，不再是宏大的命题和抽象的数据，而是时刻发生在中国百姓生活和工作中的生动实践与丰富成果。

《中国天眼》中嘉宾在贵州山区看到世界最大单口径射电望远镜发出阵阵惊呼；《传承者》中的服装设计师许建树，耐心地将中华民族传统技艺一点点勾描，制成一袭又一袭古典雅致的时装；《海洋义工》中一群又一群志同道合的人因为保护海洋一次又一次深入海洋清除垃圾种植珊瑚……这些生动场景通过镜头的呈现，让观众看到了平凡的人为了自己的梦想和愿景而不断努力的过程。抽象而宏大的主题通过场景具象构建起来，令人触手可及。

节目不但通过场景构建给观众呈现了可观可感的“大主题”，还在一些片段里让外籍嘉宾沉浸式体验，使用纪实的方式将真实的感受和体验过程记录下来，让观众跟随着嘉宾体验和观察到更多细节和感受。在《幸福带头人》中，外籍嘉宾跟着思秀一起做起了“直播主播”，和思秀一起选货一起展示，一起打包发货，深度体验了这个新职业的所有流程；《编织匠人》里，面对竹编大师展现出的超高技艺，外籍嘉宾情不自禁地提出想学一个简单的竹编工艺，而随着一只生动的“羊咩咩”慢慢出现在嘉宾手里，观众也都会发出会心的微笑；《稻田梦想家》中嘉宾脱下鞋子踩进水田跟随主人公去记录叶龄、水稻分蘖情况……通过对具体生活和工作的沉浸式体验，令世界瞩目的电商发展的丰硕成果、外国人觉得玄妙深奥的中国传统技艺和享誉世界的杂交水稻的种植技术就这样以生动、感性的方式呈现出来了。

在以短视频为主要收视诉求的时代，《平凡的闪耀》以场景化和体验式的表现方式牢牢抓住了年轻群体的收视心理，让宏大而抽象的主题以可视化的建构方式辐射到本土受众和海外受众，生动而直观地展现了中国在各个领域的创新性成果。

三、共情表达：采用国际化的叙事方式

在外宣片的国际传播中，因为不同国家有不同的语言、法律、宗教信仰乃至一些刻板印象，外宣片的传播很容易产生传播障碍和隔阂，也就是通常所说的“文化折扣”。要消除“文化折扣”，取得较好的传播效果，就需要从人类的“共情”入手，展现具有普遍意义的内容。一般来说，传播人类中具有普遍意义的“情感”，讲述令人感动的故事是比较好的方式。《平凡的闪耀》通过讲述一个个普通人的故事，通过个人的情感和精神来引发观众的兴趣和共鸣，继而引发观众对人物身上所附带的情感价值观形成认同。西方价值观非常重视个人的发展，并且对东方文化的集体主义不太认同，《平凡的闪耀》求同存异，从人类共同的爱国之情和个人奋斗入手，讲述了“中国梦”的故事。高能物理研究所的研究员、沙漠里的植物科研者、大熊猫的人工繁育员、去泰国缅甸创业的打工者……每一个人都怀着诸如“我们需要在中国的教科书上看到更多我们自己科学家的名字”“我是想走在别人前面的那个人”和“无论未来有多少困难，都将继续前行”等这样的坚定决心，不断在自己热爱的事业上执着付出，一次又一次对未知的高峰和困难发起冲击，最终在自己的领域获得成功。

这种拥有伟大梦想并愿意努力付出的故事显然能在全球观众中引发共鸣——普通人却偏偏不甘平庸，敢于创新，敢于和命运挑战，一路克服重重困境，凭借顽强的精神和不懈的努力最终实现自己的梦想，这是西方世界也认同的“阿甘精神”，也是“中国梦”的世界版。这种以普通人个体在群像中共同的价值观念诉说，打破了传统外宣片单纯的说教和宣传色彩，通过润物细无声的方式叙述了新时代的中国故事。每一个中国人的努力都是中国能努力向前的一份微薄贡献，千万份的小力量汇聚成为国家强大的助推力。

四、深度阐述：传递中国新形象

外宣片不仅要追求良好的传播效果，更要承担起传播中国价值观、树立中国新形象的重要使命，在形式内容创新与国家形象构建之中找到平衡点，打造构建认同的新方式，让世界更好地了解中国的深层内核，并在更深的层次上赋予这些精神新的时代内涵。

1.以责任担当建构国家认同

中国的发展和强大有目共睹，伴随而来的是基于对中国的不了解而产生的一些“威胁论”，而实际上，与人为善、勇于担当等正是中国价值观的一部分。中国在努力强大自己的同时，也一直对需要帮助的其他国家施以善意，显示出大国风范与国际担当。

《绿色造梦师》中，治理沙漠卓越成就的代表“库布其模式”引得全球许多有治沙需求的国家慕名而来，库布其却宣布将经验与技巧都无偿拿出来与各国分享。在全球都在寻求方法来解决气候问题的时候，中国拿出了充满希望的成果，并且愿意将这种技术和专利向其他饱受荒漠化困扰的国家倾囊相授，愿意为解决全球的气候问题毫不保留地贡献自己的智慧和力量。

《医者仁心》所讲述的中国医生援助周边国家的故事不过是中国长期援外医疗的一个小小缩影。自 1963 年以来，中国先后向亚洲、非洲、拉丁美洲、欧洲和大洋洲的 71 个国家派遣过援外医疗队，累计派出医疗队员约 2.6 万人次，诊治患者超 2.8 亿人次，有 1800 余名医疗队员获得受援国首脑颁发的勋章等多种荣誉。本期节目中，外籍嘉宾前往的广西壮族自治区人民医院援非时间已长达 40 年。以乔世辉和曾世明为代表的中国援外医生，离开熟悉的故土和较好的工作环境，奔赴异国为当地患者无私奉献，用行动展示“医者仁心”。而像他们两个人一样，许多援外的中国医生共同期望着为更多国家的人民带去健康与希望。持续多年的援外医疗工作，也为推动联合国《2030 年可持续发展议程》相关目标实现，提供了中国方案和智慧。

愿意给需要帮助的国家提供帮助，不求回报，只希望能有效地帮助他国，中国的大国担当在节目中展现无遗。通过节目中每一个默默为他国人民奉献价值的普通人朴素的话语和大爱无私的行为，国内观众的民族自豪感油然而生，而海外观众的情感也被激荡起来。

2.普通人身上的民族精神

西方影视作品常常凸显个人价值，而中国叙事视角是通过个人来凸显群体文化影响。《闪耀的平凡》即从最普通的个体出发，以个体折射整体，将镜头下沉到普通中国人的工作和生活，从一言一行的娓娓道来中阐释整个民族的核心价值观。在节目中，有种植水稻的年轻人、大学毕业后回家乡创业的年轻人、农村妇女、科技工作者、义务环境保护者、医务工作者、异国创业者等，这些来自各行各业的普通人是"中国梦"的参与者和见证者。通过讲述普通人努力实现梦想的故事，凸显他们身上的民族精神，让世界各地的观众从中了解和触摸中国。

库布其一位普通农民在谈到如何在黄沙上建立近5000公里"绿色长城"时说道："植树是一个不能停止的过程，必须一直种。我没什么文化，我就知道坚持坚守，不离不弃。"《稻田梦想家》中的年轻科研者朴实地说："既然选择了这一行，就要把它做好做到底。"通过对各个岗位的普通劳动者的朴实展现，中国人坚强不屈、持续奋斗的民族精神非常具象地展现在了全世界人民面前，为世界了解中国成就打开了一扇窗。

这种民族精神不仅用于克服困难，更用来创新，用来与世界深度融合。《平凡的闪耀》展现了不同领域的中国普通年轻人为中国创新做出的努力，嘉宾通过深入这群年轻人的工作场所，和他们深入交流，了解他们所思所想，给世界呈现了新一代中国人的风貌。《编织匠人》中的张德明只是一个农民，但他努力创造出新的编织工艺，与世界奢侈品品牌获得合作，将竹编这一传统工艺与昂贵的奢侈品完美结合；《文创青年》的年轻设计师发扬中国盛唐文化，设计的秦风小将和唐妞两个卡通形象将唐文化带到世界各地；《运动潮流设计者》中的设计师将中国风创新于运动品牌，使得中国品牌引领世界潮流……

节目中的每一个人都表现出创新、积极和坚持不懈等优秀品质。正是有无数这样的普通中国人，创造性地重新发明新的方式来保持我们的文化和传统，以破旧迎新的勇气和毅力，将心中的美景化为现实。由此，中国的经济与文化，中国的担当与精神，正在获得国际承认，并在世界各地受到赞誉。

《闪耀的平凡》不仅是站在新时代的起点对当下中国在多领域所取得的丰硕成果的展现，也是在此基础上通过讲述普通人的梦想和故事，向世界展示了当今中国不拘一格的民族形象，向世界传递了中国文化深处最美好的价值观如勇于创新、甘于奉献和以人为本等，也向世界凸显了中国人个人奋斗精神与国家发展的深度关联。正是因为普通人拥有平凡朴素的“中国梦”并为此孜孜不倦地努力，才有了我们大国崛起的万丈豪情。

五、结语

《闪耀的平凡》一经播出，就获得了广泛关注，仅在芒果 TV 平台播放量就累计超过 1.5 亿次，获得学习强国、《人民日报》、光明日报客户端、《湖南日报》等 50 余家权威媒体超 300 余次的报道。同时，节目“闪耀的平凡”微博主话题阅读量已突破 5632 万，相关话题累计阅读量 3000 万。节目自 2020 年 5 月 28 日起还陆续登上美国天下卫视、美国中文电视台在黄金时段播出，成为西方国家了解中国的一扇窗口。

中国在不断壮大，但中国与世界携手同行、共享发展成果的开放包容、合作共赢文化立场从未改变。《闪耀的平凡》以中国人民在新兴领域的个人奋斗者形象为切入点，以中国在多个领域取得的成就为主线，展现了外籍视角中的中国人民的个人故事和中国的国家故事。奋斗者们无论是在微不足道抑或至关重要的岗位上，坚持奋斗永不言弃的精神汇聚成 14 亿中国人民不懈奋斗的中国梦。借由这些普通人的故事，节目一方面阐释了中国文化和中国经验，另一方面传递了中国开放包容的积极心态和愿与世界携手同行、践行构建“人类命运共同体”的理念。

（本文由笔者和湖南大学新闻与传播学院教师许静合作撰写，原载于《中国广播电视学刊》2021 年第 3 期）

科学构建突发公共事件舆论引导机制*

在习近平总书记《论党的宣传思想工作》的重要论述里，把握正确的舆论导向，提高舆论引导能力，是一个非常重要的命题。习近平总书记于 2016 年 2 月 19 日在党的新闻舆论工作座谈会上指出："牢牢坚持正确舆论导向。舆论导向正确，就能凝聚人心、汇聚力量，推动事业发展；舆论导向错误，就会动摇人心、瓦解斗志，危害党和人民事业。"①

2018 年 8 月 21 日，习近平总书记在全国宣传思想工作会议上的重要讲话中强调："要把握正确舆论导向，提高新闻舆论传播力、引导力、影响力、公信力，巩固壮大主流思想舆论。"②

这些重要论述表明：把握正确的舆论导向，提高舆论引导能力，是一个有机联系的新闻理论命题。把握正确的舆论导向是做好党的新闻舆论工作的重要前提，是基本原则，提高舆论引导能力是实施正确舆论导向的有力措施。因此，在明确舆论导向的正确性之后，就要讲究舆论引导的艺术，不断提高舆论引导的能力，使得舆论引导工作沿着正确的方向发挥更大作用。这是新闻舆论工作的基本规律，也是我们学习领会习近平总书记《论党的宣传思想工作》的心得和体会。

---

* 本文系研究阐释党的十九届四中全会精神国家社科基金重点项目"健全重大突发公共卫生事件舆论引导机制研究"（批准号：20AZD061）的阶段性成果。

① 习近平.论党的宣传思想工作[M].北京：中央文献出版社，2020：185.

② 习近平.论党的宣传思想工作[M].北京：中央文献出版社，2020：340.

一、应对突发公共事件舆情是舆论引导的重点和难点

在当前的舆论引导工作中,如何应对突发公共事件,是舆论引导的重点和难点。如何正确引导突发公共事件的舆论?如何提高突发公共事件舆论引导的能力?这不仅仅是新闻舆论工作面临的重大课题,也是推进国家治理体系和治理能力现代化的一个重要课题。面对这个时代课题,党的十九届四中全会通过的《中共中央关于坚持和完善中国特色社会主义制度 推进国家治理体系和治理能力现代化若干重大问题的决定》(以下简称《决定》)提出,要"完善坚持正确导向的舆论引导工作机制","健全重大舆情和突发事件舆论引导机制"。①

为什么《决定》对于"健全重大舆情和突发事件舆论引导机制"这个问题如此重视?习近平总书记在"关于《中共中央关于坚持和完善中国特色社会主义制度 推进国家治理体系和治理能力现代化若干重大问题的决定》的说明"中对此做了解释:"这是应对风险挑战、赢得主动的有力保证……当今世界正经历百年未有之大变局,国际形势复杂多变,改革发展稳定、内政外交国防、治党治国治军各方面任务之繁重前所未有,我们面临的风险挑战之严峻前所未有。这些风险挑战,有的来自国内,有的来自国际,有的来自经济社会领域,有的来自自然界。我们要打赢防范化解重大风险攻坚战,必须坚持和完善中国特色社会主义制度、推进国家治理体系和治理能力现代化,运用制度威力应对风险挑战的冲击。"②党的新闻舆论工作,是党治国理政的强有力工具,提高应对重大舆情和突发公共事件的舆论引导能力,是"打赢防范化解重大风险攻坚战,推进国家治理体系和治理能力现代化"不可或缺的环节。

提高应对突发公共事件的舆论引导能力,需要健全突发事件舆论引导机制。舆论引导机制是指维系舆论引导工作系统运行的一整套制度安排、

① 《中共中央关于坚持和完善中国特色社会主义制度、推进国家治理体系和治理能力现代化若干重大问题的决定》辅导读本[M].北京:人民出版社,2019:25-26.

② 《中共中央关于坚持和完善中国特色社会主义制度、推进国家治理体系和治理能力现代化若干重大问题的决定》辅导读本[M].北京:人民出版社,2019:53.

程序规范和执行措施。舆论引导机制建设极其重要,它是舆论引导工作得以顺利开展的制度性保障。健全突发公共事件的舆论引导机制,是有效开展突发公共事件舆论引导的制度性保证。根据《中华人民共和国突发事件应对法》《国家突发公共事件总体应急预案》等法律法规,我国将突发公共事件分为四大类:自然灾害、事故灾难、公共卫生事件、社会安全事件。按照社会危害程度、影响范围等因素,将自然灾害、事故灾难、公共卫生事件和社会安全事件的分级标准分为特别重大、重大、较大和一般四级,其中重大突发公共事件属于前两个级别。四个级别的突发公共事件,并不是静止不变的。如果处置应对不当,较大和一般性的突发公共事件也可能演变成为重大突发公共事件。由于重大突发公共事件具有社会危害大且通常难以准确预测等特点,此类事件常常演变为重大危机,给社会秩序和人们的正常工作、生活带来负面影响。重大突发公共事件引发的舆情更是复杂多变,难以监测和应对,这给舆论引导带来巨大的挑战。因此,需要建立和健全一套应对突发公共事件的舆论引导机制,从组织、程序、措施、方法等制度性安排方面对突发公共事件的舆论引导工作予以规范,保证突发公共事件的舆论引导在科学、法治的轨道上运行。

二、建立健全突发公共事件舆论引导机制需要科学的制度安排

经过多年的实践探索,我国已初步建立了一套应对突发公共事件的舆论引导机制,如党委政府管理机制、主流媒体主导机制、舆论领袖影响机制等。但是随着媒介生态的变化,突发公共事件的增多和变异,原有的舆论引导机制有必要调整、健全和完善。根据当前突发公共事件的特点和基本规律,遵照党的十九届四中全会《决定》和习近平总书记关于党的宣传思想工作的重要论述精神,要借鉴危机周期生命理论,对四类不同突发公共事件引发的舆情按照分级、分期、分类、分工协同开展针对性和有效性的舆论引导,建立和健全四类突发公共事件舆论的分级、分期、分类、分工协同的引导机制,以达到“快速预警”“精准研判”“有效引导”“依法处置”突发公共事件引发的各类舆情。

三、建立健全突发公共事件舆论的分级引导机制

突发公共事件层级不同，处置亦有区别。相应的，对不同层级突发公共事件引发的舆情开展舆论引导，也应分级进行，以增强舆论引导的针对性和适用性。譬如，根据《国家自然灾害事件总体应急预案》将各类自然灾害事件按照其性质、严重程度、可控性和影响范围等因素分为四级：Ⅰ级（特别重大）、Ⅱ级（重大）、Ⅲ级（较大）、Ⅳ级（一般），相应自然灾害事件的舆论引导机制也要分级构建，这样可以避免将应对重大突发自然灾害事件的舆论引导资源拿来用于应对一般性的突发自然灾害事件，以节省宝贵的政府公共管理资源、社会资源和媒体资源。反之，也可以避免将重大突发自然灾害事件当作一般性的突发自然灾害事件对待，用应对一般性的突发自然灾害事件的舆论引导资源来应对重大突发自然灾害事件所引发的舆情，以避免因处置和引导不得力、不得当而造成严重后果。

四、建立健全突发公共事件舆论的分期引导机制

观察突发公共事件的运动状态，一般会经历从酝酿到消退的活动过程。借鉴美国管理学者斯蒂文·芬克提出的危机生命周期理论，可将突发公共事件及应对的生命周期划分为酝酿期、爆发期、蔓延期、消退期与灾后重建期五个阶段，这就要求舆论引导的实施者应仔细研判突发公共事件各个阶段所引发舆情的特征，正确研判各阶段舆情发展的趋势，把握不同阶段舆论引导的重点，在认识不同阶段舆情规律的基础上，构建对应各个阶段的舆论引导机制。譬如，在重大突发公共事件爆发初期，由于信息繁杂，鱼龙混杂，真假难辨，民众往往对突如其来的灾害和危机缺乏理性应对，容易产生震惊和恐慌情绪以及压抑、悲观的心理，导致社会的集体性恐慌。

这个时期的舆情特征常常表现为：信息的不确定性容易导致流言、谣言纷起，真假信息难以辨别，舆论引导的难度大、成效低、成本高。构建突发公共事件爆发期的舆论引导机制，需要建立和健全及时、快速、有效的信息沟通机制，真实、准确、权威的信息发布机制和积极、主动、有力的舆论引导掌

控机制。构建分期引导机制还有助于将突发事件的舆论引导作为一个过程来开展,这样可以给舆论引导机制的建构预留一定的空间,增强构建突发公共事件舆论引导机制的主动性和科学性。

譬如,汲取应对新冠肺炎疫情的经验教训,北京、上海、深圳等地出台了一系列地方法规。2020 年 9 月 27 日发布实施的《北京市突发公共卫生事件应急条例》第二十五条规定,“执行职务的医疗卫生人员发现发生或可能发生突发公共卫生事件线索的,应当依法将具体情况向本单位和疾病预防控制机构报告”,“情况紧急时可以越级报告”。第二十七条规定,“任何单位和个人有权向人民政府及其有关部门报告突发公共卫生事件隐患”,“市、区人民政府及其有关部门应当保证报告渠道畅通,建立受理与调查处理机制,依法维护报告人的个人信息、人身安全等合法权益;对报告的突发公共卫生事件隐患,经调查核实的,市、区卫生健康部门对报告人予以奖励,对非恶意的不实报告不予追究责任”。①

这些规定,是对新冠肺炎疫情之前的突发公共卫生事件“预防与预警机制”的一个重要补充。它在“预防与预警机制”里嵌入了“容错”和“纠错”机制,一定程度上可弥补突发公共卫生事件“预防与预警机制”的某些缺失和漏洞。

五、建立健全突发公共事件舆论的分类引导机制

开展突发公共事件舆论的分类引导,是基于对突发公共事件的两种分类模式的认识。第一种是上述基于突发公共事件的危机性质与涉事主体的分类模式,即“自然灾害”“事故灾难”“公共卫生事件”和“社会安全事件”,这四类突发公共事件产生的原因和初始影响范围有较为明显的差异,因此应对方式和处置的责任主体也有所不同。

在我国,目前应对这四类突发公共事件的责任主体有明确的分工:由国家应急管理部负责应对和处置“自然灾害”和“事故灾难”,国家卫生健康委员会负责应对和处置“公共卫生事件”,国家公安部和国家安全部负责应对

---

① 北京市突发公共卫生事件应急条例[N].北京日报,2020-09-29.

和处置“社会安全事件”。同样,由这四类突发公共事件引发的舆情也有很大的差别,这是科学构建突发公共事件舆论的分类引导机制的主要原因和根据。

第二种分类模式,是建立在第一种分类模式基础上的,体现了对突发公共事件的最新认识。譬如,从成因来看,突发公共卫生事件可以分为三种不同的类型:一是自然型突发公共卫生事件,它主要来自自然界,致病原因往往较为明确,现行公共卫生体系具有明确的诊断和治疗指南,如“禽流感”“手足口病”等;二是责任事故型突发公共卫生事件,主要因个人或企业的失职或违规违法造成,如“问题疫苗事件”“毒奶粉事件”等;三是不确定型突发公共卫生事件,这类突发公共卫生事件的起因通常在一定时间内缺乏明确判断,现行公共卫生体系没有明确的诊断标准和治疗方案,因此需要经过多番严格的科学调查和研究,才能探明成因。

这类突发公共卫生事件多为“黑天鹅”事件,爆发突然,来势凶猛且猝不及防,往往引发较大的疫情,给经济发展和社会稳定以及人民的健康和生命安全带来巨大的威胁和危害。由于这类重大突发公共卫生事件引发的舆情异常复杂,且具有重大性、突发性、反转性、对抗性、互动性、全球性、政治化、民粹化等一系列征候,因此针对这类重大突发公共卫生事件引发的舆情的舆论引导可谓困难重重,压力颇大。新冠肺炎疫情就是这类不确定性突发公共卫生事件的典型。这三类突发公共卫生事件的舆情特征差异很大,因此构建这三类突发公共卫生事件的舆论引导的策略与机制也应有所不同。

六、建立和健全突发公共事件舆论的分工协同引导机制

突发公共事件的舆论引导是一项极为复杂的工作,如同一项系统工程,需要各个子系统的分工合作。上述的分级、分期和分类引导机制,建立在突发公共事件舆论引导主体分工协同基础上,没有科学严格的分工协同,就谈不上进一步构建分级、分期和分类引导的机制。

因此在突发公共事件的舆论引导机制建构中,分工协同机制是基础。而在分工协同机制中,分工是重中之重。因四类突发公共事件涉事主体的复杂性,应对突发公共事件时会涉及多个不同的专业知识领域,如果没有明

确、严格的专业分工、协同合作，对突发公共事件的应对和处置则很难完成。

如前所述，目前我国应对四类突发公共事件的主体责任职能部门已有明确分工，另外，为应对某一具体的突发公共事件，我国的相关责任部门还会因事、因时制宜，建立更具针对性的分工协同机制。新冠肺炎疫情期间我国建立的联防联控机制，就是一个典型的分工合作、协同创新、群防群治的机制，在抗击新冠肺炎疫情的过程中作用显著。

日本应对突发灾害事件，其职能分工非常严格、精密和专业。例如，在应对地震、海啸等自然灾害和核泄漏等事故灾难方面，制定颁发了《灾害对策基本法》①。该法首先将灾害分为灾害预防、灾害应急对策以及灾害恢复等三个阶段，根据不同阶段的特征和目标，规定各实施责任主体应发挥的作用及权限。而在具体灾害应急机构的完备方面，《灾害对策基本法》规定，在灾害发生或可能发生之时，都道府县和市町村需要设置灾害对策本部；当特别严重的灾害发生时，在国家层面设置非常（紧急）灾害对策本部，以实施综合且有效的灾害应急对策。灾害对策本部的设置，实际上是将日常的行政机制切换至灾害应急机制之下，集中所在行政层级的所有相关行政机构，实现行政运行一体化。从信息发布层面来看，各行政部门负责收集相关信息，统一由灾害对策本部对外发布，减少信息发布的周期，从而更有利于迅速传达相关部门的决定。

从日本灾害史来看，灾害对策本部在重大地震中发挥了重要的作用。这些应对突发灾害事件的机制建设的经验，对于如何科学建构突发公共事件的舆论引导机制，有重要的借鉴作用。建构突发公共事件舆论引导机制，也需要遵循分工、协同合作的原则，建立和健全严格的分工协同机制，以建立起职责鲜明、分工明确、协同合作、高效运行的舆论引导机制。

七、结语

从系统论的角度观察，舆论引导是一个高度复杂的社会系统工程，增强

---

① 日本消防厅.灾害对策基本法概要[EB/OL]. http://www.bousai.go.jp/taisaku/kihonhou/pdf/kihonhou_gaiyou.pdf.

舆论引导的有效性，提高舆论引导的能力，需要从以往大而化之的笼统要求和原则性把握，转变为精细化、程序化、实证化和规范化的操作应用与体制机制建设。科学的突发公共事件舆论引导机制是由一系列符合机理的微观机制所构成的，这些微观机制如同一个一个的自组织，在各自的位置上发挥着不可替代的作用，它们共同组成协同高效的精密结构。这是从舆论引导的策略和技术层面展开对科学建构突发公共事件舆论引导机制的构想。

但是，科学建构突发公共事件舆论引导机制，更需要创新舆论引导机制建设理念，将以往注重以政府为主导的舆论引导“监管型”机制，向体现治理体系和治理能力现代化的舆论引导“治理型”机制转化。这个转化的关键就是要体现习近平总书记强调的新闻舆论工作要树立以人民为中心的思想，坚持党性与人民性的统一。开展重大舆情和突发事件的舆论引导，必须坚持党的领导，保证人民群众的知情权、参与权、表达权和监督权，充分尊重和发挥人民群众在开展重大舆情和突发事件舆论引导中的主体地位和作用，为打造共建共治共享的理想社会治理格局提供来自舆情治理和风险应对的经验。

（本文由笔者和湖南大学新闻与传播学院副教授许静合作撰写，原载于《新闻战线》2021 年第 4 期）

下篇

新媒体研究

变革 共生 协同发展

——日本的新老媒体竞合生态及启示

摘要:在日本,社交媒体、网络媒体等基于互联网技术传播的媒介形式,可以统称中文语境中的“新媒体”。日本的新媒体普极较早,社会信息系统中,报纸、广播电视等传统媒体顺应互联网发展不断变革,走向数字化或在线播出,新媒体则在保持发展势头的同时兼顾着传统媒体的利益,形成了当下日本较为良好的新媒体与传统媒体竞争中合作的媒介生态。传统媒体在公信力、运营体制和受众黏度方面仍优势明显。日本新老媒体协同共进的现实,对中国媒体很有启示意义。媒介融合是大方向,但又是渐进的过程;建立在传统传播基础上的政治、经济、文化也需在稳定中求变;未来传播是新媒体主导,但变革不仅是传播介质的改造;应立法保护纸媒内容原创,终结免费午餐,否则传统媒体难以为继,新媒体的创造力也难以激发。

摘要:新媒体;媒介融合;协同发展

一、日本的新媒体及发展概况

1.日本的“新媒体”

新媒体一词,在我国新闻传播业界和学术界已被广泛使用,一般是指“利用数字技术,通过计算机网络、无线通信网、卫星等渠道,以及电脑、手机、数字电视机等终端,向用户提供信息和服务的传播形态”①。而目前在日

① 匡文波.新媒体概念辨析[J].国际新闻界,2008(6):67.

本新闻传播业界和学术界，“新媒体”一词则很少被提及。究其原因，在20世纪80年代，日本新闻传播业界和学术界曾广泛使用“新媒体”（ニューメディア、New Media）一词，主要用以指代随着科学技术的发展，当时出现的区别于报纸杂志、广播电视等既存媒体的媒介形式，如卫星电视、高清电视、文字广播电视、图文电视等等。其“新”主要体现在媒介技术、传播方式等方面的革新，也是相对于当时已有媒介形式而言的“新”。而基于互联网技术传播的媒介形式，在日本则尚无一个统一的概念加以涵盖，如：Facebook、Twitter等社交性强的媒介形式则使用“社交媒体”（ソーシャルメディア）的概念，新闻媒体网站则被称为“网络媒体”（ネットメディア），等等。考虑到中文语境的习惯，本文将日本的社交媒体、网络媒体等基于互联网技术传播的媒介形式统称为“新媒体”。

2.日本新媒体发展的概况

（1）互联网的普及。1984年，日本庆应义塾大学、东京工业大学、东京大学三校之间接通供研究用的电脑局域网JUNET（Japan University/Unix NETwork），拉开了网络研究、应用的序幕。1989年，日本的电脑网络与美国全美科学财团网络（NSFNET）连接，标志着日本互联网技术成功登场，然而早期的互联网只限定在研究机构和政府机构使用，并未向一般公众公开和普及。1993年，日本开放服务器营业业务，互联网的个人和商业业务随之得以开放，随后日本互联网普及呈现出逐年增速的态势。根据日本总务省的统计数据，截至2013年底，日本个人使用互联网的人数达10 044万人，较2012年底增长392万人，互联网使用人口普及率从2012年底的79.5%增长到82.8%。[①]

（2）移动电话及移动互联网的普及。1994年4月，日本移动电话终端销售制度的实施，促使各通信公司开始研发价格低廉的移动终端，各公司之间为争取市场份额也开始了价格之战，最终使得移动电话的用户急速增长。1995年7月，新型移动终端PHS[②]的问世，加之通话费用的降低，进一步加

① 総務省.平成25年通信利用動向調査[EB/OL].http://www.soumu.go.jp/johotsusintokei/statistics/statistics05.html.

② PHS：Personal Handy-phone System，是一种无线本地电话技术，采用微蜂窝通信技术。PHS这项技术在1880~1930兆赫这个波段内运作，最早由日本NTT实验室研发而来。在中国大陆，中国电信的小灵通业务使用该技术。

速了移动电话的普及。至2000年3月，日本移动电话的签约数首次超过固定电话。在移动终端不断普及的同时，日本的移动互联网技术和服务也得以发展。1999年，NTT公司“i-mode”和KDDI公司EZweb服务的推出，使得移动电话终端连接互联网成为可能。2000年，带有照相机的移动电话登场；2001年，可传收大容量、高画质数据的移动电话问世。随着移动互联技术的进一步发展，移动电话终端也得以向智能化升级，相应地，移动互联产品也日益丰富。根据总务省的相关数据，截至2013年底，日本移动电话PHS的普及率达到94.8%，其中智能手机的普及率较前年增长了13.1%，达到62.6%①，呈现出较快的增长态势。

（3）以社交媒体为代表的新媒介形式的走热。随着社交媒体在世界范围内的流行，近年来日本社交媒体也呈现出走热的趋势。同世界发展趋势一致，20世纪90年代后期互联网上出现的一种名为博客的新媒介形式成为早期日本社交媒体的主要形式。进入21世纪以后，受众参与型的网络服务相继出现，例如：2002年，作为SNS先锋的Friendster问世；2004年，Facebook及Mixi、GREE等SNS服务网站出现。除了博客和SNS服务以外，Twitter、电子论坛、Social bookmark、视频共享网站等社交媒体也相继出现。除了世界范围内普遍使用的社交媒体平台外，日本从2004年开始推出自主研发的社交媒体平台GREE和Mixi。其中，Mixi最初是一个以提供日记功能为主的平台，从问世以来便得到迅速发展；2006年3月，登录用户数达到340万人，随后成为日本社交媒体的引领者。而GREE最初并没有设置日记功能，因此发展速度相较Mixi有所缓慢。2005年开始，GREE推出移动电话版本，并开始提供移动电话版游戏服务，其用户得以迅速增长。此外，日本较有人气的SNS服务网站有以博客为主的Amba以及其旗下的Ambapigg社交游戏网站，自推出服务以来用户不断增长。2011年6月，韩国互联网集团NHK的日本子公司NHN Japan正式推出新型社交媒体平台Line，其虽起步较晚，但因具备免费通话、短信、朋友圈等强大的社交功能，在全球范围的注册用户数量迅速增长。根据日本“ICT总研”2014年8月发布的一项针对日本国内

① 総務省.平成25年通信利用動向調查[EB/OL].http://www.soumu.go.jp/johotsusintokei/statistics/statistics05.html.

SNS使用情况的调查结果,截至2013年底日本的SNS使用人数为5487万人,平均每月增长45万人,预计2014年底使用人数将增加至6023万人。在众多SNS平台中,LINE的使用率最高,达到47.6%;其次为Twitter,达到41.9%;Facebook和Mixi分别为39.9%、19.7%。[①]

二、新媒体环境下的媒介生态:新媒体与传统媒体在竞争中共生

面对新媒体发展的势头,一方面以报纸、广播电视为主的传统媒体顺应互联网发展进行变革,另一方面新媒体在保持发展势头的同时兼顾着传统媒体的利益,从而形成了较为良好的媒介生态。

1.传统媒体顺应互联网发展的变革

(1)报纸的数字化战略。互联网技术的发展给传统的印刷媒介既带来了发展契机,又提出了新的挑战。发展契机主要体现在互联网技术推动了数字出版的发展潮流,新的挑战主要体现在基于互联网传播的新媒介形式的出现在内容及用户群等方面给传统印刷媒介带来了一定的冲击。基于这一背景,日本传统报业开始实施数字化发展战略:一方面,传统报社开办网站,将互联网作为新的传播渠道。根据日本报纸协会的“报纸及通讯社的电子、电波媒介现状调查”的结果,截至2013年1月,参与调查的86家机构均已开办网站。[②] 另一方面,面对数字化发展的潮流和趋势,日本报业开始实行数字化发展的应对举措,可大致分为保守消极型、多管齐下型及技术先导型等几种类型。具体而言:一是保守消极型,即仍然以传统报纸发展为主要阵地,数字化步伐缓慢,即开发相对较少的数字化业务,并在内容和用户群上严重依赖传统报纸。采取这一类应对举措的当以占据日本传统报业市场份额之首的《读卖新闻》为代表,它主要以网站在线提供信息为主,而主要受众群定位在其传统报纸客户上。二是多管齐下型,即顺应数字发展趋势,开展多种类型的数字服务。日本传统大报《朝日新闻》便是很好的例子,该报在把握报纸媒介特征的基础上,开展类型化的数字服务。三是专业个性型,

---

① ICT総研[EB/OL].http://www.ictr.co.jp/report/20140821000067.html.

② 日本新聞協会[EB/OL].http://www.pressnet.or.jp/data/media/media01.html.

即以自身独有的内容资源为基础,开展有针对性的个性化服务。此类报纸往往具有专业性的内容资源,或在某一领域有着其他报纸无法比拟的竞争力。在日本的报界中,《日本经济新闻》可以说是采用这种发展模式的典型,该报在多年数字化经验的基础上,结合自身财经类信息的专业优势,开发出一系列个性化的服务方式,在数字化发展方面取得成功。

(2)广播电视的在线播放及点播业务。一方面,广播电视媒体通过开办官方网站的方式,发布新闻及节目相关信息。几乎所有广播电视媒体都开通了官方网站,除了广播节目可以直接在线收听外,电视媒体只提供部分新闻的视频剪辑片段、节目播出安排及节目预告等与节目相关的信息。另一方面,广播媒体开通在线实时收听节目的网站,电视媒体开通在线付费视频点播业务,实现音视频的在线传播。广播方面,公共广播 NHK 在其官方网站上开通在线广播“RADIRU RADIRU”,用户可以在线收听广播第一频率、广播第二频率及 FM 频率广播三套节目的直播。为解决收听信号和质量等问题,以东京、大阪地区为主的商业广播联合创办了在线收听网站 RADIKO,于 2010 年 3 月开始试验播出,用户可以通过电脑、智能手机、平板终端等多种途径收听节目。电视方面,2005 年,日本电视台的在线点播网站“第二日本电视”及 TBS 电视台的“TBS 在线点播”开通;2008 年 12 月,NHK 在线点播网站“NHK 在线点播”也开始开展业务。此外,一些非广播电视机构也开始利用互联网进行音视频传播,特别是一些传统广播电视上未能播出的内容,如政府网络电视、众参两院审议直播、地方议会直播、各种记者见面会直播等等。随着 YouTube、NICONICO 等在线互动网站的影响力日益扩大,普通网民也可以成为传播者直接在互联网上传播音视频。

2.新媒体发展并没有导致传统媒体迅速衰微

从世界范围内来看,一些国家的新媒体发展给传统媒体带来了严重挑战。如美国一段时期以来,以《基督教科学箴言报》为首的大报都停办纸质报纸,改为电子版。这对中国的报业也产生了很大的影响。然而,从日本的新媒介生态来看,新媒体的发展虽然对传统媒体产生一定的影响,但影响并不像美国和中国那么大。究其原因,主要有以下几点:

(1)从内容的保护角度来看,日本有完整的著作权和版权保护的法律法规制度。报纸、通讯社、电视台、网络的新闻信息等内容受到较为严格的保护,免费午餐式的无偿使用是不可能的。这样,传统媒体作为内容生产和提供商的强大优势,暂时是新媒体难以撼动的。

(2)从公信力调查数据的结果看,传统媒体的公信力要高于新媒体。虽然网络媒体和社交媒体近年呈现出较强劲的发展势头,然而从受众的信赖程度来看,传统的报纸、广播、电视仍占据较大的优势。根据日本通信调查会2013年全国媒体舆论调查①的结果来看,受众对各媒体信息信赖值最高的是“NHK电视”,达到72.5(最高值100);其次为报纸媒体,信赖值为70.7;第三为广播媒体,信赖值为60.6;而网络媒体的信赖值只有54.1,较传统媒体仍有一定的差距。

(3)从经营体制来看,美国的媒体体制是典型的商业体制,大的报纸、电视、广播都上市,股东们来自媒体业之外的行业。资本的流动总是追逐高利润的,也就是说资本的本质就是利益。报纸、电视一旦盈利下降,或者在亏损的状态下,股东们就要撤资,这就是美国的一些大报、大刊会停刊、转行的原因。日本媒体的情况有所不同,许多报纸的从业者,基本上都持有这家报纸的股份,或者说是这家报纸的股东,报社、电视台的兴衰直接影响从业者,也就是股东们的经济利益,加之日本的企业大部分都是家族式企业,集体主义和团队精神强,为了报纸、电视的生存和发展,从业者会全力以赴。

(4)从受众的角度来看,日本已经进入老龄化社会时代。新媒介形式的使用,往往需要具备一定的操作技能。这对于老年人而言,使用社交媒体、网络媒体等新媒介形式需要首先解决操作技能这一关。而相对而言,传统的报纸、杂志、广播、电视等媒体比较适合老年人接触和使用。因此,基于老年人口在日本社会中的比例,传统媒体的老年用户群能够保持相对稳定。

(5)从报纸的发行和经营方式来看,传统媒体与新媒体协同发展。一方面,传统的日本纸质报纸已经形成完备的到户订阅和宅配制度,而对于日本人而言,订阅报纸已经成为多数人的生活习惯。随着新媒介形式的出现,一些日本人已经改变了阅读纸质报纸的习惯,但是不管是否会阅读纸质报纸,

---

① 公益財団法人新聞通信調査会.第6回メディアに関する全国世論調査(2013年)[EB/OL].http://www.chosakai.gr.jp/notification/pdf/report6.pdf.

当报社经营人员入户征订时,还是会依照习惯进行订阅。另一方面,面对新媒体发展的形势,报社在经营上也会采取相应的策略,即采用纸质报纸与网络电子报纸捆绑式销售的方式。从内容层面来看,无论是早期的免费在线网站还是后来的付费数字报纸,数字产品的内容绝大多数来源于传统报纸的内容。在营销方面,付费数字报纸的订阅,往往是基于传统纸质报纸多年来积累下来的用户,通过优先式、专供式的营销方式(如捆绑式销售、只针对报纸订购用户开放等),将传统纸质报纸的用户逐步带入数字报纸的领域。在此基础上,数字产品的内容通过新的媒介形式有所延伸。数字报纸和传统报纸捆绑式发展理念的优势在于:一方面可基于传统报纸多年来积累的品牌影响力和读者信赖感,来拓展数字内容领域的用户;另一方面,可以在一定程度上减缓数字化发展对传统报纸发展带来的冲击,从而实现传统媒体与新媒体的协同发展。

(6)从信息传播范围的角度来看,日语语言的传播范围和影响力远不如英语大。传统的报纸、广播、电视等媒体,在信息传播方面往往会受到一定条件的限制,如报纸会受到发行范围的限制,广播、电视会受到接收条件的限制。相比较而言,互联网的信息传播无边界可言,目前尚无全面禁止互联网传播的技术条件和政策。美国的官方语言是英语,英语同时也是一种国际性的语言。因此,不难理解,使用英语通过互联网进行全球传播,无论是传播效果还是随之而来的经济效益都是巨大的。换言之,这给美国新媒体发展带来了巨大的市场。而相反,日语语言的使用范围仅仅局限于日本,使用人数为1亿多人,传播的范围和市场有限。所以,相比较而言,大力发展网络媒体和手机媒体的动力不如美国强大。

三、日本新媒体与传统媒体的协同发展对我们的启示

日本和中国同处东亚地区,两国一衣带水,文化源远流长,具有东方民族的一些共同思维特征。日本新媒体与传统媒体的关系、日本在发展新媒体方面的策略,对我国走媒介融合之路是有借鉴和启发意义的。

1.“传统媒体就要终结”,这只是一个喊话

媒介融合是一个发展潮流,大势所趋,势不可挡。但媒介融合又是一个

渐进的过程，是按照媒介自身发展的规律自然而然地走向融合。传统媒体长期形成的惯性，将会按照“长尾”理论，运行相当长的时间。任何传统媒体不久就要终结的号子，无论调门多高，也不过就是个喊话而已。

2.纸媒阅读弥足珍贵

报纸作为新闻纸，长期以来积累的公信力和对读者阅读习惯的养成，这在媒体的品质和国民素养的提高两个层面，都是具有潜移默化的作用的。报纸和书籍是文化传承最有效的载体，这种传统习惯的习得，是弥足珍贵的。日本人现在特别怀念20世纪60年代以后的“昭和时代”，认为那个时代的人勤勉苦干，遵守道德纪律，有良好的阅读习惯。那一代人普遍认为当前经济低迷，当代日本年轻人只会享受，缺乏埋头苦干的精神，不好读书阅报，沉溺于玩手机、玩游戏。这些观点当然有失偏颇，但也还是提出了一些问题，至少是反映了一些现象。

笔者七年前去日本讲学，东京电车里鸦雀无声，大部分人在埋头读报和书籍，而2014年去早稻田大学访学，满眼看到的都是年轻人在玩手机了。当然，日本经济不景气，和年轻人玩手机也许没有什么关系。但是作为一个有着深度阅读习惯的日本，相当多的社会精英和学界领袖对社会深度阅读习惯的式微是相当忧虑和不满的。反观我国，如果一味鼓吹传统媒体马上就要化为“泡沫”，把人们特别是年轻人的眼球吸引到小小尺寸的屏幕上，对心理和生理两方面都是无益的。这种碎片式的阅读习惯的养成，对逻辑思维的培养百无一益。相反，我们所抱怨的日益浮躁的社会风气，难道与人们这种浮躁的阅读方式和思维方式无关吗？现在一提改革，就是要打破传统，可是传统蕴含的经过长时间积淀下来的价值观，被时间和实践证明是行之有效的，不但不应废弃，而是应该继承和发扬。这才是我们对待传统和改革关系时应取的立场和态度。否则，人云亦云，盲目地跟着西方走，认为美国的一切做法我们都应该奉为圭臬，那就是东施效颦、邯郸学步。

3.媒体变革不能仅寄托于传播介质和技术

媒介融合，以新媒体为主导，这是国内目前流行的主要观点。从技术层面看，新媒体是在数字通信技术条件下产生的传播介质，代表了传媒技术发展的趋势。另外，以数字技术武装起来的新媒体，在传播方式、传播介质、传播手段乃至传播理念上发生了巨大的变化。考虑到这些因素，在未来的媒介融合中，新媒体的主导作用是不可否认的。

但是，传统媒体基于强大的信息采编能力的内容优势，是新媒体所不及的。当下在媒介融合的过程中，我国新闻传播能力的提高，需要在公信力和内容上多下功夫，提高质量，如果把变革的期望单单寄托在传播介质、技术以及传播的形式上，那是缘木求鱼。内容决定形式，这是不可改变的。

4.立法保护传统媒体原创，终结免费午餐

媒介融合，如果说需要借助外力推动的话，最有效的外力，还是建立和完善有关法律法规，并且做到有法必依，执法必严，譬如对著作权保护法、知识产权法的严格执行。电信增值业务，必须在相关法律法规的框架下运作，还应根据形势的发展，不断完善规范这些信息领域的法律法规。那种无偿使用、掠夺式占用传统媒体原创内容的行为不能再继续下去。否则，将会使传统媒体失去从事原创的法律保护，新兴媒体免费午餐吃习惯了，原创的精神和动力未能养成。其结果无非是两败俱伤。

（本文由笔者和江苏省广播电视收看收听中心编辑高昊合作撰写，原载于《新闻传播》2014 年第 12 期）

交通广播面对移动互联网的挑战与对策

摘要:互联网、移动互联网及各类新兴媒体的迅速兴起和普及引发了传媒格局前所未有的变革,本文详细分析了移动互联时代交通广播面临的挑战和困难,并从导向、内容、技术、经营、体制机制几个方面提出了解放交通广播"生产力"、开创交通广播事业发展新格局的可行性建议。

关键词:交通广播;网络侵权;新媒体技术;产业渠道

1991年全国第一家交通广播——上海人民广播电台交通信息台成立,在接下来的25年中,随着社会经济的发展,机动车保有量迅速增加,交通广播异军突起。无论是知名度、美誉度、影响力还是经营创收,交通广播在全国各地各类广播频率中首屈一指。近年来,互联网、移动互联网及各类新兴媒体的迅速兴起和普及,引发了传媒格局前所未有的变革。与其他媒体一样,交通广播在内容生产与传播、广告创收、经营管理等方面,正在面临一系列挑战,主要表现为:

第一,特有的交通路况信息资源优势正在削弱。

长期以来,各地交通广播大多与当地交警和交通管理部门保持密切和良好的合作关系,并从这些相关部门获得权威、及时、准确、翔实的各类交通路况信息,这是交通广播特有的信息资源。正是凭借这些特有的甚至是独有的信息资源,交通广播满足了车上人群的收听需要,从而赢得了大量听众,也因此成就了交通广播独特的地位、品牌和影响力。但近年来,高德、百度等一些互联网企业运用大数据、全球定位系统(CPS)等技术或装置通过与相关企业或个人车主合作,也能获得大量交通路况信息。交通广播特有的信息资源优势被削弱,车上人群对交通广播的依赖程度正在下降。

第二,网络侵权导致听众隐性流失严重。

随着以智能手机为代表的移动终端的迅速普及,网络电台日益发展壮大。喜马拉雅 FM、蜻蜓 FM、考拉 FM 等知名网络电台接入成百上千传统广播频率,深受欢迎的各地交通广播频率自然也备受网络电台的青睐。有些网络电台与交通广播签署了合作协议,但大部分网络电台是在没有经过交通广播允许和授权的情况下擅自将交通广播节目接入网络的,这是一种明显而严重的侵权行为。由于用手机等移动终端收听的便捷性、即时性,许多交通广播的听众改为通过网络电台收听交通广播节目。虽然收听的可能还是交通广播频率,但收听人口的变化导致交通广播听众隐性流失严重。

第三,广告收入下滑明显,经营压力空前增大。

在各地各类广播频率中,交通广播广告收入一直名列前茅。从全国情况看,交通广播广告收入占广播广告总收入三分之一以上。有的地方交通广播广告甚至可以占到该地广播广告收入的半壁江山。北京人民广播电台 2015 年广告收入为 12 亿多元,交通广播就贡献了将近 5 亿元广告份额。2015 年,全国广播广告收入 156.42 亿元,比上年减少 3.52 亿元,降幅 2.20%(图 1),这是十年来广播广告首次负增长。① 交通广播广告收入也出现了涨幅回落甚至是下滑。从 2016 年前 10 个月情况看,与去年同期相比,交通广播广告收入总体上基本持平或略低于同期水平,许多交通广播广告收入出现明显下滑。

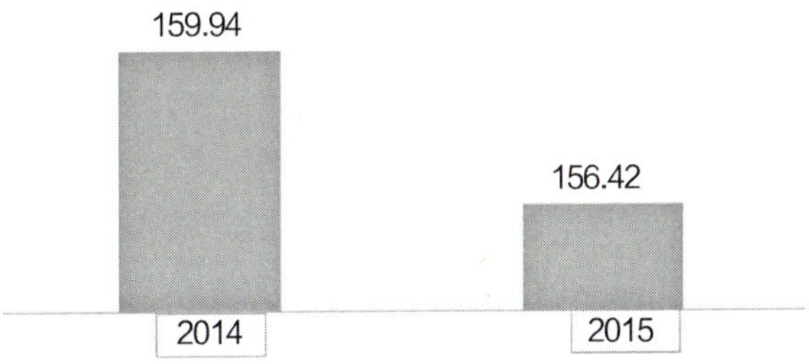

图 1　2014、2015 年全国广播广告收入(单位:亿元)

---

① 国家新闻出版广电总局发展研究中心.中国广播电影电视发展报告(2016)[M].北京:中国广播影视出版社,2016:201.

第四，盈利模式单一，产业拓展乏力。

在全国各地大部分交通广播频率中，广告收入基本上占到频率总收入的80%甚至更多。这种单一的盈利模式使得交通广播对广告收入高度依赖，对广告市场高度依赖。广告市场的波动和变化是影响交通广播命运的关键。单一的盈利模式在很大程度上增加了交通广播的经营风险。尽管许多交通广播探索通过自驾游、汽车俱乐部、车友会、汽车后服务、广播购物等方式拓展广播产业，有的地方积累了一些成功经验，但在大部分地区，这些产业拓展对交通广播经济收入的贡献并不明显。

第五，管理体制机制滞后，束缚交通广播"生产力"。

交通广播是所有广播频率中市场化程度最高的频率之一。对交通广播的管理，应更多探索和借鉴符合市场规律的运营机制和操作方法。现在，在节目生产与传播、广告经营、产业拓展、人力资源管理等方面，一些地方交通广播还在沿用计划经济时代事业单位的管理模式，节目生产缺少创新，广告经营越发困难，产业拓展乏善可陈，员工缺乏积极性、主动性、创造性，甚至出现较为严重的人才流失现象。

面对这些挑战，交通广播要尝试从以下几个方面探索发展的新路径：

第一，坚持正确的舆论导向，培育和践行社会主义核心价值观。

多年来，各地交通广播在培育和践行社会主义核心价值观方面进行了大量探索和实践。如开办"帮扶类"节目，为听众提供危难、救急、维权等方面的帮扶服务，通过爱心送考、助学、精准扶贫、义卖、募捐等活动，为困难群体提供援助等。2014年，国家新闻出版广电总局专门组织了"全国交通广播传播社会主义核心价值观经验交流会"。培育和践行社会主义核心价值观是交通广播影响力、传播力、公信力的重要来源，为交通广播赢得了巨大的社会效益，同时也是增强用户黏性、提高交通广播经济效益的重要保障。移动互联时代，交通广播必须坚持并进一步发扬这方面的优势。

第二，对内容深耕细作，用不断推陈出新的产品和服务满足用户需求。

交通广播要赢得社会公众的关注，最终要靠优质内容。移动互联时代，交通广播的内容不仅仅指以节目呈现的产品，还包括线上线下的服务。把听众转化成用户，用不断创新的产品和服务满足用户需求，是当下交通广播面临的重要课题。例如，交通路况信息虽然已经不再是交通广播的独家资源，但各地交通广播在长期的工作实践中培养了一大批交通信息方面的专业记者、编辑、主持人等专门人才，可以充分发挥他们的专业优势，通过对交通路况信息进行分析、汇总、研判、预测等专业化的深耕细作，为用户提供精准的、个性化的出行信息服务。

第三，运用新媒体技术，搭建全媒体、立体化的信息采集、制作、分发平台。

互联网、移动互联网等技术的迅猛发展让不同形态媒体之间的界限越来越模糊。广播早已不是单纯的声音媒体，原有的采、编、播流程和方式都发生了颠覆性的变革，交通广播必须顺势而动。例如，上海东方广播中心搭建了新媒体中心，引入@ radi 采编系统平台，建设广播媒体的“中央厨房”，实现了一次采集，多种生成，立体发布。再如，许多地方交通广播将电台直播场景同步用电视直播，一些重大报道和大型活动采用微博、微信、新闻客户端进行音视频、图文直播等。全媒体、立体化的节目产品制作、分发已是大势所趋。

第四，探索多元盈利模式，不断拓宽产业渠道。

目前，广告收入仍然是各地交通广播的主要收入来源。在巩固和完善广告经营的基础上，交通广播必须探索多元盈利模式和产业渠道，不断培育和发现新的经济增长点。移动互联网为此提供了更多的机会和可能。例如，贵州交通广播正在探索和建设的“互联网+智慧交通云平台”，这是一个融出租车管理、路况信息采集、电子商务及互联网金融服务为一体的信息网络平台，可以为政府运管部门、出租车司机、乘客及普通市民提供多样化、个性化的交通信息产品及服务。再如，南京广电集团的新媒体产品“在南京”，通过为用户提供生活休闲服务及搭建跨区域的新媒体平台，实现用户资源整合和流量变现。这些都是交通广播探索拓宽产业渠道的有益尝试。

第五，建立和完善与移动互联时代相适应的管理体制机制，解放交通广播“生产力”。

交通广播管理体制机制广义上包括节目生产及播出机制、广告经营机制、产业拓展机制、人力资源管理机制等。这些机制建设上要与时俱进、开拓创新，要运用互联网思维，不断探索与新闻传播规律、新兴媒体传播规律和社会主义市场经济规律相符合、相适应、相协调的管理体制机制。如参考和借鉴法人治理机制，完善绩效考核机制，尝试建立股权激励机制，理顺人员进入、退出、奖惩和晋升机制等，为员工创造良好的职业预期和职业愿景，不断激发员工的积极性、主动性、创造性，不断解放和发展交通广播的“生产力”。

综上所述，移动互联时代为交通广播带来前所未有的挑战。作为广播媒体的一支生力军，交通广播在迎接挑战的同时，必须抓住时代赋予的机遇，坚持正确的舆论导向，用不断推陈出新的产品和服务满足用户需求，充分运用新媒体技术搭建全媒体、立体化的信息采集、制作、分发平台，探索多元盈利模式，通过建立和完善与移动互联时代相适应的管理体制机制，解放交通广播的“生产力”，不断开创交通广播事业发展新局面。

（本文由笔者和中国传媒大学副研究员高永亮合作撰写，原载于《中国广播》2016 年第 12 期）

推动网络发展的三个关键转变*

摘要：习近平总书记在2018年8月21—22日召开的全国宣传思想工作会议上讲话指出："我们必须科学认识网络传播规律，提高用网治网水平，使互联网这个最大变量变成事业发展的最大增量。"本文提出通过推动网络发展的三个转变，来更好地认识和掌握网络传播规律，将网络这个最大变量变成事业发展的最大增量。

关键词：互联网最大变量；最大增量；网络传播规律

习近平同志在2018年8月21—22日召开的全国宣传思想工作会议上讲话指出："我们必须科学认识网络传播规律，提高用网治网水平，使互联网这个最大变量变成事业发展的最大增量。"[①]这个论断内涵丰富，意义深刻，需要我们用心领会，积极践行。

进入21世纪以来，互联网给我国经济社会发展，给人们生活、学习和工作带来了巨大改变。在这个网络化生存环境里，如何认识和掌握网络传播规律，将网络这个最大变量变成事业发展的最大增量，这是摆在我们面前迫切需要解答的重大课题。

笔者认为，将互联网这个最大变量变成事业发展的最大增量，需要我们

---

* 本文系国家社会科学基金一般项目"习近平新闻舆论思想研究"的阶段性成果（项目批准号：18BXW003）。

① 习近平出席全国宣传思想工作会议并发表讲话[EB/OL].(2018-08-23).http://www.xinhuanet.com/2018-08/23/c_129938245.htm.

科学认识互联网的传播规律，推动网络发展向三个关键方面转变。

一、实现由互联网产生的经济增长红利更多更好地朝向民生领域释放的转变

要"使互联网这个最大变量变成事业发展的最大增量"，这个颇富理论色彩和学术含量的命题，在我国当下的语境中，有一个形象直观的表述，那就是"互联网+"，"互联网+"这个概念已经深深根植于我国经济和社会发展的各行各业以及人们的意识和行为方式中。"互联网+"，就是互联网由变量不断向增量发展的一种状态。

由"互联网+"带来的数字经济对传统经济的改造、融合、发展，不断催生新产业、新业态、新模式，用新动能推动新发展。这就是"互联网+"新经济模式的内核。这种新的经济发展模式促进了我国经济发展的转型和升级，促进了经济发展的提质增效。具体表现在："互联网接入使用环境得到了持续稳步优化，互联网与制造业融合提升了产业增加值，互联网培育发展新动能深化了供给侧改革，电子商务扩大内需促进了消费平稳发展。"①

毋庸置疑，互联网经济在关乎国计方面增量发展，获得了巨大效益。但是，互联网事业的发展，最终要以人民群众受益为旨归。因此，在当下和今后互联网经济发展过程中，就要把互联网引发的经济增量着力向民生方面倾斜，以落实习近平总书记提出的"网信事业发展，必须贯彻以人民为中心的发展思想，把增进人民福祉作为信息化发展的出发点和落脚点，让人民群众在信息化发展中有更多获得感、幸福感、安全感"②。在这方面，我们已经取得了可喜的进步，比如说，近年来，我国网民规模，尤其是移动互联网网民规模迅速增长，第 42 次"中国互联网络发展状况统计报告"显示，截至 2018 年 6 月，我国网民规模为 8.02 亿，上半年新增网民 2968 万人，较 2017 年末增加 3.8%，互联网普及率达 57.7%；截至 2018 年 6 月，我国手机网民规模达

① 中国互联网络信息中心.第 42 次中国互联网络发展状况统计报告［R/OL］.（2018-08-20）.http：www.cac.gov.cn/2018-08/20/c_112329.html.

② 习近平出席全国网络安全和信息化工作会议并发表重要讲话［EB/OL］.（2018-04-21）.http：//www.gov.cn/xinwen/2018-04/21/content_5284783.htm.

7.88 亿，上半年新增手机网民 3509 万人，较 2017 年末增加 4.7%，网民中使用手机上网人群的占比达 98.3%。以上统计数据表明，我国不仅是一个互联网使用大国，而且是一个移动互联网使用大国。① 全国有近 8 亿人，也就是有近 60%的国民在日常生活、工作和学习中使用手机、平板手掌电脑等各种移动互联网终端。我国的网络购物用户规模不断增长，截至 2018 年 6 月，我国网络购物用户规模达到 5.69 亿，相较 2017 年末增长 6.7%，占网民总体比例达到 71.0%。网络出行用户规模发展迅猛，截至 2018 年 6 月，我国网约出租车用户规模达到 3.46 亿，较 2017 年末增加 5970 万，增长率为 20.8%；网约专车或快车用户规模达到 2.99 亿，半年增长率为 26.5%，用户使用比例由 30.6%提升至 37.3%。② 互联网共享经济模式给广大人民群众带来了便利，这在一定程度上满足了人民群众在网络信息化过程中所期望得到的获得感和幸福感。但是，网信事业在改善和促进民生方面做得还远远不够，我国互联网产业的改革和发展，离人民群众的期盼和要求还有相当大的距离。比如说，如何改善和提高网络传输的速度和质量，如何切实有效地降低电信和网络资讯费用，如何使人民群众在使用网络时的自身合法权益特别是个人信息安全保护权益能得到充分切实的保障和维护，让广大人民群众放心、安心、省心地分享信息产业改革发展的成果？如何利用互联网络远程传输技术和丰富的信息资源平台，在远程医疗、远程教育等方面实行更大规模、更高层次和更好质量的服务？如何能在方便地使用网络出行的同时，还能安全放心地享用网络出行？2018 年在不到 3 个月的时间里，连续发生两起滴滴网约顺风车司机奸杀女乘客的恶性刑事案件，引起舆情汹涌，让网络安全出行成了网络使用安全的焦点。如此等等，都是切切实实的民生。

实现互联网经济良性增量的发展，应该更多地考虑民生领域方面的点点滴滴，关注点点滴滴的民生才真正体现“一枝一叶总关情”的民本思想和人文情怀。

① 中国互联网络信息中心.第 42 次中国互联网络发展状况统计报告[R/OL].(2018-08-20).http://www.cac.gov.cn/2018-08/20/c_1123296882.html.

② 中国互联网络信息中心.第 42 次中国互联网络发展状况统计报告[R/OL].(2018-08-20).http://www.cac.gov.cn/2018-08/20/c_1123296882.html.

二、实现传统媒体变革向媒体融合发展的转变

互联网给传统媒体带来了颠覆性的改变和前所未有的挑战。为应对这种挑战，2014 年 8 月 18 日中央全面深化改革领导小组第四次会议审议通过了《关于推动传统媒体和新兴媒体融合发展的指导意见》。至此，媒体融合在中央、省级传媒业中进展迅速。

目前，人民日报、新华社等央媒，建立了新型的采、编、传、发联动新平台——“中央厨房”，融媒体矩阵业已形成并在新闻传播中发挥着引领作用。但是传统媒体向以新媒体为主导的融媒体的转变，并不是一帆风顺、一蹴而就的。一方面，如何实现传统媒体和新兴媒体融合发展的效益增量和增值？这是中央和省级传媒业面临的最主要的问题。另一方面，面对意识形态领域日益错综复杂的形势，牢牢坚守基层意识形态阵地，是市县两级媒体的基本职责。因此，整合资源，充分利用互联网，实行传统媒体和新兴媒体的融合，以构筑党和政府与人民群众信息沟通的“最后一公里”，也是实现互联网引发的传媒业变量向融媒体增量发展转变的题中之义。

可喜的是，近年来，新闻传播业界和学界正在高度关注和业已积极实践县级媒体的融合和发展。2018 年 8 月 18 日，中国社会科学院新媒体研究中心与中共玉门市委、玉门市人民政府在甘肃省玉门市联合举办了“中国县级媒体融合发展与加强基层主流媒体舆论阵地建设论坛”，论坛总结了县级融媒体发展的经验，探讨了县级融媒体发展的方向和建设的方法、路径。玉门市介绍了在 2017 年开始实施的“数据融合服务中心暨融合媒体共享平台项目”建设的经验，提出了“新闻+政务+应用服务”的融媒体建设思路，重点打造以“一中心四系统+爱玉门 App”为技术架构的云计算融合媒体共享平台——“祁连云”数据融合中心、融合生产系统、融合媒体报道指挥系统、中心媒资管理系统、高清全景演播室系统，建设具有“思想工厂”性质的媒体智库，更好地发挥融媒体反映民意、提供内参、舆情监测等职能。来自业界的实践和学界的研究探讨，是对习近平总书记在 2018 年的全国宣传思想工作会议上的讲话“要扎实抓好县级融媒体中心建设，更好引导群众、服务群众”这个观点的生动阐释和发挥。县级融媒体的建设，目前还处于刚刚起步的

阶段，今后还有很多问题和困难需要解决。但是，传统媒体和新兴媒体的融合，这是不可逆转的方向。我们必须积极推动这种转变。

三、实现信息传播变量向正能量传播增量的转变

所谓“网上正能量”，是指互联网平台传播的积极、健康的信息和表达的正确的观点以及乐观、向上的情绪。如果从网络传播的过程来看，网上正能量由传播主体发出，以信息内容作为介质，被作为受传者的广大网友接受，使其感受到积极、乐观的情绪和健康、正确的价值观念。

互联网像一把双刃剑，其海量信息传播的特性，满足了人们充分获取信息的需求，但由于缺乏传统媒体信息“把关人”机制，一些庸俗、低俗、媚俗的网络信息大行其道，污染了网络的虚拟空间，也污染了社会环境。一些有违道德和法律的网络信息也以隐蔽，有时甚至是公开的方式，在触碰和打破法律的底线。互联网引发的负面信息的传播变量，是网络治理的重点，也是难点。要实现习近平总书记提出的“坚持营造风清气正的网络空间”，就必须在网络空间大力传播正能量的信息。这种正能量信息，是指那些能够体现“举旗帜、聚民心、育新人、兴文化、展形象”的使命、任务的信息，是指那些能够表达中华民族伟大复兴的中国梦的信息，是指那些春风化雨、润物无声的体现中国特色社会主义核心价值观的信息。

能否下大力气、大功夫生产和传播网络正能量信息，是检验我们用网治网水平的一个重要标志。这些年来，我国新闻管理部门、新闻媒体，特别是网络新兴媒体，在指导、制作生产和传播网络正能量方面做了大量的工作，取得了阶段性的重大成果。一批网络正能量的作品、一些网络正能量的评选活动，在网络虚拟空间和现实社会中产生了较大的影响，如由国家互联网信息办公室指导，中国互联网发展基金会主办，人民网、央视网、中国新闻网、中国青年网、环球网五家中央重点新闻网站承办，其他中央重点新闻网站、地方重点新闻网站及主要商业网站参与协办的“五个一百”网络正能量精品评选活动。该评选活动包括“百名网络正能量榜样”“百篇网络正能量文字作品”“百幅网络正能量图片”“百部网络正能量动漫音视频作品”“百项网络正能量专题活动”五个评选项目。活动旨在评选和集中展示在重大

政策、重大主题、重大活动、重大事件、热点问题和突发事件中发挥网上正能量引导作用的年度优秀人物和作品，倡导广大网民自觉传播和弘扬正能量，营造更加清朗的网络空间。该评选活动于2015年开始启动，到2018年已经举办了4期。其中一些优秀的网络作品，不仅在PC终端，还同时在抖音、快手、微信公众号、微信朋友圈、微博、客户端等新媒体和广播、电视、报纸等传统媒体上传播，收到较好的效果。

"唱响主旋律，壮大正能量，做大做强主流思想舆论"，这是习近平总书记对新时代宣传思想工作的殷切寄望和嘱托。大力推动网络信息传播向正能量信息的转化，做大做强网络的主流思想舆论，这是中国特色社会主义新闻传播工作的重要职责和光荣使命。

（本文由笔者和《光明日报》编辑雷柯合作撰写，原载于《新闻与写作》2018年第10期）

从大局看媒体融合发展

当今时代,舆论传播从传播方式、传播渠道到传播速度都在发生深刻变革,全程媒体、全息媒体、全员媒体、全效媒体让一个全媒体时代加速到来。习近平同志从为实现“两个一百年”奋斗目标、实现中华民族伟大复兴的中国梦提供强大精神力量和舆论支持的高度,强调“推动媒体融合发展、建设全媒体成为我们面临的一项紧迫课题”。我们要从党和人民事业全局的战略高度深化对媒体融合发展的认识,把握媒体融合发展的重要意义,更好推动媒体融合向纵深发展。

推动媒体融合发展,事关推进国家治理体系和治理能力现代化。在全媒体时代,媒体不仅是信息的提供者和传播者,而且在国家治理中也发挥着重要作用,它通过通达社情民意、传递主流声音、实现党心民意同频共振等提升和优化治理效能。因此,媒体融合不仅仅是一个传播命题,还是一个治理命题。面对这场由互联网、大数据等新技术带来的传媒生态深刻变革,我们要不断深化对媒体融合发展的认识,在实践中推动传统媒体和新兴媒体在内容、渠道、平台、经营、管理等方面深度融合,形成立体多样、融合发展的现代传播体系。同时,促进相关制度更加成熟更加定型,把我们的传播制度优势转化为传播效能优势,为推进国家治理现代化贡献力量。

推动媒体融合发展,事关满足人民日益增长的美好生活需要。随着经济社会发展,人民群众对精神文化产品和服务的要求越来越高。满足人民过上美好生活的新期待,必须提供丰富的精神食粮。媒体融合发展为增强人民群众在全媒体时代的获得感、幸福感、安全感开辟了新空间。媒体融合是数字技术和互联网技术导引下的传媒业再造过程,催生了诸多新的传播方式和传媒形态,形成了移动设备客户端、电子阅报栏等更贴近人民群众、更方便人民群众使用的数字化融合传播终端,使精神文化产品消费更加丰富多样、便捷高效。通过媒体融合的创新性锻造,通过扎实抓好县级融媒体中心建设,党报、党刊、党台、党网等主流媒体更深入地向基层拓展,同时有效提升内容的服务性和针对性,就能把更多更好的信息文化服务和精神文化产品送到社区、农村、边远地区,更好满足广大基层群众对高品质精神文化生活的需要。

推动媒体融合发展,事关提升国家文化软实力。中国特色社会主义的成功实践,让中国日益走近世界舞台中央,拓展了发展中国家走向现代化的途径,世界比以往任何时候都更希望听到中国声音,了解新时代的中国。我们要加强国际传播能力建设,讲好中国故事,传播好中国声音,向世界展现真实、立体、全面的中国,从而有效提升国家文化软实力。为此,必须打造具有强大传播力、引领力、影响力的国际一流新型主流媒体。在全媒体时代,国际一流新型主流媒体必定是全面贴近受众、实施融合传播的新型融合媒体。必须坚持一体化发展方向,通过流程优化、平台再造,实现各种媒介资源、生产要素有效整合,实现信息内容、技术应用、管理手段共融互通,催化融合质变,放大一体效能,加强国际传播能力建设,从而不断增强国家文化软实力。

(本文由笔者和中央广播电视总台记者傅蕾合作撰写,原载于《人民日报》2019 年 3 月 26 日第 6 版)

“融合报道”的概念、内涵、特征及发展趋势*

——基于中国新闻奖与普利策新闻奖“融合报道”作品的比较分析

摘要：“融合报道”是在媒体融合背景下产生的一种整合式的新闻传播新方式。本文将中国新闻奖中的媒体融合奖项获奖作品和普利策新闻奖中具有融合报道特点的获奖作品进行对比分析，揭示二者的共同特点；并对“融合报道”的概念、内涵、特征和发展趋势做了全面阐释和深入探析，指出“融合报道”将会影响新闻报道的具体业务、思维、理念，并由此延伸至舆情、舆论、新闻传播理论、技术哲学等深层次领域。

关键词：融合报道；中国新闻奖；普利策新闻奖；发展趋势

2018 年举行的第二十八届中国新闻奖评选首次增设媒体融合奖项，该奖项共包括“短视频新闻”“移动直播”“新媒体创意互动”“新媒体品牌栏目”“新媒体报道界面”“融合创新”等 6 个类别，50 件获奖作品一经评出，即产生很大反响，收到了良好的示范效应。作为从中国新闻奖评奖这一层面来开展的激励媒体探索融合报道的尝试，媒体融合奖项在评选过程中出现了一些值得探讨的学术问题，比如，媒体融合作品如何界定？融媒体作品和传统媒体作品及网络作品有何区别？媒体融合类作品如何增强新闻性？

---

* 本文系 2017 年度国家新闻出版广电总局社科研究项目“提升广播电视新闻宣传传播力引导力影响力公信力研究”（编号：GD1702）的中期成果。

“融合报道”“媒体融合报道”“融媒体报道”“融媒报道”等概念并存的现象是否科学合理,是否应该用统一的名称?目前设置的6个类别,主要是从形式上进行划分,这种基于数字移动通信技术和互联网技术而形成的融媒体报道类别,相互之间有何逻辑关系?是否存在唯技术、唯形式的问题?……

产生这些问题的根源,是对“融合报道”缺乏学理层面的阐释和界定。本文尝试运用比较的方法,把获得中国新闻奖媒体融合奖项的作品和美国普利策新闻奖中带有融合报道特点的获奖作品进行对比分析,在此基础上开展对“融合报道”的定义、内涵、特征和发展趋势的探讨,以图求得对上述问题的回应和解答。

一、中国新闻奖与普利策新闻奖“融合报道”作品比较分析

1.充分运用数字技术和互联网前沿技术

融合报道的宗旨就是在保持传统媒体报道优势的基础上,充分利用数字技术、互联网技术进行融合传播。中国新闻奖与普利策新闻奖的融合报道作品充分体现了这一特点:中国新闻奖“融合创新”一等奖获奖作品《央广主播的朋友圈》系列H5报道,将微信朋友圈的界面与电视抠像技术结合在一起;获“移动直播”一等奖作品《“天舟一号”发射任务VR全景直播》,使用虚拟现实技术(VR)进行直播,并以多屏互动的形式呈现;等等。

同样,普利策新闻奖中的融合报道作品也运用了当时最先进的数字技术。例如,2018年的获奖作品——关于特朗普承诺在美墨边境修建隔离墙的系列报道,运用了移动交互地图和虚拟现实技术(VR),记者戴着VR透视眼镜,将投影在演播室大屏幕上的美墨边境隔离墙生动地呈现出来,观众跟随着记者的VR透视镜一同观看这道栩栩如生的隔离墙,仿佛置身于美墨边境,体验一种即时性和沉浸式的“在场感”。

2.重视移动互联网在传受两端的作用,强调“融合报道”在移动互联网终端的“首发效应”

《中国新闻奖媒体融合奖项评选办法》(以下简称《办法》)在“参评范围”中明确规定:“参评范围为经国家正式批准的报社(报业集团)、通讯社、

广播电台、电视台和新闻网站,原创并在其移动端首发,于上一年度应用数字技术、移动互联网技术进行融合传播的新闻作品。”①该《办法》强调在移动端首发,表明了移动互联网在传受两端的重要作用。如今移动互联网终端已成为信息来源,是传播和接收的重要渠道,具有很强的时效性。重视在移动端首发不仅是为了保障新闻报道的时效性与传播效果,也是顺应媒体融合中移动优先这一时代潮流的必然结果。中国新闻奖“移动直播”特别奖作品《两会进行时》,就将当天的直播内容第一时间优先发布于人民网法人微博上。

此外,中国新闻奖“融合创新”一等奖作品《领航》、二等奖作品《“钢铁侠”VR 直播:全国政协十二届五次会议新闻发布会》等,也都是将作品首先发布于移动客户端。2018 年普利策新闻奖突发新闻报道获奖作品《美国加州圣罗莎和索诺玛县的历史性森林大火》,向受众报道了肆虐圣罗莎和索诺玛县的一场森林大火,《民主报》记者在大火发生时第一时间赶往新闻现场,用手机和其他设备拍下了珍贵的视频画面,随即剪辑,第一时间上传到 YouTube 视频网站传播。可见,无论是中国新闻奖还是普利策新闻奖都注重利用移动互联网终端优先发布新闻内容并强调首发效应。

3.重视社交媒体和自媒体的传播优势,凸显社交媒体与自媒体优先原则

随着新兴媒体的不断创新与演进,媒体的生产模式、传播渠道和呈现方式也发生了巨大的变化。在社交媒体和自媒体迅速发展的当下,信息传输渠道日益拓宽,社交媒体与自媒体传输信息的功能日益扩大。在融合报道中,运用社交媒体与自媒体的优势已是大势所趋。中国新闻奖“新媒体创意互动”一等奖作品《“军装照”H5》,借助人脸识别、融合成像等技术,制作互动 H5,帮助网友生成自己的虚拟“军装照”,在微信朋友圈广泛传播。用户纷纷上传自己的“军装照”,并借此表达对军队的拥护与热爱之情。2018 年普利策新闻奖获奖作品《美国加州圣罗莎和索诺玛县的历史性森林大火》也充分发挥了社交媒体和自媒体平台的传播优势,媒体于大火发生后第一时间在 Facebook 平台上发布了新闻,并选取部分网民的留言和观点来加强报

① 中国新闻奖评奖办公室.中国新闻奖媒体融合奖项评选办法[EB/OL].(2018-05-09).http://www.xinhuanet.com//zgjx/2018-05/09/c_137165471.htm.

道，体现了对来自社交媒体和自媒体的信息和意见的重视。

4.实行专业生产内容（PGC）和用户生产内容（UGC）融合的新闻生产新模式

新媒体环境下受众的地位日趋重要，受众的角色也发生了变化。他们已从传统媒体的信息接收者转变为信息传播的参与者和信息内容的生产者，他们不仅仅是受众，也是传者，更是社交媒体和自媒体的用户。通过社交媒体和自媒体，用户可以在第一时间获得专业记者因为种种原因无法获得的信息，捕捉到许多重大新闻事件的细节，并且通过不同的视角生产出不一样的观点与看法。这对于丰富新闻报道的内容、创新新闻生产的模式，无疑具有极大的推动作用。广西日报获得中国新闻奖"短视频新闻"一等奖作品的《柳州融水突围记》，就添加了用户的朋友圈截图内容，这一做法使得作品更加接地气，通过反映民众的心声让报道更加真实、生动。

同样，这一特点在2014年普利策突发新闻报道奖获奖作品《波士顿马拉松爆炸案》中也有充分体现。为了弥补专业新闻生产视角单一化所带来的缺陷，媒体主动在新闻网站开设了针对这一爆炸案的直播博客平台，使得许多新闻现场的目击者以及该事件的关注者可以通过上传图片、文字等形式尽可能真实、完整、立体地还原爆炸事件发生的全过程，可以说这是将用户生产内容（UGC）作为报道主体的一次成功尝试。

5.追求新闻产品形式美观、设计新颖的视觉效果

中国新闻奖在媒体融合奖项中设立了一个类别——"新媒体报道界面"。《第二十八届中国新闻奖媒体融合奖项初评评选细则》要求"新媒体报道界面体现新闻性与艺术性的统一，运用图片、漫画、音视频等手段表达新闻主题、展现新闻内容，版面语言丰富，界面设计主题鲜明、风格独特、布局合理、互动性强、色彩协调、便于阅读"，可见其对界面设计的重视。通过对普利策新闻奖中具有融合报道特征的获奖作品分析，可以发现其虽然没有像中国新闻奖一样专门设立新媒体报道界面奖，但是获奖作品的界面设计均十分精致美观。

2013年普利策新闻奖特稿奖作品《雪崩》是传统新闻报道走向融合报道的里程碑式的作品。该作品的界面设计新颖别致、丰富多彩，既有文字报

道，又配合音频、视频、动图、动画、超链接、交互式地图、虚拟现实技术（VR）和航拍等，生动还原了雪崩发生的现场。报道的页面操作设计人性化，超链接的应用将不同形态的报道镶嵌在一篇立体综合报道中，读者只需进行下拉、点选等简单的操作即可完成对整篇报道的阅读和视听。

此外，作者根据不同的报道主题和形式对内容进行分类，方便读者有选择地阅读、浏览。以上特点使得该作品时至今日仍是一篇具有超前意识的优秀融合报道作品。由《华盛顿邮报》记者展开的对遭遇警察枪击致死案件的调查报道获得2016年度普利策新闻奖国内报道奖。该作品在探索如何将抽象的数字直观化方面可谓匠心独运，通过运用图表、数字、地图、超链接等形式，向读者形象地揭露了2015年美国遭遇警察射杀的平民人数为995人这一惊人数字。读者可以通过主题词分类勾选、下拉页面等操作快速获得这些受害者的基本情况和分类信息，这样的界面设计既有助于读者更好地了解新闻事件概况，也让报道生动形象。

6.强调传统媒体与新媒体报道方式和叙事风格的融合

这一特点有助于厘清“融合报道”与“融媒体报道”的关系。“融媒体报道”只是单纯的媒体介质与技术的融合，而“融合报道”不仅仅是媒介与技术的融合，还是报道方式与叙事风格的融合。传统媒体报道的叙事风格强调严肃谨慎，讲究逻辑性和权威性；而新媒体报道的叙事风格偏向活泼新颖，偏爱运用网民喜闻乐见的词汇与语言风格。从中国新闻奖媒体融合奖项的诸多获奖作品中可以看到，融媒体获奖作品均结合了传统媒体与新媒体的报道方式和叙事风格。例如中国新闻奖“移动直播”三等奖获奖作品《超燃！俯瞰超级工程“川藏第一桥”159米隧道锚世界第一》，虽然运用了偏向传统的报道方式，即记者带领嘉宾一起走入隧道，全方位了解这座大桥的细节、施工情况，同时俯瞰工程全景，但作品充分运用了航拍、云切换等移动视频直播技术，高清标准的航拍镜头、精致的背景资料和读者充分参与的现场感和体验感，为这篇融合报道营造了新的报道风格。再如，获得2017年普利策新闻奖公共服务奖的作品——《警方滥用规则驱逐弱者》，揭露美国警方普遍滥用驱逐权驱赶数百人且大多数为贫困少数族裔这一事件，报道不仅使用了故事、社论、漫画、照片等传统新闻报道方式，还融合了视频、数据库、多媒体互动演示及其他视觉材料,让整个报道的叙事风格和语言显得丰富活泼。

7.灵活使用文字、音频、视频、动画、虚拟现实技术(VR)及人工智能(AI)等各种表现方法和呈现方式

媒体技术的创新应用丰富了新闻作品的表现方法和呈现方式。在第二十八届中国新闻奖融合报道获奖作品中,许多作品通过运用不同的表现方法和呈现方式,如直播、短视频、动图、H5 技术、漫画、VR、AI 技术等,生动地展现了所要表达的内容,增强了作品的传播效果,也赋予受众新的阅读和视听体验。获中国新闻奖"新媒体品牌栏目"奖的"侠客岛",是《人民日报》海外版创办的一个以微信公众号为载体的时政评论专栏。它以通常不超过2000 字的原创时政解读文章为主,图文结合,排版风格清晰简明。除此之外,"侠客岛"还应用互联网思维开发多种传播形式,如视频、H5、动漫、小游戏、在线直播、线下活动等,扩大了栏目影响力,丰富了用户的阅读体验。2013 年普利策新闻奖特稿奖作品《雪崩》,运用文字、音频、视频、动漫、数字地形模型(Digital Elevation Model,缩语为 DEM)、全景式地图、交互图片等多种表现形式,呈现了 16 名滑雪爱好者遭遇雪崩的经过。报道的界面呈现了大雪滚落山崖的视频,惊心动魄的场景使受众仿佛身处雪崩发生现场,获得一种全新的视听体验。

8.传统新闻报道的各种体裁与网络新媒体平台刊载和播放的推文、聊天记录、短视频等交替灵活使用

融合报道的另一特点是新闻报道不再拘泥于传统报道形式的分类与使用,微博、微信、抖音、Twitter、Facebook 等平台上经常使用的推文、聊天记录、动图、H5、短视频等,因其独特的呈现方式和内容表现力也被纳入传统新闻报道。这种融合表达和呈现的方式使整个报道呈现出新颖、灵活、丰富、奇特的鲜明特点。《柳州融水突围记》就是典型。该作品在报道柳州融水地区水灾事件时,交替使用文字、图片、视频、截图、动图、表情包以及相关新闻事件的链接等表现形式,充分发挥了传统媒体与新媒体融合报道的优势,引发了读者的强烈共鸣。2018 年普利策新闻奖获奖作品《美国加州圣罗莎和索诺玛县历史性森林大火》除传统的文字报道内容之外,还加入了《民主报》记者在

社交媒体平台 Facebook 上发布的内容和用户反馈截图,展现了这场森林大火在社交媒体上的舆论状态,拓展了报道内容,丰富了报道形式。

9.对重大突发性新闻事件以连续或系列报道的方式,综合运用各种手段做整合性和衍生性报道

《柳州融水突围记》就是记者第一时间赶赴灾区一线,在风雨中用手机记录下当地乡镇干部组织营救、自救的珍贵视频画面。事情发生后广西日报紧急成立融媒体专项报道组,通过综合相关事件背景信息,融合图文、音视频等素材,运用网络语言将短视频精心编排成为一组记者困境突围的冒险新闻故事。该报道运用了多种媒体形式将事件的起因、经过以及受众的反馈等融合进了报道当中,从而形成一组类似新闻日志式的突发新闻事件系列报道。2016 年普利策突发新闻报道奖获奖作品是一组纪录圣伯纳迪诺枪击案的报道,《洛杉矶时报》记者采用连续报道的方法,事件发生后第一时间给予报道,及时更新人员伤亡和犯罪嫌疑人情况,随后展开对该恐怖事件的调查,补充新闻事件背景资料并尽可能提供各种舆论观点,辅之以图片、视频等,力求完整地呈现新闻事件的原貌,使更多受众深刻了解这一枪击案件。

10.强调场景化的呈现和沉浸式的传播效果

实现新闻内容的场景化报道、沉浸式传播成为当前新闻报道的新潮流,这也正是“融合报道”的新特点。随着以 VR 虚拟现实为代表的新技术的使用,受众已经不再满足于以往传统的视听阅读体验,转而寻求一种更为个性化、临场化的接收体验。这一点在中美新闻奖获奖作品中均有体现。在对特朗普承诺修建美墨边境墙的报道中,记者通过使用 VR 虚拟现实技术,让受众获得沉浸式的仿真体验。在交互地图上用鼠标点击任意一个链接点,就可以看到该地区的实景视频,受众仿佛身临其境,置身于漫长蜿蜒的美墨边境,获得一种超现实的视听体验。

二、“融合报道”概念界定、内涵分析及其特征描述

从上述中国新闻奖和普利策新闻奖的“融合报道”比较分析中,我们可

以发现，两者之间共同点远远大于差异。中美双方“融合报道”的共同特点，即为“融合报道”的基本特点。在分析研究这些特点的基础上，本文拟对“融合报道”进行概念界定、内涵分析及特征描述。

1.“融合报道”的概念及内涵

目前，新闻传播学界和业界对“融合报道”概念尚未形成共识。和“融合报道”相近的概念有“融媒体报道”“融合媒体报道”“融媒报道”“媒体融合报道”“融合新闻报道”等五种概念。中国新闻奖在媒体融合奖项评奖办法中采用的是“媒体融合”和“融媒”这两个概念。通过知网进行检索，会发现在我国新闻传播学术界，使用“融合报道”这一概念能够查找到的文献比较多，“融合报道”通常又被称作“融合新闻报道”。另外，也有一些关于“融媒体报道”和“融媒报道”的文献资料。

在国外，通过使用 EBSCO-Communication Source 数据库进行检索，发现：第一，英文里常用到的 convergent journalism 一词，既可对应“融合新闻”，也可对应“融合新闻学”。将其译为“融合新闻”时，是一个包括新闻理念、新闻生产操作方法和新闻产品形态的泛称；将其译为“融合新闻学”时，是指在媒介融合的背景下，研究融合新闻理论与业务的一门新兴学科，是“融合新闻”实践的理论化。2005 年，密苏里大学新闻学院开设的“融合新闻”课程，使用的即是该名词。第二，相对比较常用的还有 multimedia reporting 这种说法，直译过来，是“多媒体报道”的意思。① 这和“融合报道”有较大的差别。可见，在国内外比较多数的意见，还是倾向于使用“融合报道”和“融合新闻”这两个概念。

目前，国内关于“融合报道”概念的阐释主要有：“融合报道并非简单地等同于‘全媒体新闻’，它不只是多种媒介报道形式的组合堆砌，而是基于互联网的核心报道平台，根据新闻内容的时间和空间特点，以最适宜的媒介手段，融合使用多种技术形态的报道形式，具有全时性、开放性和互动性的特征”。② “所谓‘融合报道’，指的是‘媒体融合的终端新闻产品’，力求在一篇报道中综合运用图文、视频、动画、直播、VR、H5 等技术，形成一个集多种形

---

① HOWRY JOE.An optimistic plunge into multimedia reporting[J].Nieman Reports,2006(4):72-73.

② 龚瀛琦，张志安.融合报道的特征及生产机制[J].新闻界，2011(3).

式于一体的报道”。[①] “融合新闻报道不仅构建新闻传播的新规则,也改写了线性叙事和单向传播的秩序,成为人们认识社会和世界的新载体和新方式。”[②]这些阐释,在一定程度上揭示了“融合报道”的性质、特征、功能及作用。但是或囿于“融合报道”实践时间的短暂和经验的不足,或囿于对“融合报道”概念认识的学术视野限制,还未能对“融合报道”这个处于正在进行时的概念做出相对完整、科学的解释。

对“融合报道”这个新概念的研究和阐释,需要从两条途径展开:一条途径是对“融合报道”实践做理论抽象,这是对“融合报道”概念做理论概括和升华的必由之路;另一条途径是将“融合报道”概念和与其相近的概念做比较分析,以揭示“融合报道”的本质特征,即认识“融合报道”作为独特的“这一个”的典型个性。前一条途径,本文已尝试对中国新闻奖和普利策新闻奖中的“融合报道”作品做了比较分析,揭示了二者之间的相同点。这些来自“融合报道”实践的总结,为认识“融合报道”的特征、阐释“融合报道”的概念提供了直接的依据。后一条途径,则需要我们将“融合报道”与“融媒体报道”(“融媒报道”应是“融媒体报道”的简称或缩写)的关系做一番比较研究。

通过对中美“融合报道”作品的文本分析,本文得出以下结论:“融合报道”和“融媒体报道”不是同一个概念,二者既有联系又有区别;二者的关系是:“融合报道”包含了“融媒体报道”,“融媒体报道”只是“融合报道”这个整合性概念中的一个组成部分,具体说,“融媒体报道”是指在“融合报道”中整合不同媒体资源开展报道的一种方式。

依据上述分析,本文认为,所谓“融合报道”,是指利用数字移动通信技术和互联网信息平台,并综合运用不同介质的传播形式、技术方法、报道体裁和叙事方式开展的整合式新闻传播的新方式。

本文使用这个定义,其一是为了将“融合报道”和“传统新闻报道”区别开来,区别的关键在于新媒体和传统媒体的融合;其二,这个定义也将“融合报道”和“网络新闻报道”区别开来,区别的关键在于对数字移动通信技术的

---

① 王天定.融合报道:“融合”如何助力“深度”[J].青年记者,2017(22).

② 彭剑.融合新闻报道的社会价值[J].新闻与写作,2017(10).

应用。正是由于对数字移动通信技术的应用,“融合报道”的新闻产品才会有条件以原创新闻产品在“移动端首发”;受众和用户才可以利用移动通信工具传输和接收新闻信息,参与到“融合报道”中来;便携式的轻小型移动互联网传播设备(如手机、平板电脑等)才会被普遍地应用于新闻生产中。传统媒体时代被誉为新闻报道“皇冠”的“新闻直播”,在“融合报道”中已呈常态化,由此带来新闻报道的革新、升级和转型。

2.“融合报道”的特征

以数字移动通信技术的应用为基础。数字移动通信技术作为融合报道的基础技术,使“融合报道”具有“移动传播”的基本特征。“移动”的特征体现在传输、接收、反馈、互动等各个环节,并衍生出“移动端首发”和“移动直播”等新闻传播和生产等新现象。

以互联网信息平台为依托。“融合报道”是建立在互联网信息平台之上的一种全新的新闻传播方式。互联网平台提供的大数据、云计算等技术,为“融合报道”所需要的广泛、深入和精确的新闻背景资料的超链接,为“融合报道”的精确性和传播的精准性提供了有力的技术支持。互联网信息平台还为“融合报道”提供了生产、流通、销售、反馈渠道。

以不同媒体传播方式方法的融合为标志。“融合报道”整合不同媒体的传播方式和方法,将文字、音视频、图片、动漫、H5、动图、数字地形模型、VR、AI 等融为一体,交替或整合运用,使得产品呈现出变化莫测的界面效果,这是根据接收经验来识别融合报道和传统新闻报道的最明显标志。

以社交媒体和自媒体为优选。“融合报道”在生产、传播、接收、反馈、互动的过程中,始终是以社交媒体和自媒体为优选,这反映了在融媒时代信息传播逐渐由大众传播向人际传播转移和回归的趋势。

以新闻生产模式创新为手段。“融合报道”是一种崭新的新闻生产新模式。这个新模式除了在新闻生产的组织形式、生产机制、流通渠道和效益评估等方面体现之外,更重要的是内容生产上的用户生产(UGC)和专业生产(PGC)相结合的整合式新闻生产新模式。

以受众和用户体验为效果检验的重要标尺。“融合报道”通过迭代更新的数字移动通信技术和互联网技术的赋能,让用户在参与新闻信息的传播和接受过程中,产生了和以往传统媒体时代单向式、灌输式、被动式的传播效果完全不同的使用体验。“融合报道”的情景化生产所带来的目击式呈现、体验式呈现、参与式呈现、主导式呈现(直播和自拍)等新的报道方式的应用,新闻的情景化传播所带来的沉浸式、交互式等新的受众体验的生成和普及,是“融合报道”的又一大特征。和以往将受众的态度作为传统媒体效果检验的标准不同,检验“融合报道”的传播效果,是以用户和受众的新体验和新感受作为最重要的标准。

以新闻传播方式的全面升级转型为目标。“融合报道”的目标是促使新闻报道在题材、内容、表现、呈现、反馈、互动等各个方面的升级转型。媒体融合时代,有了移动通信技术和互联网信息平台的赋能和助力,新闻报道的消息来源渠道不断拓宽,题材范围不断扩大。UGC 和 PGC 的新闻生产模式,让新闻报道的题材和内容的升级转型有了技术和机制上的保障。多媒体新闻信息生产方式,也为新闻报道的呈现、反馈、互动提供了强大技术和理念支持。

以提高新闻报道的“四力”为目的。提高新闻报道的传播力、引导力、影响力、公信力,是传统新闻报道转型为融合报道所要达到的目的。以先进的传播技术和新闻生产方式为手段提高报道的“四力”,既是融合报道要达到的目的,也是其鲜明特征之一。

三、对“融合报道”发展趋势及前景的探析

“融合报道”作为媒体融合发展的产物,其发展趋势和媒体融合的趋势是一致的。随着传播技术和由此引发的新闻传播观念和业态的变革,“融合报道”所产生的影响和发生的变革,将会涉及包括新闻报道的具体业务、思维、理念,并由此延伸至舆情、舆论、新闻传播理论、技术哲学等深层次领域。本文撮其要,列举如下:

1.随着数字移动通信技术的更新换代,新闻信息传输质量不断改善,“融合报道”的传播力将不断提高

在今年“两会”期间,4K 超高清、5G 现场连线、VR 直播技术、虚拟演播

等技术形式，被越来越多的媒体运用。中央广播电视总台在人民大会堂设立了融媒体展示平台，架设了5G·4K内容展示大屏，这套便携设备由4K高清摄像机、5G手机、视频转换盒组成，具有画质清晰、高效信号传输并且可以自由移动的特点。随着5G、4K、AI等技术的应用，记者不仅可以更快地传输数据、制作新闻，新闻作品的呈现方式也将得到拓展。物联网、VR新闻、人工智能等正深刻改变着新闻形态。由钱江晚报和微软公司共同打造的机器人记者"小冰"在钱江晚报新闻资讯客户端"浙江24小时"上开设专栏，自上线以来稳定发稿几十篇，保持着高质量的内容输出。以上这些都为"融合报道"在今后的发展提供了契机，同时也为媒体的转型和升级提供了契机。

2.由传统媒体向新型媒体转型引发的传统新闻报道思维向融合报道思维转变的趋势明显

"融合报道"思维，具有强烈的创新性思维特征，求新、求异、求变是"融合报道"思维的特点。"融合报道"要求将传统的新闻采编业务转化为新闻生产业务，重视新闻生产的流程和新闻采编业务的再造，给传统新闻报道思维模式带来挑战，也给其转变带来机遇。传统的报纸业务、广播电视业务将在"融合报道"的过程中进一步融合和转型。报纸编采业务注重语言文字和图片的单一思维模式，将向语言文字、图片、音频、视频并重的思维方式转变。这种思维方式的转变，也同样发生在传统的广播、电视新闻采编业务中。

3.人工智能在新闻报道领域的应用，将改变和创新新闻生产机制，未来"融合报道"将实行PGC、UGC和AIGC相融合的整合式新闻生产新模式

在融媒时代，新闻生产由原来单一的专业生产转变为专业生产、用户生产和人工智能生产三者并存。专业生产是由媒体和专业公司制作内容产品的生产机制，用户生产是作为公民的用户运用自媒体或社交媒体生产和发布新闻信息的生产机制，人工智能生产即人工智能生成新闻的机制。多种新闻生产机制促使全体社会行为主体和人工智能技术成为新闻生产者，从而形成了巨大的新闻生产主体网络。在这个新闻生产的网络中，PGC（专业生产内容）、UGC（用户生产内容）和AIGC（Artificial Intelligence Generated

Content，人工智能生产内容）不仅仅融合交织在一起，也将逐渐明确各自的定位分工，按照需求生产新闻内容。一些不便于人力采集和生成的新闻信息内容，如特别危险的新闻现场或人力一时或根本到达不了的新闻现场，将由人工智能（如新闻采写机器人）去执行采写的任务。这样生产出来的新闻产品，内容将更加丰富，形式将更加多样。这样的新闻生产，将按照现代工业生产模式，如流水线式的产品部件装配模式，将 PGC、UGC、AIGC 的内容按照新闻选题策划的要求组装起来，并且通过"中央厨房"这种新闻生产的新机制快速完成生产、流通、分销和反馈等流程，以满足不同媒体和平台对适销对路的新闻产品的适时需求和受众、用户的定制式需求。

4."融合报道"作为一种新的传播方式，关注点将由"炫技"逐渐向"内涵发掘"方向转移

在对中国新闻奖媒体融合奖项作品的分析中，我们看到，个别作品存在着为形式上的融合而融合的现象，甚至还存在并不适合用融合报道方式呈现的新闻事件，也被生硬地做成所谓的"融合报道"。"融合报道"是为了更好地表达新闻内容的这个初衷被"炫技"所代替。这是"融合报道"在初期阶段所患的一种"幼稚病"。技术是为内容服务的，这就要求新闻生产者深耕内容创作，以此为基础拥抱技术给新闻生产创新带来的机遇和福利。《柳州融水突围记》等作品以内容和形式的相得益彰，为"融合报道"的健康发展树立了标杆。

5."融合报道"所利用的数字技术和互联网平台为媒体与用户的赋权、平权提供了强大技术支持，随着 5G 以及不断迭代更新的传播科技投入商用，新闻传播业和新闻报道发生结构性变化的速度将进一步加快

数字移动通信技术和互联网技术不断进步，在为传媒业赋能的同时，也为不同的传播主体赋权，它打破了过去传播资源稀缺所导致的垄断性经营的状态，给不同的传播主体提供了争取传播平权的技术条件。随着 5G 即将投入商用，新闻传播主体权利分配的格局将发生巨大变化。这个变化将进一步推动新闻传播业发生结构性变化。这种结构性变化将主要发生在两个主体层面：第一个主体是作为个体的公民（或者称作"网络用户"），他们作为新媒体时代的新闻传播者角色，已然获得了社会的认同，甚至在一些特殊的时

空场合，这些自带流量的传播主体受到特别的关注和热捧。当前动辄 10 万+的“网红”，作为民间“草根传播者”的代表，正在扮演越来越重要的角色，发挥越来越大的影响力。第二个主体是社会基层的新闻媒体（如我国县级及县级以下的新闻媒体）、社交媒体和自媒体。随着新的移动通信技术和互联网信息平台的无差别应用，这些基层媒体获得了和中央级、省级等大的主流媒体相互竞争的平权机会和技术条件的支持。4G、5G 技术极大地降低了新闻移动直播的门槛，基层媒体以往不敢奢望的新闻直播，如今变成了新闻报道常态。可以想象，掌握了直播技术和业务技能的基层媒体、社交媒体和自媒体在直播重大、突发性新闻事件时，其时效性和接近性（地域的接近、心理的接近等）等这些重要的新闻价值，将得以充分发挥。过去靠传播技术和资源垄断而形成的主流媒体、大媒体与基层媒体、自媒体界限泾渭分明的格局将不断遭遇挑战。基层媒体、社交媒体、自媒体在与主流媒体、大媒体平权后，发挥的作用和产生的传播效果将进一步扩大、提升。与此同时，在新闻信息传播活动中，来自社交媒体、自媒体的信息分量和影响力也将进一步加大，抖音、快手、拼多多逆势扩张，“传播渠道下沉”带来的公民新闻、社区新闻、民生新闻再度火热就是上述情况的具象表征。

6.由舆情和次生新闻衍生的“融合报道”新形态，不仅改写了新闻报道的定义，而且将丰富和深化舆论、舆情的内涵，舆情应对难度将进一步加大

随着 5G 投入商用，信息发布和获取将更加便捷，以手机为代表的智能终端成为获取场景化、个性化信息和服务的信息基础设施，真正实现“人人处处时时在线”。移动互联网使得以往的“人随网走”变成“网随人走”，新闻信息真正实现了随时随地生产发布，新闻的情景化生产所带来的目击式呈现、体验式呈现、参与式呈现、主导式呈现（直播和自拍）等新的报道方式，新闻的情景化传播所带来的用户沉浸式、交互式体验等新的受众体验的生成和普及，将带来信息传播、舆论生成格局的改变。网络舆情生成发酵的重要平台和渠道逐步向移动端转移，形成具有特定规律和模式的移动端舆论场。而由移动舆情引发的移动次生新闻，将成为未来“融合报道”的重要信息来源。移动社交媒体具有实时关注力、场景塑造力、群体认同力、情景感

染力、深度交互力等，这使新闻生产和传播的再造功能得到极大发挥。H5、表情包、动画、VR、AI、Cosplay等等，都是提升场景塑造力的得力工具。2018年“两会”期间“记者翻白眼事件”，引发了汹涌的舆情，就和次生新闻及搞笑模仿有着很大的关联。

7.“融合报道”还将改写传统新闻理论、传播学理论的部分结论，它所提供的实践经验，将为新闻传播学的创新提供丰富的论据资源

传播学中探讨媒介功能的“使用与满足”理论，发生过传统的媒介效果研究从关注“媒介对人们做了些什么”向探讨“人们用媒介做了什么”的转向①，融合报道正是发生了由注重“媒介对人们做了些什么”，即给受众提供了什么信息或者帮助，转变为新闻生产的主体向公众和社会提供了什么样的信息的重大转向。这个转向，不仅将改变传统新闻报道的理念、方式和模式，也将改写传统新闻业务教科书式的经验书写，甚至将改写传统新闻理论和传播理论的某些经典结论。从这个角度来分析融合报道的发展前景，人们将会看到融合报道这一新方式所带来的理论与实践创新的新图景。

8.“融合报道”日益强化的技术使用及依赖，也给人们和社会带来了不安乃至焦虑。技术理性带来的人文价值困境引发了新一轮有关媒介职业道德与社会伦理的质疑和争议。以环境、生物领域为中心议题的技术哲学，将有可能把关注的焦点延伸至传媒领域

基于移动通信技术、互联网信息平台支持的“融合报道”，在推动传统新闻报道转型升级，带给广大受众和用户崭新的阅读、视听新体验的同时，也因其对大数据、AI、VR的滥用，而面临媒介职业道德与社会伦理陷入困境的风险和危机。有学者指出，“人工智能正在改变着传媒生态，影响着新闻分发机制、新闻生产、新闻业务等多个方面。随着人工智能的进一步发展，未来可能会出现逐利性对信息自由传播等基本准则的破坏、新的信息沟产生、

① KATZ ELIHU. Mass communications research and the study of popular culture: an editorial note on a possible future for this journal mass communications research and the study of popular culture[J]. Studies in public communication, 1959(2): 1-6.

关于价值观问题的拷问等媒介伦理问题”。① 大数据在给新闻报道提供极大便利的同时,也带来了威胁网民个人隐私和信息安全的问题。传媒发展依赖科学技术的发展,但科技的发展不只是给人类带来福祉,也可能给人类带来灾难。因科学技术的两面性问题,人们对科学技术进行批判性反思,由此产生了一门新兴的学科——技术哲学。作为对“工业化的社会后果”的反思,技术哲学关注自20世纪中期以来人类社会面临的“核武器的危险、环境污染、生物医学工程的道德困境”问题。② 时至今日,以核武危险、环境污染、生物医学工程的道德困境为中心议题的技术哲学,将有可能,也有必要把关注的焦点延展至传媒领域。

四、结语

著名传播学家麦克卢汉在《理解媒介》一书中写道:“媒介杂交或交汇的时刻,是发现真理和给人启示的时刻,由此而产生新的媒介形式。”③纵观媒介发展的历史,没有哪一个时代像今天的传媒一样经历如此剧变,从社会发展的角度来观察媒介的变化,要看媒介能否给人们、给社会带来福祉。融合报道也是如此,只有不断推陈出新、将高质量的新闻信息内容和先进的传播科技相结合,不断生产出能够丰富人们阅读和视听体验,并且引领价值观向健康方向发展的新闻产品,才能在大浪淘沙式的传媒业变革转型的浪潮中获得生存和发展。这既是融合报道发展的王道,也是融合报道发展的趋势。

(本文由笔者和中国传媒大学硕士生何晓菡、古丽尼歌尔·伊力哈木合作撰写,原载于《新闻战线》2019年第13期,《新华文摘》2019年第19期全文转载)

---

① 胡曙光,陈昌凤.观念与规范:人工智能时代媒介伦理困境及其引导[J].中国出版,2019(2).

② DURBIN PAUL T.Scholarship about science.(Book Reviews:A guide to the culture of science, technology, and medicine)[J].Science,1981,211:930-931.

③ 麦克卢汉.理解媒介——论人的延伸[M]//何道宽,译.北京:商务印书馆,2000:91.

新型主流媒体引导“全民战疫”的路径探析*

——基于@人民日报官方微博的研究

摘要：社会动员始终是我国应对各类突发公共事件时不可或缺的重要手段之一。新冠肺炎疫情期间，以政府为主导，以媒体为主力，以社交网络为主阵地的社会动员体系在塑造民众认知、强化民众认同及打造情感共振三方面发挥了重要的作用，为凝聚“全民战疫”的行动力奠定了扎实基础。本文对@人民日报有关内容进行了系统分析，着力探究其践行习近平总书记关于做好疫情期间新闻舆论工作的重要指示精神，引导全民形成共同战疫意识的基本路径及经验启示，以期为新型主流媒体做好疫情防控常态化背景下的新闻舆论工作提供参考意见。

关键词：新冠肺炎疫情；《人民日报》官方微博；“全民战疫”；社会动员；

新冠肺炎疫情的突然暴发、迅速蔓延和长期存在使得各国在相当长的一段时间内处于紧急状态之中。从历史经验来看，大疫大灾极易导致社会进入“一盘散沙”的失序状态，而社会失序又会使抗疫救灾难上加难。应对疫情灾难，优越的社会制度、有力的政府举措是基础保障，全社会一致行动则是成败关键。在新的历史时期，主流媒体的影响力与社交网络的渠道优势相叠加，成为推进社会一致行动的主要力量，有效弥补了传统国家动员模

* 本文系研究阐释党的十九届四中全会精神国家社会科学基金重点项目“健全重大突发公共卫生事件舆论引导机制研究”（项目批准号：20AZD061）的阶段性成果。

式在传播力、渗透力、感染力等方面的不足。

为研究主流新型媒体引导“全民战疫”的基本路径，本文选择《人民日报》官方微博122天内（2019.12.8—2020.4.8）有关新冠肺炎疫情的内容，按照舆情阶段进行分层抽样，并对获得的923条微博样本进行编码和内容分析。通过研究可以发现：在新冠肺炎疫情期间，@人民日报以习近平总书记“广泛组织和深入开展全民爱国卫生运动”的总体要求为指导思想，将传统主流媒体的专业性与新媒体平台的互动性高度融合起来，从提升风险认知、强化身份认同和实现情感共振的三维路径引导民众凝聚起共同体意识，动员民众采取自觉的防疫行动，从而搭建起一个坚固的全民战疫共同体。

一、路径之一：唤醒风险意识 搭建认知共同体

疫情防控是一场总体战，习近平总书记在多次会议中强调做好疫情防控工作必须紧紧依靠人民，走群众路线，充分动用全社会的力量，打造“全国动员、全民参与，联防联控、群防群治”的严密防控体系。值得注意的是，行动的转变、力量的凝聚，都需建立在民众对风险有所感知，并形成正确认知的基础之上。疫情期间，由于新冠病毒的未知性和复杂性超出了大众认知范围，民众中存在警惕性不强和过分焦虑两种极端情绪，从而产生游离于集体防疫活动之外或采取非理性防护举动两种不当行为。对此，@人民日报一方面及时传递风险信息，通过诉诸忧患的方式，唤起民众对自身利益的担忧，从而引起社会重视；另一方面诉诸理性，持续进行健康知识的普及共享，抵抗虚假信息、伪科学及谣言的干扰。这是建构民众认知层面的共识，促进其向社会一致行动转变的第一步。

1.诉诸忧患，以维护自身利益为导向，提升风险感知能力

马克思指出，“人们奋斗所争取的一切，都同他们的利益有关”[①]。民众的社会参与行为往往以维护自身利益为驱动力，对与自身利益无关或相悖的事件，则往往倾向于采取“旁观者”的态度。对此，毛泽东曾指出，“马克思

① 马克思恩格斯全集：第1卷[M].北京：人民出版社，1974：28.

列宁主义的基本原则，就是要使群众认识自己的利益，并且团结起来，为自己的利益而奋斗”[1]。主流媒体进行社会动员就是一个通过唤醒民众对自身利益的认知，使其在维护自身利益的驱动下产生行动转变，以符合动员主体期望的过程。在这一过程中，诉诸忧患，强化受众可能面临的潜在威胁，激发民众担忧和紧张情绪，进而唤醒民众危机意识是媒体最常用的引导方式。正如乌尔里希·贝克所说，在风险社会中，人们的联结方式将从“需求型团结”转向“焦虑型团结”，“风险社会下焦虑成为团结的力量”[2]。

自2020年1月20日钟南山肯定“新型冠状病毒肺炎存在人传人”起，至2020年4月8日武汉解封，@人民日报相关微博中，有关疫情信息通报的内容占比超过35%。有关疫情信息的报道大量使用了“重磅！”“痛心！”“紧急通知！”“即将用尽！”“不止武汉！”等标题，带有强烈的“敲警钟”意味，配合感叹号结尾的形式，传达出焦急、紧迫、紧张等情绪，将受众的关注重点吸引到感染、确诊、治愈、死亡病例，疫情严重的社会危害性，以及当前防疫工作的困境等议题上来，帮助民众感知疫情发展的严峻态势，使原本密切关注疫情信息的受众加深对个体健康的担忧，也使原本持与己无关态度的受众转变态度，强化对疫情与自身利益相关性的感知力，从而增强对国家相关决策部署和社会号召的认同感。此外，“速扩”“紧急扩散”等标题还有助于引导受众进行二次传播，【不止武汉！湖北多地遭受严重疫情】的转发量达到5379次，借助人际网状传播结构使信息的影响力实现指数级扩张。

整体来看，虽然疫情前期，@人民日报存在报道数量不足、不够深入等问题，但随着疫情从地域流行上升为全国性重大危机，@人民日报及时进行调整，积极贯彻习近平总书记“要依法做好疫情报告和发布工作，按照法定内容、程序、方式、时限及时准确报告疫情信息”[3]的要求，高频率更新疫情信息，持续提供风险警示，稳定、权威、富足的信息流塑造了民众对于“疫情风险无处不在”的认知，唤起了民众自觉参与社会防疫活动的意愿，成为向社会一致行动转化的重要心理基础。

---

① 毛泽东选集：第4卷[M].北京：人民出版社，1991：1318.

② 乌尔里希·贝克.风险社会[M].何博闻，译.南京：译林出版社，2004：52-57.

③ 习近平主持召开中央全面依法治国委员会第三次会议强调 全面提高依法防控依法治理能力 为疫情防控提供有力法治保障 李克强栗战书王沪宁出席[N].人民日报，2020-02-06(01).

2.诉诸理性，以科学为导向，提升风险应对能力

非常态下，焦虑情绪是形成抵抗风险共同体的重要驱动力，但过度焦虑极易使民众陷入“认知困境”，进而诱发错误判断和不当行为。新冠肺炎疫情期间，谣言等不良信息借助社会焦虑和恐慌情绪传播，并在社交媒体的放大作用下形成“信息疫情”，致使部分民众采取“喝烈酒抵抗病毒”等错误行为，加大了疫情防控的难度和压力。对此，习近平总书记主张“广泛普及科学防护知识，引导群众正确理性看待疫情，增强自我防范意识和防护能力”①，要求媒体诉诸理性，增强报道内容的科学性，从而为开展全民爱国卫生运动提供正确、一致的认知和有效的行动框架。据统计，@人民日报所发布的有关“科学宣传教育”的内容占比超过10%，并呈现出主动引导与及时辟谣双管齐下的特点。

首先，社会危机事件中往往存在信息不对称，此时，在某一特定领域具有权威性的专业机构、专家学者的发言会显示出强大的号召力和影响力。媒体对专家言论的呈现实际上为受众提供了一个“诠释的基模”②，可以直接引导受众形成理解问题的基本思路、视角和方向，使其与媒体框架保持一致。@人民日报在疫情期间常设#人民直播#等话题，实时更新各地新闻发布会中权威人士、专家学者的发言。张文宏、钟南山、李兰娟等专家学者，以及各级卫建委、疾控中心的研究员、发言人高频出现，对病毒知识、防控方法、治疗方案、社会管理办法等问题进行解读。其言论成为民众心目中的“金科玉律”，“听钟南山的话”“钟南山说动我才动”“疫情防控我只相信张文宏”等微博段子，反映出@人民日报借助专家学者的力量，引导社会形成对新冠肺炎基本一致的认知和态度的努力是有效的。

此外，@人民日报还密切监测“信息疫情”，主持#新冠肺炎最新谣言汇总#话题。一方面实现辟谣常态化，避免“熏醋可预防新冠病毒”等伪科学的扩散；另一方面，持续关注舆情波动，对“武汉肺炎患者出逃”“上海已限制外地车牌进沪”等热点事件所引发的谣言及时回应，有力地平复民众的焦虑情

---

① 习近平在北京市调研指导新型冠状病毒肺炎疫情防控工作时强调 以更坚定的信心更顽强的意志更果断的措施 坚决打赢疫情防控的人民战争总体战阻击战[N].人民日报，2020-02-11(01).

② 潘忠党.架构分析：一个亟需理论澄清的领域[J].社会与传播学刊，2006(01).

绪。同时,@人民日报借助微博平台联动优势,发挥媒体合力,扩大辟谣信息的影响范围。目前,#新冠肺炎最新谣言汇总#话题已累计超过3000万次阅读量。值得注意的是,@人民日报还十分注重对于"不信谣、不传谣"的宣传,其发布的辟谣信息常以"转发辟谣!!""不信谣,不传谣!转扩!"为标题或结尾,【#微信散布疫情谣言或被永久封号#!转发承诺:不信谣、不传谣!】等内容强调造谣成本之高,形成社会警示效应,从而引导民众更加自觉地规范自己的传播行为,从传播节点处掐断谣言传播链条。

整体来看,@人民日报的科学引导和辟谣活动有力压缩了不良信息的生存空间,将民众的认知维持在总体理性和科学的轨道之上,为全民战疫搭建起了基本行为框架。

二、路径之二:增强民众认同 建构身份共同体

有学者认为,我们目前面临着两对矛盾:人与病毒的矛盾和人与人之间的矛盾。[①] 后者出现的原因可部分归结为民众对个人利益与集体利益之间的关系认识不当。随着我国不同群体之间利益边界感的不断增强,社会中普遍存在将个人利益独立于集体利益之外的错误认知,反映在全民战疫工作中即表现为:将个人对某些事件、群体的不满情绪,上升为对国家治理模式、国家体制的全盘否定,并在全民战疫运动中转换为拒绝配合防疫工作,甚至非理性对抗等行为。此外,部分民众为了获取不当利益,做出损害社会公德、集体利益的不良甚至不法行为,如:生产劣质口罩,大发国难财;瞒报谎报病情,导致大范围感染;"防鄂""恐鄂"情绪蔓延,进行地域攻击,侵犯他人权益;等等。在此情况下,开展有效的全民健康运动,势必要先引导民众将个人置于全社会的利益共同体之中去考察,重新建构政府—民众、个人—群体之间安危与共的共同体意识,这应当成为主流媒体开展社会动员的关键一步。通过分析可以发现,疫情期间,以政治沟通打造政治认同和以社会沟通打造"我们"意识是@人民日报建构民众身份共同体的两大主要途径。

---

① 魏钦恭.明确而稳定的预期是化解疫情风险的内在动力[EB/OL].(2020-02-02).http://www.thepaper.cn/newsDetail_forward_5724762.

1.以政治沟通实现共建共治与共信,构建民众的政治认同

民众对政治的认同是连接国家、社会与个体,维系国家稳定,推进国家治理的社会心理保障,它直接关系民众是否会选择主动支持、自觉贯彻和遵守国家和政府的相关政策。在推进政治认同的过程中,有效、高频的政治沟通是最重要的途径之一。这就要求主流媒体在进行社会动员时,避免将民众当作被动的信息接收者和宣传对象,而将其看作社会治理的共建者、共治者,秉持坦诚的态度、平等的视角、协商的方式,为民众提供充要的信息、畅达的表达渠道和适当的引导,让民众在社会治理中产生参与感、获得感,从而形成个人利益与国家利益密切相关的基本认知,自觉配合国家和政府的工作。

习近平总书记多次强调新闻媒体要"及时发布权威信息"①,权威信息的公开富足是进行政治沟通的前提。@人民日报有关疫情的报道中,77.6%来自中央、地方行政机关及卫生行政部门等权威信源,涉及的内容包括国际及国内各地疫情发展态势,党和国家的防疫政策、防疫进展,科研情况等多个方面,为民众参与监督管理提供了强有力的信息支持,既充分保障了民众的知情权,也有效纾解了信息不对称所引起的猜忌、迷茫、疏离和漠视情绪。

其次,有效的政治沟通还要保障信息的针对性。对与民众利益密切相关的问题,和民众心存疑虑的热点焦点事件,主流媒体要"及时开展解疑释惑工作"②,"对各种苗头性问题,要密切关注、及时化解,严防各类矛盾交织叠加、形成连锁反应"③。疫情期间,各级政府、组织及其领导干部开展防疫工作的基本情况与民众利益关系最密,是民众关心的重点,也是舆情波动的高发区。对此,@人民日报一方面主动出击,代表民众进行监督,除揭露事实、跟进事件进程之外,还通过新闻评论的方式,为民众发声,对失职不当行为进行批评,呈现出与民众"同呼吸共命运"的基本立场。针对"湖北黄冈卫健委主任唐志红'一问三不知'"事件,@人民日报所配发的评论【唐主任被

① 支振锋.疫情中的舆情治理要有新思维[EB/OL].(2020-02-26).http://www.rmlt.com.cn/2020/0303/570964.Shtml.

② 就新冠肺炎疫情防控工作听取意见和建议 中共中央召开党外人士座谈会 习近平主持并发表重要讲话 李克强通报有关情况 汪洋王沪宁出席[N].人民日报,2020-05-09(01).

③ 习近平.在中央政治局常委会会议研究应对新型冠状病毒肺炎疫情工作时的讲话[J].求是,2020(04).

问责,为谁敲响警钟?】获得42205次点赞和1638次转发,另有部分网友在评论区留言,请@人民日报进一步关注红十字会、重庆物资等问题,使评论区成为民情民意的集散地,体现出民众对其人民立场的认可。另一方面,针对重大事件中民众合理的质疑、批评和要求,@人民日报及时关注,敢于面对,真诚回应。如疫情前期,民众对武汉红十字会物资调配情况存疑,要求获知真实情况,@人民日报记者随即到武汉红十字会进行实地探访,发布了【#捐了那么多东西为啥还缺#?】,对民众疑虑给予直接回应。@人民日报对社情民意的重视,使民众逐渐感知到自己的参与和发声是有效的,从而产生满足感和政治认同感。

最后,做好政治沟通还需抵御杂音的干扰。需要警惕的是,尽管给予民众充分的发声权利是实现有效政治沟通的重要途径,但后真相时代,非理性、偏激甚至蓄意"带节奏"的内容在社交平台反而更易获得支持,因此,"赋权"的同时也必须坚持正确的舆论引导。疫情期间,一些"带节奏"的声音,引导民众从对某一事件的不满,上升为对国家治理模式甚至国家体制、制度的无差别攻击,试图动摇民众对于防疫工作甚至党和国家的认同。对此,@人民日报及时感知,设置#抗击新型肺炎我们在行动#话题,通过对事实的选择和组织,全方位呈现政府工作,【#全国调配1000名ICU护士#】【#火神山医院今天正式交付#】等信息,突出展现了中国速度和力量,以"用事实说话"的方式让民众知晓党和政府做了什么,将要做什么,缓解人民不安情绪,引导民众理性看待我国治理体系中存在的不足,增强对我国社会主义制度优越性的认同。

2.以社会沟通引导互谅互助与互爱,强化"我们"意识

全民爱国健康运动的推进有赖于社会中每一个民众"各司其职",不逃避不越轨,将自己的行为约束在理性有序的状态下,避免损害他人和集体的利益。而这种自我约束力的形成势必要建立在对"我们"这一群体强烈认同的基础之上,唯有认同才会产生归属感、安全感和信任感,从而产生"奉献"意愿,最终转化为实际行为。对于媒体而言,推进群体认同,一要加强共同价值观的宣传,二要创造机会密切社会沟通、互动与合作。

价值观的引导和塑造需要久久为功。战"疫"期间,@人民日报始终将

引导舆论走向、营造积极的舆论氛围作为一项常态化工作推进，注重对典型人物、典型事件的持续报道，潜移默化地影响受众的注意力取向，从而为民众搭建起一个积极正面的拟态环境。#抗疫一线的面孔##你们辛苦了！#等内容选择一线医护人员工作生活中的代表性画面，如实呈现，既包含鲜明的情感导向，也具备强大的事实说服力，从而达到引导民众增强对医护人员的尊重、理解和体谅的社会效果。

此外，对于新型主流媒体而言，信息传播不再是其唯一使命，组织社会沟通、开展社会服务、参与社会治理同样责无旁贷。反思我国过去几次社会危机事件，可以发现，传统的社会治理模式下，信息传播常以政府—民众间的传递为主导，而个体—个体间的沟通存在不足。这不可避免地带来单独个体的求助易被湮没、社会援助力量摸不到“门路”等问题，进而导致出现援助不当、资源浪费甚至“帮倒忙”等负面影响。对此，@人民日报进行了有益尝试，借助微博网状传播特性，设置#求助##寻找染病车船飞机乘客#等话题，及时更新【#扩散帮忙！#】【#转给湖北同胞！#】等信息，为社会力量有序参与监督、防疫、援助，推动资源共享和互帮互助开辟了权威渠道，大大提升了社会各界互动和联系的规模和频率。在这一过程中，不同群体对“我们”这个共同体的实感也得到了强化，有助于形成互谅互助互爱、共克时艰的社会氛围。

总之，作为国家级主流媒体，@人民日报并未囿于简单的信息发布，而是将调节社会关系、维护社会稳定置于显要位置，敏锐洞察可能出现的社会割裂和内耗风险，通过稳定的政治沟通和社会沟通在政府—民众、个人—群体之间建构起坚固的身份共同体意识，为保证全民爱国健康运动有序进行提供了良好的舆论氛围。

三、路径之三：提振社会信心 打造情感共同体

社会心态是一定时空下社会整体状态的反映，可以产生磁场效应，在社会范围内相互感染，对身处于其中的每个个体的心理感受和行为取向产生直接影响，所以，社会动员实际上也是一个不断调节社会心态的过程。那么，如何调节社会心态呢？巴克的社会心理学研究发现，“大多数人的态度形成是遵循情感逻辑而非智力逻辑的。态度扎根于感情之中，所以可能变

得很持久”①,特别是在当前以网络为主导的舆论环境中,情感、情绪的力量被进一步放大,因此,引导社会心态要着力做好情感动员,打造情感共同体。

由于疫情持续时间长,民众极易滋生焦躁、烦闷、倦怠等消极情绪,影响防疫工作。为保证抗疫深入、持久、有效地开展,亟须激发平稳、坚定和乐观的社会情绪,提升凝聚力和战斗力,为推进全民爱国健康运动长期开展提供重要支撑。为此,@人民日报牢牢把握社交平台传播调性,诉诸感性,立足情感传播,以情感仪式+情感叙事相结合的方式引发民众情感共振,强化心理认同感。

1.情感仪式:实现集体情感共鸣

情感仪式是开展集体情感动员的关键因素。情感仪式可以使受众沉浸在同一场域之中,保持共同在场、共同参与。在这一过程中,个体情感被公共化,民众之间形成共通的意义空间,塑造起共同的感受和记忆,从而形成共识,起到强化情感共同体意识的作用。

@人民日报在疫情期间设计了多场网络仪式,总体呈现出以下几个基本特点:首先,立足“武汉解封”“新增病例归0”等重要节点,借助重要时间或事件本身的影响力强化民众对仪式的关注度。其次,充分发挥新闻标题的号召力量,“祈福”“加油”“转发传递”“一起送别”“悼念”等表达带有明显的号召和动员色彩。此外,@人民日报的部分情感仪式还为民众设定了明确的仪式规则,并提供参与奖励,形成一种游戏互动体验。在离汉通道引发民众不安的关键节点,@人民日报发布【转发为#武汉加油#! 让武汉人民知道,全国人民和你们在一起!】,配以原创海报,“武汉加油”四个大字居中醒目,武汉长江大桥的剪影置于红色背景之中,产生气势恢宏之感,具有强烈的视觉冲击力和情绪感染力。海报配字提及“1998年武汉迎战特大洪水和2003年抗击非典”,唤起民众共同的历史记忆,在情感共鸣中强化对当前仪式的参与意愿。此外,华晨宇、黄晓明等意见领袖纷纷转发留言,也进一步带动了民众参与。民众通过带#武汉加油#的话题,配以“爱心”“肌肉”“国旗”等表情完成仪式,参与情感互动过程。@人民日报此条微博共获得117

① 巴克.社会心理学[M].南开大学社会学系,译.天津:南开大学出版社,1984:245.

万次点赞，1181 万次转发和超过 10 万条评论，形成刷屏之势。民众通过线上互动完成共同在场，实现同频共振，产生众志成城、抗击疫情的集体情感共识，强化对自己属于全民爱国运动一分子的认同和归属感，并通过群体之间的相互感染，扩大影响范围，转换成参与防疫工作的动力和战胜疫情的信心。

2.情感叙事：增强情绪感染力

亚里士多德认为“情感是说服中另一种重要的品质性因素”[①]，只有蕴含情感的叙事才能增强吸引力和感染力，让受众感同身受，产生共鸣或认同。@人民日报一方面坚持以正面宣传为主，从整体上把握报道的平衡，保证客观中立和积极正面情感倾向的报道占据绝大比重；另一方面，以疫情期间涌现出的新成就、小人物、微事件为报道主体，以把握受众情绪点为关键，以情感叙事为主要方式，并借助短视频的传播优势，起到壮大正能量、消解负面情绪、坚定社会信心、共同抗击疫情的积极作用，将习近平总书记所提出的“营造万众一心阻击疫情的舆论氛围，凝聚起众志成城、共克时艰的强大正能量”[②]以符合社交平台属性的新方式落地。

@人民日报立足情感传播，将情感寓于事实之中，着力增强情绪感染力，先后开设#致敬白衣战士##驰援武汉##谢谢每个平凡的中国人#等多个话题，形成规模效应，搭建起一个正能量“宣传矩阵”和正能量充盈的舆论环境。此外，@人民日报聚焦于疫情期间普通民众的工作生活，注重挖掘每个平凡个体的选择、矛盾和纠结，呈现悲欢离合等普通情绪，拉近与受众之间的心理距离。【一家四口都在抗疫一线！#90 后医护夫妻偶遇却不敢拥抱#】【#特别的拜年照片#】【“我长大也当医生”！#4 岁娃这段视频看哭医生妈妈#】等报道着重呈现一线防疫工作者工作之外的母亲、子女、妻子、丈夫等普通身份，间接表现其个人利益与社会利益，在小家与大家之间所进行的取舍，使受众产生代入感，从而更易受到感染。

此外，@人民日报注重发挥短视频“讲故事”的优势，将国家视角和个人

---

① 许正林.欧洲传播思想史[M].上海：上海三联书店，2005：76.

② 习近平在北京市调研指导新型冠状病毒肺炎疫情防控工作时强调 以更坚定的信心更顽强的意志更果断的措施 坚决打赢疫情防控的人民战争总体战阻击战[N].人民日报，2020-02-11(01).

视角结合起来，借助剪辑、配乐凸显情感和形象，进一步增强感染力。【微视频|武汉 24 小时】中，武汉各界人士各自坚守岗位，有条不紊地参与防疫战争，传递出“没有一个黎明不会抵达，没有一个春天不会到来”的坚定信念。由孙燕姿作词、林俊杰作曲演唱，人民日报出品的《传递这份爱》MV，以武汉市肺科医院一张医务人员抗击新冠肺炎的背影照片为灵感来源，以各界战疫温情故事为主线，通过碎片化的视觉表达和情感化的传播模式传递“我们在一起”的信念，在三分钟左右的时间内，借助感人的音乐、有节奏感的剪辑、震撼性的画面，有力地带动受众情绪，形成与视频同步的心理节奏，获得超过 2000 万的观看量。除国家视角带来的强烈震撼外，@ 人民日报也自制或转载了多个以个人视角制作的短视频，这些视频通常以普通民众为主角，以平视视角记录点滴小事。@ 人民日报将网友@ 蜘蛛猴面包作为志愿者接送医护人员、配送药品等物资时拍摄的 Vlog 日记汇总为【#一个武汉伢的武汉日记 Vlog#】，真实呈现了武汉各行各业和普通市民的抗疫故事，未经精细剪辑和过度修饰的画面，以及并不精巧的叙事，反而更凸显了事实本身的价值，具有质朴的感染力。

网络社会是典型的液态社会，在这一话语空间中的个体具有易受暗示性，且个体之间观点与情感具有传染性[①]，因此，社会动员，要将是否符合民众情感需求作为考量要件，以实现情绪与价值的有效统一。总体来说，@ 人民日报认识到了“情感”这一因素对传播效果的重要影响，一方面以讲故事的形式，讲述我国防疫经历和成就；另一方面打造情感仪式，塑造集体记忆和公共情感，双管齐下为我国舆论场融入了更多暖流，构建起万众一心夺取防疫胜利的情感共同体，真正做到了强信心、暖人心、聚民心。

四、总结与展望：面对重大疫情，主流媒体开展社会动员的思考

新冠肺炎疫情不仅是对我国治理体系和治理能力的一次大考，也是对我国主流媒体在应急状态下开展社会动员的能力和水平的一次深度检测。整体来看，作为国际级主流媒体，@ 人民日报在疫情期间有效配合了党和国

---

① 张涛甫.传播格局转型与新宣传[J].现代传播，2017(07).

家的工作部署，积极参与联防联控工作，牢牢占据了微博这一重要的信息集散平台，充分激发了微博作为最广泛的舆情监测和社会动员系统的作用，通过搭建认知共同体、身份共同体和情感共同体的三维路径，为长期开展全民爱国卫生运动提供了强有力的社会心理支撑。但在这一过程中，也存在一些问题：缺乏完善的应急警示机制，疫情初期信息发布相对滞后；信息的科学性和专业性不足，甚至出现信息发布失实或反转，影响民众认知和社会信任度；在政治沟通方面存在舆情研判不足、应对不力，导致忽视部分潜在舆情风险，甚至诱发次生舆情危机；正面宣传仍然存在模式化、缺乏人文关怀和情绪感染力的问题，甚至出现过度宣传。总之，@人民日报在疫情期间的信息活动为我国主流媒体应对突发公共事件，进行社会动员提供了丰富的经验，值得加以深入总结和反思。本文在跟踪研究的基础上，提出以下三点建议供参考：

一是要把把握节点和长期跟踪结合起来。新冠肺炎疫情不仅仅是一次突发公共卫生事件，更是一次重大舆情危机，舆情波动势必会带来人心浮动，导致社会心理和行为失序，解构防疫共同体，甚至引发社会动荡。要避免此类风险，就要做好舆情监测工作，熟知舆情发展规律，把握好舆情关键节点，做到舆情潜伏期提前预警，舆情爆发期及时回应，舆情蔓延期持续跟进，舆情消散期保持关注，把控舆情事件产生发展的全过程。但更要注意的是，短暂的舆情回落并不意味着“万事大吉”，在舆情发展的每个阶段，都有可能发生新的舆情波动，爆发新的舆情灾害。因此，主流媒体一方面要保持做好舆情预警和研判工作，及时回应和处置新生舆情；另一方面也要对之前发生的舆情事件保持持续关注，跟进舆情处置结果，避免“不了了之”带来的社会不满情绪。

二是要将实时发布与深度剖析结合起来。受平台特性的影响，微博平台的信息以“短平快”为主，可以最大限度地保证信息的时效性、丰富性，也可以借助情感表达在短期内影响民众的情绪和心态。但也应该认识到，微博信息碎片化、浅层化的特征，导致事件全貌难以呈现，若不加以阐释和补充说明，极易引发误解，误导受众。如@人民日报在2019年1月31日发布了【上海药物所、武汉病毒所联合发现：#双黄连可抑制新型冠状病毒#】，其中“抑制”一词表达容易与“治疗”“治愈”相混淆，因此引起误读，出现聚集排队抢购双黄连口服液的现象，极大干扰了疫情期间的社会秩序，同时也导致民众对主流媒体的不信任感增强，降低其对后续信息的接受度。可见，主流媒体进行新闻报道，有必要考虑受众的理解能力和接受程度，尤其针对国家政策、科学信息等专业性较强的内容，要做好多角度阐释工作，

三是要将主流价值与平台调性结合起来。微博平台主要以情感为纽带进行连接，具有情绪化明显等特征，形成了自己的一套传播生态。因此，主流媒体在微博中的宣传和引导工作想要发挥实效，应将视角放平，将顺应和把握受众情感习惯放在突出位置，及时了解民众的信息需求和情绪感受，避免引发对立解读，阻断主流价值的传播路径。回顾疫情期间@人民日报的传播活动，可以发现其在传递价值和观念时，虽然进行了多种转变尝试，但总体上仍较多沿用了“舍小我为大我”等传统的题材和框架，话语风格和表达方式也较为僵硬固化，人物形象模糊，缺乏吸引力和感染力。“老人捐款”“剃发出征”“带病坚持”等宣传报道，不但无法发挥正面宣传的激励鼓舞作用，反而引发了新一波负面舆情。因此，让主流价值“上网”，要准确把握互联网时代受众心理，在报道中见人见事见细节，注重反映人的价值与尊严，并且不断监测宣传效果，以便及时调整宣传方向。

当前，我国防疫战已取得了大范围胜利，防疫工作和应急处置效率大大提高，并已成功研发出新冠疫苗，免费为全民提供，防疫形势整体向好。但纵观全球情势，还应看到，我们仍然面临着严峻考验，国际社会出现变异病毒基因；我国北京、大连等地出现小范围疫情，同时面临着境外输入风险。可见，在一段时间内，我国还需保证防疫工作部署常态化，坚决落实党中央“打好疫情防控总体战”的要求。因此，对于主流媒体而言，持续跟进和报道疫情相关信息，动员民众积极参与全民爱国健康运动仍是首要任务，需及时总结经验与教训，调整传播策略，以便更高效地配合党和国家的防疫工作部署，持续巩固壮大全民战疫共同体，为防疫工作常态化营造良好、稳健、有序的舆论环境。

（本文由笔者和中国传媒大学硕士生白欣蔓合作撰写，原载于《中国新闻传播研究》2021年第1辑）

县级融媒体多元化参与基层社会治理的路径探析*

摘要：县级融媒体中心建设正处在从“全覆盖”向“纵深发展”推进的转折期。从国家治理的视角看，县级融媒体中心的“纵深发展”对进一步推进县域治理体系和治理能力现代化具有关键性作用。在充分发挥媒介功能的基础之上，县级融媒体中心应积极深挖服务功能，通过建立数字化服务平台促进政府与民众正向沟通、同政府和相关部门合作建立舆论引导和舆情治理机制，以及聚焦本地文化为人民群众提供良好的精神文明产品等多种途径助力基层社会治理创新。

关键词：县级融媒体；基层社会治理；媒体融合；舆情治理；文化生态

2018年8月，习近平总书记在全国宣传思想工作会议上指出，“要扎实抓好县级融媒体中心建设，更好引导群众、服务群众”[①]。这为县级融媒体中心参与基层社会治理指明了方向，提出了要求。2020年9月，中共中央办公厅、国务院办公厅印发的《关于加快推进媒体深度融合发展的意见》指出：“要走好全媒体时代群众路线，坚持以人民为中心的工作导向，坚持贴近群

* 本文系研究阐释党的十九届四中全会精神国家社科基金重点项目“健全重大突发公共卫生事件舆论引导机制研究”（批准号：20AZD061）和湖南省社会科学基金项目“湖南省县级融媒体发展路径创新研究”（批准号：19YBA076）的阶段性成果。

① 习近平在全国宣传思想工作会议上强调举旗帜聚民心育新人兴文化展形象更好完成新形势下宣传思想工作使命任务[N].人民日报，2018-08-23.

众服务群众,创新实践党的群众路线。”这进一步明确了县级融媒体中心的发展思路和社会治理功能。

县级融媒体中心具有鲜明的本土特征,与县域内人民群众最为贴近,在当前社会治理环境和形势错综复杂的情况下,它不仅仅是媒体的基层单位,同时也构成了国家开展社会治理的基础。[①] 作为打通媒体融合“最后一公里”的县级融媒体中心,在创新社会治理的意义上,如何利用自身特点和优势,发挥其作为党和政府在基层的舆论阵地作用,减少基层社会冲突,增强民众凝聚力,是当前深化媒体融合的重要议题。县级融媒体中心具有多元化参与基层社会治理的功能,这些功能可以通过以下路径开展。

一、建立数字化服务平台,助力基层政府部门解决实际问题

基层社会的治理复杂烦琐。在县城和乡村,熟人和半熟人的人情社会关系以及居民居住、生活、劳作分散性的社会结构等特点增加了治理难度。随着城市化和现代化进程的加快,乡村城镇化的过程也在加速,征地、拆迁、环保、就业和治安等引起的社会事件频发。人民群众诉求若难以及时得到满足,负面情绪容易积累,则可能引发舆情,从而增加社会治理的难度和成本,这也是近几年基层治理的难点和痛点。

作为被赋予“引导功能和服务功能”的县级融媒体中心,肩负着构建一个能关注到普通个体的沟通平台的责任,使信息不仅能从政府和职能部门快速传达给每一位群众,而且也能从每一位群众流向相关部门,这就是县级融媒体中心助力基层社会治理的一个重要方面。在这方面,县级融媒体中心具有以下基本功能。

一是整合政务公共资源,实现公共服务的有序供给。作为基层主流媒体和“理政新平台”的县级融媒体中心,深嵌于地方党政体系,具备占有县域政府公共数据资源、打通各职能部门管理壁垒的优势。通过对公共政务资源的整合和开发,县级融媒体中心为政府部门搭建了一个统一的数字化服务平台,将各部门的民生类、服务类、资讯类等资源整合,统一出入口与辖区

---

① 胡正荣.打造 2.0 版的县级融媒体中心[J].新闻界,2020(1).

群众进行对接，推动政府职能部门、各办事机构间的协作，实现公共服务的有序供给，为基层群众提供快捷便利统一的公共服务，同时实现群众言论和诉求的顺畅传达。群众所有的相关服务需求、问题的解决投诉都可以在这一个平台上进行。县级融媒体中心和职能部门则共同指派专人负责信息接收、整理、交涉和反馈，实现公共服务类政务一站式、集成式完成。

建立统一端口的数字化服务平台的优势，首先在于它解决了基层群众向上反映的渠道问题。许多基层群众由于知识和经历的限制，并不清楚每一个职能部门的具体职责，遇到问题常常不知道向谁反映和求助，求助无门情绪积累，就容易引发矛盾。而统一的平台则解决了这个问题，群众不需要了解具体工作由哪个部门分管，只需要说出自己的诉求，后台工作人员就会将问题进行归类并分发至对口的职能部门，使得问题能有精准去向。其次，它提升了基层政府的公信力。在统一的数字化服务平台上，面对公开透明和舆论监督，政府职能部门更加优化服务，提升解决问题的能力，尽量使群众相关服务诉求和问题都能在较短时间内得到解决，有助于政府职能部门与群众之间和谐关系和信任关系的建立。

县级融媒体中心具备“开放、灵活、整合、服务”等属性，属于典型的平台型媒体，“既拥有媒体的专业编辑权威性，又拥有面向用户平台所特有的开放性的数字内容实体”①。通过数字端口的接入，打通数据壁垒，开展多方政务和民生连接，县级融媒体中心将更加努力胜任“服务人民”这一重要职责。

二是激发市场和社会活力，实现政府、市场与民众参与基层社会的共建、共治和共享。我国实行社会主义市场经济，在充分尊重市场主体的权利，发挥市场主体积极性、主动性的同时，也需要对市场主体的行为进行必要的规范。概括来讲，就是有利于发挥市场在配置资源时的基础性作用，以便建立起有利于社会主义市场经济发展的和谐社会环境，进一步健全和完善社会主义市场经济体制，让市场主体可以在一个公平、稳定、法治、和谐的市场环境中平等竞争，让全体人民群众能分享改革开放、经济发展所带来的成果。在政府、市场和民众共建、共治、共享和谐社会方面，县级融媒体中心发挥了重要的中介和平台作用。县级融媒体中心为市场主体和广大人民群

---

① 喻国明，焦建，张鑫.“平台型媒体”的缘起、理论与操作关键[J].中国人民大学学报，2015(6).

众提供沟通与交流的平台，通过表达、反馈、协商、合作等助力政府共同实施社会治理。

县级融媒体中心的本土性以及与基层人民群众的贴近性决定了它在推进基层社会治理方面存在天然优势。密切联系和服务基层人民群众，助力基层社会治理成为县级媒体融合的重要实践维度。在协商互动过程中，人民群众可以利用县级融媒体中心搭建的数字化服务平台直接向政府部门表达自己的意见或利益诉求，以获得同政府部门就自己所关注的问题开展对话的机会和权利。这是一个平权和赋权的过程，在此过程中，县级融媒体中心作为政府与人民群众的中介，发挥了公共载体在协商、协调方面的功能，具有客观、中立、公信力强的优势。

目前，很多县级融媒体中心都在旗下各个新媒体平台开设了诸如留言问政等互动沟通形式。通过留言问政，人民群众就与自己生活密切相关的议题或自己关心的问题发帖留言，向政府开展咨询求助、建议和投诉举报。在此类沟通方式中，人民群众通常能“零距离”地给基层政府领导干部留言，相关诉求和建议可快速而精准地直达领导案头。通过一条条建议的采纳、一件件“小事”的解决，人民群众的诉求得到快速回应，激发了他们关心和参与本地经济社会发展的热情与活力，基层政府也在这一过程中对本地的政策进行了较好的梳理，为下一步更加良性发展打下了基础。

在此基础上，可以进一步深化和下沉，让县级融媒体中心真正成为党和政府深入推进“社会治理精细化”的基层抓手，从而形成多元主体参与的社会协同治理模式。

二、健全舆论引导和舆情治理机制，助力基层社会和谐稳定

县级融媒体中心建设是我国媒体融合进程中的重要组成部分，不仅要打通媒体融合的“最后一公里”，也承担着助力政府进行舆情治理“最后一公里”的责任，是夯实党的意识形态工作根基的重要保证。

在舆论引导和舆情治理中，媒体的环境监视和社会协调功能变得至关重要。随着互联网对下沉市场的不断开拓，县乡基层用户在社交平台的活跃指数持续攀升，小镇青年逐渐成为互联网的重要用户群体。在许多公共

事件中,县域用户同样会有效利用新媒体信息传播技术实现自我赋权,与政府、媒体等开展平等对话。因此,县级融媒体中心如何利用自己的媒介特性,建立健全舆论引导和舆情治理机制,预防和减少基层负面舆情发生,成为其在深度参与基层社会治理过程中又一个重要且迫切的问题。

舆论引导和舆情治理不仅是媒体的重要责任,更是一个系统性工程,并非媒体一方能够完全主导和掌控的。因此,若要合理开展舆论引导,对舆情进行科学治理,则需要建立以县级融媒体中心为中介,基层党委和政府相关部门积极参与的治理格局。

一是建立健全舆情日常管理机制。

基层党委和政府应从思想层面高度重视这项工作,加大财政投入力度,配置舆情监测相关技术应用,培养引进相关人才,对网上的海量舆情信息进行监测,建立健全舆情日常管理机制。可以在县级融媒体中心设置舆情监测部门,对接政府相关部门,建立由专人负责的纵向到县、横向到部门的全天候、立体式舆情监控体系。除了日常常规监控外,对一些重要网站、账号、论坛等要重点关注,对一些容易产生舆情的公共领域要特别关注,在一些特殊时期比如重大活动期间要重点监测,充分考虑产生舆情的各种可能性,全面搜集情况,提前部署准备,制定好突发事件舆情应对预案。除此之外,基层党委和政府还应建立舆情专家智库和相关召集制度,在遇到敏感问题或重大问题时,及时召集专家"会诊",使舆情分析和研判更透彻更全面。

同时,作为媒体融合和舆论引导的"最后一公里",县级融媒体中心理应向上借力,与市级、省级融媒体中心共同建立网络舆情预警指标体系,拟定科学的预警阈值,确定相应的预警级别,制定不同舆情预警等级所对应的工作措施。当综合指数超过阈值系统自动报警时,县级融媒体中心应及时拿出应对方案,与更高级别的融媒体中心联合,争取引导舆情走向的机会,提高处置舆情的速度和效力。

二是建立健全舆情应急联动机制。

首先,基层党委牵头组织成立相关工作领导小组,作为专职舆情管理的常设机构;同时,制定相关制度,保证随时可以抽调熟悉专项业务的各部门人员组成专业的临时性工作组,保证在重大事件、重要节点上,各部门能够资源共享、统一行动。其次,重视舆情之中的信息发布机制。第一,快速回应，第一时间占领舆论场；第二，统一发声，舆情发声牵涉多部门，如何发、发什么，都要统一基调；第三，起用"自己的"网络意见领袖，对事件进行正向舆论引导，网络意见领袖是舆论引导工作中非常重要的一环，善用意见领袖，有助于快速缓解舆情。最后，构建党政机关各部门联动协调机制。在此机制下，全县所有相关部门实现舆情信息资源共享，将舆情信息收集、管理、分析、引导、处置等相关职能部门通过一定的方式串联起来，从制度上确保各部门之间的信息交流畅通，保证所涉部门在公共管理中准确掌握网络舆情动态，及时做出回应。

三是建立健全线上线下联动机制。

每一件舆情事件的背后，都有一个社会问题的归因。舆情工作看似线上的引导与处置，实际涉及线下社会治理问题。舆情事件被聚焦，说明相关社会治理可能出现了问题，需要政府相关部门在处理舆情的同时，着手解决线下的实际问题，抓住舆情治理的契机，修复和完善相关制度，实现从个案的"末端治理"到长远"顶层设计"的跨越。

线上线下联动机制应包括舆论引导和实体处置两个小组，舆论引导组按照实事求是的原则及时发布事实进展信息并传达正向的态度，实体处置组抓紧调查事实，推进事件得到妥善处理，共同推进整体事件的有效处置。线上舆情的及时回应是缓冲器，有助于缓解社会上的紧张情绪，减少负面情绪对政府公信力的破坏。相关部门须尽快拿出真实且有效的方案来处理和解决问题，真正化解矛盾。无论是何种类型的舆情事件，归根结底都要落到实体工作的处置上。舆情涉事部门需要配合政府和县级融媒体中心的工作，最大限度地发挥"事件主体"的担当作用，避免线上舆情处置"单打独斗"。

三、打造精神文化阵地，改善基层文化生态

中国地大物博，十里不同风，百里不同俗，不同县域之间的语言、文化和习俗等都有区别。独特的乡音、乡情和乡俗既是县域人民群众辨识彼此的"标签"，又是他们互相认同的"基因"。党的十九届五中全会提出，"提高社会文明程度，提升公共文化服务水平，健全现代文化产业体系"。因此，县级

融媒体中心应充分利用本土资源，开发本地特色文化，搭建一个属于本地人民群众的、具有鲜明地域特色的平台，增强本地人民群众的凝聚力和对乡情文化的认同感，提高本地文明程度。具体来说，可以从以下方面予以把握。

一是重拾本地传统文化，唤起人民群众对家乡地域的认同。我国历史悠久，每个县、每个村都有自己深厚的文化积淀和独特的地方表达，五千年历史流传和延续下来的一些传统文化形式、语言和活动具有很强的地域特征，也有深厚的群众基础，是深深蕴藏在人民群众内心深处的文化乡愁。对于这些独具特色的地方文化资源，县级融媒体中心应以各种生动活泼接地气的形式进行整合、包装和推广，一方面在县域内获得广泛的社会认同和情感支持，让其焕发出生机和活力，满足本地人民群众的精神文化生活需求；另一方面可以作为本地特色文化产品进行外宣推广，培育和凸显特色文化品牌，增强本地与全国乃至国际的连接。除此之外，结合本地实际情况，县级融媒体中心可以为人民群众提供多样化的文化实践，如文艺演出、节庆活动和邻里文化活动等，发动群众积极参与，让本地人民群众对这些传统文化由认知层面转化为体验层面或实践层面，加深他们对本地传统文化的理解与热爱，促使他们主动去传播，这也是利用县域传统文化资源丰富人民群众精神文化生活的一个重要抓手。县级融媒体中心对本地传统文化的重拾，不仅为人民群众提供了文化大餐，也在潜移默化中彰显了其文化宣传和精神引导作用。

二是在导向上惩恶扬善，提高本地文明程度。县域群众因其流动性弱，生活圈相对固定，尤其注重言论场域的“面子”。县级融媒体中心由于其官方背景、亲民性和接地气等特点，一方面，它是塑造基层群众心中社会图景的重要渠道与方式，是引导本地舆论的关键组织，是具有权威性与客观性的风向标；另一方面，媒介即关系，县级融媒体中心不仅仅是信息生产加工的场域，更是乡村或县城群众表达与言说的媒介场域，集结着大家对公序良俗、乡规民约的看法和对本地社会事务的讨论，体现着不同于大城市的独特县域主体性表征。县级融媒体中心嵌入本地的熟人或半熟人关系网络，应充分调动基层人民群众的主观能动性，鼓励人民群众在平台上进行表达，对发生在本地的善言善行和有违乡规民约的现象都积极发声。相应地，县级融媒体中心要积极回应这些可贵的民意，使真善美得以肯定、假恶丑得以曝光，由此塑造新型的基层社会文化，提升本地精神文明水平，形成新的本地文化生态。

四、结语

社会治理是一项庞大而复杂的系统工程。随着社会的快速发展，由政府主导的单一管理模式难以应对日益复杂的社会问题，基层政府在积极探索治理能力现代化的新实践中，不断创新治理的模式和方法。县级融媒体中心多元化和深入地参与基层社会治理，就是近年来探索基层社会治理的一项具有战略意义的新举措。县级融媒体中心既是一个民意和民智汇聚的平台，也是一个服务人民、引导舆论的平台。在未来的发展中，县级融媒体中心必将继续承担助力基层政府实现治理能力现代化的职责，不断完善政府与群众的对话机制，增强县域群众对本土文化的认同，从而提升自身的传播力、引导力、影响力和公信力。

（本文由笔者和湖南大学新闻与传播学院副教授许静合作撰写，原载于《中国编辑》2021 年第 4 期）